戦後台湾教育とナショナル・アイデンティティ

山﨑直也【著】

東信堂

はじめに

　個人を国家の成員として政治的・文化的に社会化することは近代の学校教育の主要な機能の一つである。ある国民国家に帰属しているという個人の感情は生得的なものではなく、成長の過程で共同体の共通の価値観を獲得し、身体的・精神的同一性を他の成員と共有することによって獲得される。この政治的・文化的社会化は、様々な国家装置を通じて達成されるが、国家大の均質的な学校教育システムは、とりわけ重要なものである。
　本書は、台湾を事例として、教育とナショナル・アイデンティティという普遍的主題を考察するものである。
　台湾を事例とする第一の理由は、ナショナル・アイデンティティの再編がアクチュアルな政治的・文化的問題となっているためである。1990年以降、台湾では李登輝・陳水扁の二つの政権の下で、教育される国家観・国民観が大きく変容した。大局的に言えば、長年にわたり政治的正統として絶対性を保ち続けてきた「中国」化の教育が退潮する一方、台湾の主体性を強化する教育の「本土化」が政策として推し進められたのである。戦後台湾の教育は、「中華民国は全中国の唯一の合法政府である」という政府見解を支えるべく構築されてきた。「中国」のことば、歴史、地理、思想道徳を「われわれ」の価値として共有させることは、数十年にわたり学校教育の至上の目的であり続けたが、1970年代を境に国際社会で北京政府の存在感が増し、台北政府の生存空間が狭まるにつれ、「中国」化教育の正当性は失われていった。他方、1980年代半ばに動き出した民主化・自由化の潮流の中で、台湾主体性意識が高まりを見せたことは、「中国」化のオールターナティブとなる「本土化」の教育を生み出す契機となった。ここにおいて、「本土化」とは、「中国」化を徹底するために学校教育から排除されてきた台湾の歴史、地理、思想道徳、芸術を教育の内容に盛り込むことを含意している。それゆえ、「台湾化」と

も換言される「本土化」は、台湾の「中国」化を支持する立場から見れば、脱「中国」化の動きと認識される。1990年代以降、二つのアイデンティティの相互作用とそれをめぐる政治は、常に台湾教育の中心的問題となってきた。教育とナショナル・アイデンティティという主題が今日的かつ動態的問題であるということ、それが台湾を事例とする第一の理由である。

　本書が台湾を事例とする第二の理由は、経済発展、民主化・自由化、国際社会での位置づけといった内的・外的環境の変化と教育されるナショナル・アイデンティティの再編にもかかわらず、国民化に向かう強い衝動が台湾の学校教育を不変的に特徴づけているためである。序章で詳述するように、2003年改定の現行の義務教育のナショナル・カリキュラム『国民中小学九年一貫課程綱要』では、「健全な国民の育成」が教育の基本理念であることが、本書の考察の起点となる1968年の『国民中学暫行課程標準』と同様の明快さで語られている。

　戦後台湾の教育において何が変わり、何が変わらなかったのか、その変化と不変を明らかにすることは、本書の全体を貫くモチーフだが、方法として採用するのは、国民中学で必修教科として教えられていた「公民と道徳」のナショナル・カリキュラムと国定教科書の分析である。

　ここで「公民と道徳」が「教えられていた」と表現されるのは、2001年の『国民中小学九年一貫課程暫行綱要』〔上述の現行カリキュラムの前身〕の実施によって、同教科が歴史・地理教育の諸教科と「社会」学習領域に統合されたためである。このカリキュラムの統合により、独立した教科としての公民教育は、義務教育から姿を消すことになった。しかし、「公民と道徳」は、約30年の間、公民教育の基層として、あるべき国家観・国民観を最も直截的なかたちで教え続けてきたのである。

　本書の分析は1968年を起点とする。1968年は義務教育の年限が6年から9年に延長され、その教科書制度が全面的に国定制に移行し、国民中学の「公民」が「公民と道徳」に改編された年である。ここで成立したナショナル・カリキュラム――国定教科書――統一入試の「三位一体」は、教育の一元性・集権性・イデオロギー性を制度的に補強するものであった。1990年代の教育改革は、

義務教育9年間のカリキュラムを一貫化し、高校・大学入試を多元化し、教科書制度を段階的に全面的な検定制に移行させた。それは言わば、制度の三位一体が解体していく過程であった。本書が扱う1968年から90年代末の約30年間は、戦後台湾教育の歴史において、一つの時代を画している。

　本書は、公民教育のカリキュラムと教科書を対象とする実証的研究として詳細さを求める一方で、台湾の教育を巨視的に理解することを目指している。序章で詳述するように、戦後台湾教育の研究は、教育学と地域研究の双方で蓄積を欠いた状況にある。本書が変化と不変に関する考察の射程を台湾教育の全体性に向けているのは、議論の間口を広く設けることによって、後続の研究の礎石たらんことを企図しているためである。その意味において本書は、いずれ批判的に乗り越えられるためにこそ存在しているといえる。

　導入的研究としての本書には、至らない部分も少なからずあるが、台湾の教育の歴史と現在について考えるための示唆を含んでいる。現在、筆者は、本書の続編というべき2000年代の検定教科書に見るナショナル・アイデンティティの研究に取り組んでいるが、検定教科書の特徴は、国定教科書との比較によって、より正確に把握される。本書は、特定の対象を限定された時間のなかで論じている点で、事例研究として完結性を持っている。しかし、それは同時に、戦後台湾の教育を俯瞰し、いくつかの問いをオープンエンドに投げかけることによって、台湾教育の歴史と現在を扱う「次」の研究に切り口を提供することを意図してもいるのである。

　2009年

　　　　　　　　　　　　　　　　　　　　　　　　　　　著　者

目次／戦後台湾教育とナショナル・アイデンティティ

はじめに ……………………………………………………………… i

序章　本書の研究視角………………………………………………3

第1節　問題の所在　……………………………………………………3
　1　なぜ教育なのか (3)
　2　なぜ台湾なのか (5)
　3　本書の副次的インプリケーション (12)

第2節　研究対象 ………………………………………………………13
　1　なぜ公民教育か (13)
　2　なぜ1968年から1990年代末なのか (15)

第3節　戦後台湾教育研究の現況　……………………………………16
　1　日本における戦後台湾教育研究 (16)
　2　北米における戦後台湾教育研究 (18)
　3　台湾における戦後台湾教育研究 (19)

第4節　本書の構成 ……………………………………………………21

第1章　本書の分析枠組み ………………………………………27

第1節　戦後台湾教育の特徴と公民教育のモデル ……………………28
　1　戦後台湾教育のマクロ的特徴 (28)
　2　戦後台湾における公民教育の特徴 (41)
　3　共同体統合の諸理論と公民教育のモデル (45)

第2節　台湾の「国家認同」問題に関する理論的考察 ………………48
　1　中華民族主義 vs. 台湾民族主義 (48)
　2　「国家認同」をめぐるオールターナティブな言説の可能性と限界 (59)

本章の小結………………………………………………………………62

第2章　九年国民教育政策と国定教科書制度の成立 ……………71

第1節　九年国民教育政策の前史と背景要因 …………………………71

1　初等教育の量的拡大と「悪性補習」の深刻化 (73)
　　2　九年国民教育政策の外来的要因 (79)
　第2節　九年国民教育政策の立法・実施過程 …………………87
　　1　立法過程 (87)
　　2　実施過程 (90)
　第3節　教科書制度改革と「統編制」の成立 …………………93
　　1　九年国民教育政策以前の教科書制度 (94)
　　2　「革新教育注意事項」と国民教育教科書の全面国定化 (96)
　　3　「統編制」への批判の高まりと教科書制度改革 (98)
　本章の小結 ……………………………………………………101

第3章　権威主義体制下における公民教育の「中国」化 ……107

　第1節　権威主義体制下における『国民中学課程標準』の
　　　　　改定とその特徴 ……………………………………108
　　1　授業時間数の変遷にみる「公民と道徳」の位置づけ (109)
　　2　各時期の『課程標準』の「目標」にみる台湾教育の本質的特徴 (113)
　　3　各教科の「課程標準」にみる「愛国」と「民族」(115)
　第2節　権威主義体制下における公民教育のカリキュラムと
　　　　　「国家認同」……………………………………………118
　　1　各時期の「公民と道徳課程標準」における教育目標 (120)
　　2　生活規条〔生活のきまり〕(122)
　　3　教材綱要 (124)
　第3節　権威主義体制下の公民教科書にみる国家観・国民観 ………126
　　1　学校教育と国民化 (127)
　　2　「愛国」の徳目 (130)
　　3　国家―国民―民族 (133)
　　4　中華文化の概念 (134)
　　5　中国との関係 (137)
　本章の小結 ……………………………………………………138

第4章　民主化・自由化時代の教育改革と公民教育 ……141

　第1節　1994年の二つの出来事と脱権威主義の教育改革 …………142

1　「四一〇教改大遊行」(142)
　　2　「行政院教育改革審議委員会」と『教育改革総諮議報告書』(144)
　　3　脱権威主義の教育改革の「その後」(148)
　第2節　『国民中学課程標準』第4次改定と公民教育……………153
　　1　1994年『国民中学課程標準』第4次改定の経緯と方向性 (153)
　　2　1994年改定「公民と道徳課程標準」(160)
　第3節　「最後」の『公民と道徳』教科書にみる「国家認同」…………162
　　1　「中華民族」・「中華文化」概念の変質 (164)
　　2　「国家」概念の変容 (168)
　　3　「公民」概念の再定義 (169)
　　4　「認同」〔アイデンティティ〕の概念の導入 (170)
　本章の小結 …………………………………………………………171

第5章　台湾における教育の「本土化」と「国家認同」………………175

　第1節　教育の「本土化」とは何か？ ……………………………176
　　1　「本土化」概念の定義 (176)
　　2　「本土化」の三つの特徴 (179)
　第2節　『認識台湾』教科書にみる「本土化教育」の
　　　　　国家観・国民観……………………………………………183
　　1　「課程標準」にみる教科の特徴 (183)
　　2　『認識台湾 (社会篇)』および『認識台湾 (歴史篇)』の構成 (187)
　　3　『認識台湾教科書』の特徴 (1)：「われわれ」語りの多様性 (189)
　　4　『認識台湾教科書』の特徴 (2)：独自の歴史区分と用語法 (191)
　　5　『認識台湾教科書』の特徴 (3)：海洋国家観の強調 (193)
　　6　『認識台湾教科書』の特徴 (4)：対外認識の変化 (195)
　　7　『認識台湾教科書』の特徴 (5)：マルチ・エスニックな台湾社会観 (197)
　第3節　教育の「本土化」をめぐる「国家認同」のポリティクス……200
　　1　『認識台湾』教科書論争の展開 (200)
　　2　『認識台湾』教科書批判の焦点 (202)
　　3　中国による『認識台湾』教科書批判 (208)
　　4　『認識台湾』教科書論争の「その後」(211)

本章の小結 ……………………………………………………218

終章　台湾教育の課題と展望——変化と不変の政治社会学 ……………225
　　1「本土化」と教育される「国家認同」の再編 (225)
　　2 国家発展と教育 (230)
　　3「悪性補習」、進学競争と進学主義 (232)
　　4「借用」と「依存」からの脱却：教育の本土化に向けて (233)
　　5 戦後台湾教育研究の確立に向けて (235)

参考資料 ………………………………………………………………239
参考文献リスト ………………………………………………………257
あとがき ………………………………………………………………279
事項索引 ………………………………………………………………283
人名索引 ………………………………………………………………285

戦後台湾教育とナショナル・アイデンティティ

序章　本書の研究視角

第1節　問題の所在

　本書の目的は、ナショナル・カリキュラムと国定教科書の分析を通じて、台湾の教育とナショナル・アイデンティティをめぐる諸問題を考察することである[1]。この試みは表裏をなす二つの意図を含む。第一の意図は、台湾の「国家認同(ナショナル・アイデンティティ)」[2]の問題に教育の面からアプローチするというもので、これは台湾研究としての課題である。一方、本書はまた、比較・国際教育学として、教育と国民化という普遍的な問題を台湾という場所の視座から思考することを試みるものでもある。これが本書の第二の意図である。

　この二つの意図は、問題意識の妥当性について、「なぜ教育なのか」／「なぜ台湾なのか」という一対の問いを喚起する。前者はアプローチ、後者は事例選択の妥当性に関するものである。本書における問題の所在と台湾研究および比較・国際教育学としての意義を明確にするために、この二つの問いに答えることから議論を始めることとしたい。

1　なぜ教育なのか

　本書が台湾の「国家認同」をめぐる諸問題を考察するうえで「教育」に着目するのは、国家大の普遍的・均質的な学校教育制度としての近代公教育がナショナル・アイデンティティの形成において決定的な役割を果たすためである。近代の産物である国民国家というシステムにおいて、国民としての自意

表1　西川長夫による国民化（文明化）概念の解釈

1	空間の国民化	均質化、平準化された明るく清潔な空間／国境／中央（都市）—地方（農村）—海外（植民地）／中心と周縁、風景	⇒ ナショナリズム 国民の誕生
2	時間の国民化	暦（時間の再編）、労働・生活のリズム／神話／歴史	
3	習俗の国民化	服装、挨拶、儀式（権威—服従）／新しい伝統	
4	身体の国民化	五感（味覚、音感、……）、起居、歩行—学校・工場・軍隊等々での生活に適応できる身体と感覚／家庭	
5	言語と思考の国民化	国語／愛国心	

出典）西川長夫『国民国家論の射程—あるいは〈国民〉という怪物について』柏書房、1998年より引用。

識や国家に対する帰属感は、生来的なものではない。成長の過程で共通の価値・規範および身体的・精神的同一性を身につけることによって、人は国民としての自己を段階的に確立していく。つまり、国民国家という枠組みのなかで、人は生まれながらにして国民であるわけではなく、国民になるのである。このことは、視点を国家の側に移せば、国民にするという言葉に置き換えられる。この個人を国民にする過程としての国民化は、いくつかの側面を含む多面的な概念である。例えば、西川長夫は国民化（文明化）を五つの側面からなるものと解釈している〔**表1**参照〕。

　国民化の過程においては、さまざまな国家装置〔国家の抑圧装置とイデオロギー装置の双方を含む〕[3]が担い手となるが、それ自体イデオロギー装置の一つであると同時に、他の装置の社会的機能を国民に理解させ、それらに対する国民の信頼ないし従順さを増進する学校は、言わば「扇の要」のような位置を占めている。教育と国民化の結びつきの強さは、国家の政治体制や経済発展の程度、地政学的位置、社会の宗教的・エスニック的構成等の内的・外的要因に影響される。しかし、いかなる国家も、教育を通じた国民化の要請そのものから逃れることは不可能である。近代産業社会の特徴は、「人々を仲間に受け入れられるようにしたり、社会において地位を引き受けられるように適応させたり、彼らを『何者か』にさせる技能や感性を取得する手立て」が血縁集団の手を離れて族外社会化機構としての学校に委ねられていることだが、この機構を支えるための巨大なコストは、国家によってしか負担され

えない⁴。それゆえ近代国家においては、国家大の均質的な学校教育が家庭教育や社会教育よりも大きな比重を占め、その国家的性格ゆえに、学校教育は個人を国民として社会化する過程であることを免れえないのである。

　教育による国民化の成否を左右する要因として、いくつかのものが考えられる。例えば、教育システムの一元性と集権性の高さ、学歴が個人の社会的上昇に影響する程度等も、そうした要因の一つといえるだろう。教育システムの一元性と集権性が高ければ、国家はその意図をより直接的に教育内容に反映することが可能となり、学歴が社会的上昇に直結する〔ないしはそのように信じられている〕場合、人々は学校に対して自ら恭順的な態度を示すようになるためである。この二つの条件はまた、相互補完的なものであり、戦後台湾の教育は、これらの条件をともに満たすものであった。近代公教育がその本質において国民化の過程と不可分であること、そして台湾では近代公教育のそのような特徴が顕著に現れる条件が揃っていること、それが「なぜ教育なのか」という問いに対する本書の答えである。

2　なぜ台湾なのか

　一方、本書が台湾という場所の可能性に着目するのには、いくつかの理由がある。

　近年、台湾では、「本土化」の名のもとで、教育されるナショナル・アイデンティティの劇的な再編が進み、教育とナショナル・アイデンティティをめぐって、活発な議論が繰り広げられている。この現象は台湾という場所の文脈に根ざしたものだが、同時に汲み上げるべき普遍的な示唆を少なからず含んでいる。これが台湾を事例とする第一の理由である。

　「本土化」とは、英語の "localization" ないし "indigenization" に相当する概念だが、あえて括弧つきで記していることからもわかるように、この概念は、台湾の今日的文脈のなかで、ある特別な意味を担っている。即ち、第二次世界大戦後、日本に代わって台湾の統治者となった国府が長年志向してきた「中国」化のオールターナティブとしての「本土化」、「台湾化」という意味での「本

土化」である。「本土化」概念の含意およびそれをめぐる諸問題については、第5章で詳しく論じるが、ここで「中国」化から「本土化」=「台湾化」に至る流れについて、簡単に整理しておく。

　第二次世界大戦後、日本から台湾を接収したことによって、一度は「中国」を統一した国府だが、その後、中国共産党との内戦に敗れ、朝鮮戦争を契機として冷戦が東アジアに波及するに至ると、中国大陸での実効支配を喪失し、台湾に封じ込められることとなった。かくして「中国」の分断国家化という状況が生まれたわけだが、国府は台湾に逃れた後も「中華民国こそ『中国』の唯一の合法政府である」という立場を堅持し続けたのである。ここで国府にとって問題だったのは、50年にわたって日本の植民地統治下にあった台湾〔ここでの台湾は台湾島、澎湖島のみを指し、金門島、馬祖島を含まない〕がこの主張の根底にある「中国」ナショナリズムの形成過程を同時代史的に経験していないということであった。「中国」ナショナリズムは、清末以降の欧米列強や日本との関係のなかで次第に築き上げられていった概念だが、戦後国府とともに大陸から台湾に移住した人々〔外省人と呼ばれる〕をのぞき、台湾に住む人々の大多数は、日本の統治下にあって、この過程を体験していなかったのである。つまり、彼ら／彼女らにとって、「中国」ナショナリズムとは、教育を通じて追体験することによって、はじめて内面化しうるものであった。「中国」化の過程は、人々の生活のあらゆる側面におよぶ包括的なものであったが、教育がとりわけ重要な意味を持っていたのは、こうした理由によってである。

　このことは、国府に教育の拡充を重視させ、他のアジア諸国より早い教育の量的発展を促進する一方、教育のイデオロギー性を強化した。中国国民党〔以下、国民党と略す〕の権威主義的統治のもとで、台湾の学校は、"Learning to be Chinese"〔中国人になるために学ぶ〕[5]の場所となり、教科書に描かれる「わが国」の空間的広がりは、国府が実際に統治する領土とは著しく乖離することとなった。この「中国」化の教育は、国府の権威主義的統治と相互補完の関係にあった。権威主義体制下における教育システムの高度な一元性・集権性が教育と現実の乖離を可能とし、こうした教育が逆に、現実と乖離した「官製」

のナショナル・アイデンティティの正統性を補強していたのである。

　このような政治と教育の相互補完によって、"Learning to be Chinese" の教育は、長年にわたり強度を保ち続けたが、1990年代に至り状況に変化が生じた。国際連合からの脱退や主要国との断交といった1970年代以降の一連の外交危機に起因する国際的孤立と80年代半ば以降の民主化・自由化の潮流が結合したことで、台湾として生き残りを図るという選択肢が現実性を持ち始めたのである。つまり、「台湾は『中国』の不可分の一部である」という従来の「中国」化に対抗する形で、台湾の主体性を謳う「本土化」＝「台湾化」が各側面で進行することとなったわけだが、「中国」化の過程においてそうであったように、「本土化」の過程においても、教育は中心的な役割を担ってきた。

　教育の「本土化」は、1990年代半ばに本格化し、不断の流れとして今日に至る教育改革の主要なベクトルの一つとなった。その変化は、概ね好意的な反応をもって迎えられたが、一部で激しい批判にもさらされた。また、教育の「本土化」をめぐる論争は、台湾国内にとどまらず、台湾海峡を跨いで政治化された。つまり、中台関係の争点になったのである。

　本書が台湾を事例とする第一の理由が、「本土化」という近年の「変化」に関係するものであったのに対し、第二の理由は、台湾の教育をより長期的なスパンで観察したときに見出される「不変」、即ち、戦後台湾の教育に時代を越えて通底する特徴に導かれている。

　戦後台湾の教育に通底する特徴とは、端的に言えば、国民化を第一義的な目標とすることである。約60年におよぶ国府の統治のもとで、台湾の内的・外的環境は大きく変化した。国内的には、「奇跡」と称される経済発展が人々の物質生活を豊かなものとしただけでなく、権威主義から民主主義への政治体制の移行が平和裏に進行し、2000年には直接選挙による政権交代が実現した。また、上述のように、社会の各側面で「本土化」が進行している。一方、国際的には、中国の国際的地位の上昇によって、「中華民国こそが『中国』の唯一の合法政府である」という主張を堅持することが困難になった。このような現実のもとで、李登輝政権は、両岸分治を客観的事実と認め、台湾の名において生存空間を拡大する外交政策を展開することによって、国際社会で

存在感を示した。

このような内外の環境の変化は、当然教育にも影響を与えた。1980年代後半に民主化・自由化と並行して動き始めた教育改革は、1994年に至って不可逆の潮流に発展した。この改革によって、台湾の教育は、制度と内容の両面で大きく変化したが、一方で「教育とは国民を創るものである」という中心思想は、些かも揺らいでいない。このことは、1968年〔後述のように、この年は本書の考察の起点となる〕と2003年のナショナル・カリキュラムが掲げる教育の目標を対比することによって、具体的に理解されるだろう。

権威主義体制のもと、1968年に制定された『国民中学暫行課程標準』〔日本の『学習指導要領』に相当するナショナル・カリキュラムの大綱〕は、冒頭で教育の目標を次のように規定している。

「国民の知識の水準とマンパワーの資質を高め、国家社会の建設と経済発展の基礎を確立するとともに、戡乱建国〔引用者註—中国共産党による『反乱』を鎮定し、『中国』を統一する政権を打ち建てるという意味〕の力を充実させるために、九年国民教育を実施する。九年国民教育は二つの段階に分けられる。6年間の国民小学と3年間の国民中学であり、その課程編成は九年一貫の精神を採る。国民中学の教育の目標は、国民小学の基本教育を継続し、青年の心身を発展させ、公民としての道徳を陶冶し、民族の文化を注入し、科学の精神を育成し、職業的陶冶を実施し、生活における知識と能力を充実させることによって、学生が専門的な技能を学習したり、継続的に進学したりする基礎を確立するとともに、<u>忠勇愛国の健全な国民を養成する</u>ことにある。」[6]〔下線部引用者〕

一方、民主化・自由化後の1990年代末に暫定版が制定され、2001年に実施、2003年には正式版に改定された『国民中小学九年一貫課程綱要』は、教育の基本理念を次のように定義している。

「教育の目的は人民の健全な人格、民主の素養、法治の観念、人文的涵養、強健な心身、思考、判断と創造の能力を育成し、彼ら／彼女らを<u>国家意識と国際的視野を備えた現代的国民にする</u>ことである。本質的に言って、教

育は学生の潜在能力を発展させ、学生が生活環境に適応し、それを改善するように育てる学習のプロセスである。したがって、世紀を跨ぐ九年一貫の新カリキュラムは、ヒューマニスティックな感情、統合・整理の能力、民主の素養、郷土と国際意識を備え、生涯を通じて学びうるような<u>健全な国民を育成する</u>ものでなければならない。」[7]〔下線部引用者〕

　二つのカリキュラムを隔てる35年という時間の作用によって、両者の印象は一見著しく異なるものとなっている。これは2003年のカリキュラムが内的・外的環境の変化に対応するべく教育の目標に様々な新概念を持ち込んでいるためだが、両者の本質は表面的な印象ほど異なっているわけではない。「教育とは個人を国民に社会化する過程である」という、きわめて根本的な点で両者は認識を共にしており、用いる概念の違いはあるが、論理は一貫している。国民化に向かう強い衝動は、指導者や政権政党、政治体制の変化を越えて台湾教育に通底する永続的特徴であり、それに対する認識を欠いたならば、戦後台湾教育の総体的分析はもちろん、「本土化」という今日の変化の分析においてさえ、判断を誤ることになるだろう。

　また、こうした観念の不変性は、台湾のみならず、より広い文脈においても示唆を含んでいる。英国の教育学者アンディ・グリーン〔Andy Green〕が批判的に論じているように、台湾が「本土化」の名のもとで教育されるナショナル・アイデンティティの再編に着手し始めた1990年代には、社会的連帯、民主的市民性およびナショナル・アイデンティティの育成という近代公教育の本質的機能の今日的妥当性を疑問視するポストモダンの教育論がアングロ・サクソンの社会を中心に一定の広がりを見せていた[8]。多様性を持つ人々を同化・統合し、国民文化の統一を促進することを目的とする普遍化の機関としての学校を軸とする近代教育を時代錯誤的なものとみなし、情報科学によって個別的にカスタマイズされたヴァーチャルな教室が学校や大学に取って代わることを予見する言説が、一定の広がりを獲得していたのである[9]。

　しかし、「本土化」後の台湾教育が志向したのは、こうした予見とはまったく異なる方向であった。1990年代の教育改革では、教育の多元化・分権化によって権威主義時代の過度の一元化、集権化が是正され、学校という形態

によらないオールターナティブな教育の価値もある程度は認められるようになってきたが、ポストモダンの教育論が論じるように、「公的、集合的、社会的な過程としての教育」が消失に向かっているわけではない。台湾の教育は、依然として学校を中心とするものであり、それゆえ「本土化」は、ナショナル・アイデンティティからの「脱却」ではなく、ナショナル・アイデンティティの「再鋳造」の過程となっているのである。

教育とナショナル・アイデンティティをめぐる「変化」と「不変」というアイディアは、本書の全体を貫くモチーフであり、本書が台湾を事例として選択する理由であるが、本書が台湾を事例とする理由はもう一つある。第三の理由は、台湾が一つの主体として様々な「顔」を持ち、国家についての考察をうながす要素を重層的に内包しているということである。

第一に、主体としての台湾はポストコロニアルな存在である。台湾を一つの主体として見るとき、その歴史は外来政権の興亡の歴史として描かれる。17世紀のヨーロッパによる「発見」とオランダによる植民地統治〔1624-1662年。この間、北部の一部地域は一時期スペインの占領下にあった〕に始まり、明朝の軍人であった鄭成功の一族による統治〔1662-1683年〕、清朝の統治〔1683-1895年〕、日本の統治〔1895-1945年〕を経て、戦後の国府による統治に至るまで、様々な政権が台湾を統治してきた。

「中国」と台湾はオランダ統治以前から一定の関係を持ち、また現在台湾に住む人々のほとんどが「中国」をルーツとしていることから、「中国」で正統性を獲得した清朝や国府を外来政権とみなすか否かは、意見が分かれる点であろう。しかし、この二つの政権も、台湾という場所で、台湾の名において成立したものではない以上、台湾を主体として見る眼からは、外来性を持つものとみなされる。植民地統治の歴史を持つ主体は少なくないが、台湾の多重的な植民地経験は、例外的な事例と言えるだろう。

第二に、台湾は東西冷戦の所産としての「分断国家」の断片である。第二次世界大戦後、日本に代わって台湾の統治者となった国府は、程なくして再燃した中国共産党との内戦の結果、台湾に逃れることを余儀なくされた。状況は中国に有利であり、台湾の「解放」は必至の趨勢であるかに見えたが、

1950年6月に朝鮮戦争が勃発し、米国が従来の不介入の方針を覆して台湾海峡の「中立化」を宣言したことで、国府は台湾に拠って生存していくことを決定づけられた。米国のパワーによって、中国による「台湾解放」とともに、国府による「大陸反攻」も、実質的に不可能になったためである。しかし、戦後過渡期に権威主義に類型化される政治体制を構築した国府が選択したのは、少なくとも公的には「中華民国政府こそ『中国』の唯一の合法政府である」という立場を堅持し、「反共復国」を主張し続けるという道であった。かくして、互いに「中国」の正統性を主張する二つの政府が台湾海峡を挟んで対峙するという、分断の構図が成立したのである。

「中華民国政府こそ『中国』の唯一の合法政府である」という国府の主張は、当初それなりの説得力を持っていた。米国を含む主要国が中国ではなく国府と国交を保持していたためである。しかし、1970年代に国連の代表権および主要国との外交関係を喪失したことによって、この主張は大いに説得力を失うことになった。このことは、台湾をして台湾の名のもとでの生存の模索という方向に向かわせる契機となったが、一方で、中国は統一を声高に主張し続けており、中台関係の図式は、当初のそれとは異なる様相を呈している。

第三に、充分な国際的承認を欠きながらも[10]、台湾は領土・国民・統治機構という国家の要件を備えた実体として存在しているという現実がある。上述のように、1970年代に国連の代表権と主要国との外交関係を失った台湾は、外交的孤立状態に陥ったが、「奇跡」とも称される経済発展と権威主義体制の「平和的民主化」[11]を達成したことで、国際社会で再び存在感を示すこととなった。

第四に、台湾はマルチ・エスニックな社会構造を抱えている。台湾の人口はおよそ2,300万人と大規模ではないが、その構成は複雑なもので、二つのエスニック・バウンダリーが存在するとされる。本省人／外省人と「四大族群」〔四大エスニック・グループ〕の二つのエスニック的境界である。

前者は台湾に渡来した時期に基づく区分である。第二次世界大戦の終結以前から台湾に居住していた人々とその子孫を本省人、戦後国府とともに中国大陸から台湾に渡ってきた人々とその子孫を外省人と呼ぶ。一方、「四大族群」

は、近年、政府が提唱している概念で、閩南・客家・外省人・原住民〔非漢民族、マライ・ポリネシア語系の先住民族〕の四つのエスニック・グループが台湾社会を構成しているという認識である。とはいえ、こうした境界の背景には、ある種の政治的意図が見え隠れしており、純粋な意味でのエスニック・バウンダリーとは言い難い部分がある。例えば、「四大族群」概念では、同じ漢民族である閩南・客家・外省人がそれぞれ別カテゴリーとされる一方、異なる母語と文化を持つ複数の先住民族は原住民のカテゴリーに一括されている。しかし、このような政治的制約が働いているにせよ、今日の台湾で社会のエスニックな多様性が公的に語られ、差異の存在を認めたうえで、国家と社会の統合が模索されていることは注目に値する。

3 本書の副次的インプリケーション

以上、「なぜ教育なのか」/「なぜ台湾なのか」という二つの問いに答えることによって、本書の問題意識が明確になったことと思うが、ここでさらに、本書の副次的インプリケーションについて述べておきたい。本書は、教育とナショナル・アイデンティティの問題における「例外的事例」[12]の検討として、それ自体意味を持つものだが、さらに二つの副次的インプリケーションを含んでいる。

第一に、本書が試みる台湾のケース・スタディは、似通った性格を持つ〔と思われる〕国家の教育を分析するための比較の軸になりうる。アンディ・グリーンの比較史的研究が論じているように、教育によって国民的なアイデンティティと統合を達成しようとする意欲の強さとその過程における国家の中心的役割は、台湾のみならず、韓国・香港・シンガポールといった戦後アジアの発展指向型国家〔developmental state〕に共通の特徴である[13]。例えば、本書のケース・スタディは、これらの国家の教育の研究に参照可能な比較の軸を提供することができるだろう[14]。本書は、いわゆるクロス・ナショナル分析を行うものではないが、この意味において、比較・国際教育学の一環をなすものといえる。

第二に、本書の考察は、中台関係の研究に新たな視角を提示する。台湾における教育の「本土化」をめぐる中台の論争は、この問題が中国にとって他人事ではないということを示している。分断国家の一辺をなす台湾が「国家認同」を再定義すれば、とりもなおさず中国との関係を問い直すことになるからである。教育による国民化とは、国家大の集合的な自己認識を形成する過程であるが、自己認識と他者認識は、常に表裏をなすものである。つまり、今日における教育されるナショナル・アイデンティティは、次世代における対外認識を規定する要因なのであり、それゆえに、近年の台湾における教育の「本土化」は、中台関係の将来に深く関わっている。また、中台関係を教育・文化の側面から考察するという試みは、従来は政治、経済、安全保障の側面から論じられることが多かった中台関係の研究を多角化する可能性を含んでいる。
　以上が本書における問題の所在と台湾研究／比較・国際教育学としての意義である。続いて、本書の研究対象について、説明しておきたい。

第2節　研究対象

　前節で述べた問題意識、つまり、台湾における教育とナショナル・アイデンティティの問題を考察するために、本書では、公民教育のナショナル・カリキュラムと国定教科書に表象される国家観および国民観を分析する。具体的には、1968年から1990年代末までの約30年で、国民中学〔日本の中学校に相当する3年制の前期中等教育〕の必修教科である「公民と道徳」のカリキュラムと教科書が教えるナショナル・アイデンティティがいかに変わり、またいかに変わらなかったのかを明らかにしていくが、この方法の妥当性を示すために、(1)なぜ公民教育なのか、(2)なぜ1968年を起点に1990年代末までを論じるのかの二点を明確にしておく必要があるだろう。

1　なぜ公民教育か

　近代国家における学校を通じた国民化は、様々な教科によって達成される

全面的な過程である。歴史、地理といった社会科系教科はもとより、国民文化の精髄を伝えるものとしての国語や音楽、美術の教育、さらには理数系の教科さえもが国民化の担い手となるが、公民教育と国民化の関係は、直接的であるとともに本質的である。つまり、「〔近代国家や市民社会の構成員という意味での〕公民、つまり国民や市民にとって必要な政治的、経済的、社会的知識や態度を養う教育」[15]と定義づけられる公民教育にとって、国民化は第一義的な目的である。本書が様々な教科のうち特に公民教育を注目するのは、こうした理由によってであるが、とりわけ国民中学の「公民と道徳」に注目するのには、さらに二つの理由がある。

国民中学の一教科である「公民と道徳」に注目する第一の理由は、この教科が1968年の九年国民教育の実施、即ち、義務教育の年限延長という戦後教育史の大きな節目に、当時国家指導者として絶大な権限を持っていた蒋介石のイニシアティブの下で導入されて以来、常に国民教育のカリキュラムの中心的位置を占め続けてきたという事実である。九年国民教育の実施によって、6年制の国民学校が国民小学、3年制の初級中学が国民中学となり、それぞれの『暫行課程標準』が制定された。このカリキュラム改定によって、国民学校の「公民と道徳」が国民小学の「生活と倫理」に、初級中学の「公民」が国民中学の「公民と道徳」に改編されたが、『国民中学暫行課程標準』のなかで、「公民と道徳」は全教科の筆頭に位置づけられた。つまり、それ以前の『中学課程標準』では「国文」、「英語」、「公民」、「歴史」、「地理」、「数学」と教科が列挙されていたが、「公民と道徳」、「健康教育」、「国文」、「英語」、「数学」、「歴史」、「地理」という並びに改められたのである。

また、1968年4月には、蒋介石によって「対国民教育小学『生活與倫理』、中学『公民與道徳』課程指示」と題する特段の指示が発せられ、この二つの教科が教えるべき価値と規範について、詳細な説明がなされた[16]。この事実は、九年国民教育のカリキュラムにおける公民教育および道徳教育[17]の位置づけの高さを示すものである。

第二の理由は、この教科が義務教育の必修教科であるためだ。台湾では、2000年代に至るまですべての教育段階に公民教育ないし道徳教育の教科が

独立的に置かれていたが、「公民と道徳」は、義務教育の必修教科として、最も多くの人に国家と国民の概念を教えてきたのであり、それゆえに一層の重要性を持っているのである[18]。

2 なぜ1968年から1990年代末なのか

　本書が1968年を考察の起点に1990年代末までを論じるのは、この約30年が戦後台湾教育史で一つの時代を画しているためである。1968年が大きな節目であるのは、九年国民教育が実施された年であるとともに、義務教育の教科書の編纂が全面国定制に移行した年でもあるためだ。それまで台湾の教科書制度は、国定制と検定制が並存する状況にあったが、1968年に至って義務教育のすべての教科書が国定教科書に一元化された。

　この国定教科書制度は、先行的に成立していたナショナル・カリキュラムと「聯考」と呼ばれる高校・大学の統一入試と「三位一体」をなして、教育システムの高度の一元性・集権性を制度的に補完するものであった。この三位一体は権威主義的教育システムの象徴として、数十年にわたり機能し続けたが、1990年代に入り民主化・自由化と並行する形で脱権威主義の教育改革が進行するにつれて、入試制度の多元化と教科書制度の検定制への移行が段階的に実現することとなった。1989年の国民中学の芸能教科〔美術、音楽等〕の教科書開放を嚆矢として、1996年からは国民小学の全教科の教科書が検定制に移行し始め、結局、2001年度から実施の『国民中小学九年一貫課程暫行綱要』に至って、義務教育のすべての教科書が検定制に移行した。したがって、1994年改定の『国民中学課程標準』に依拠して編纂され、97年度から使用が開始された国民中学各教科の教科書は、結果的に最後の国定教科書となったのである。

　本書が1968年から1990年代末を射程とするのは、この時期が「ナショナル・カリキュラム―国定教科書―統一入試」の時代として、一貫性のもとで論じうるからである。

第3節　戦後台湾教育研究の現況

　本書では、公民教育のカリキュラムと教科書の実証研究の前に、第1章でいくつかの理論的・概念的問題を前提として整理する。この作業は、台湾のケース・スタディをより大きな議論のなかに位置づけるためのものであり、第1節で述べた本書の二つの意図にかかわるものである。具体的には、戦後台湾の教育の特徴〔マクロ的特徴および公民教育の特徴〕と「国家認同」をめぐる問題について先行研究の議論を整理するが、ここでは、戦後台湾教育の全体的な研究状況について、日本・北米・台湾の現状を論じておきたい。

1 日本における戦後台湾教育研究

　日本において戦後台湾の教育に関する研究は、比較・国際教育学と地域研究の双方で、依然未発達なものにとどまっている。

　比較・国際教育学〔Comparative and International Education〕は、主として外国の教育を取り扱う教育学の下位分野〔sub-discipline〕である。その研究は、特定のテーマについて二ヵ国ないしそれ以上の国家の教育を並列的に分析する方法を採る場合もあり〔クロス・ナショナル分析〕、地域研究的に一国の教育を深く、総体的に掘り下げていく場合もあるが、いずれにせよ、分析者は外国の教育を対象とする。

　40年以上の歴史を持つ日本比較教育学会は、この分野の学会として国内で最大の規模を持つものである。同学会が刊行する紀要『比較教育学研究』は、2001年〔第27号〕から2007年〔第35号〕の7年間で95本の論文を収録している[19]。そのうち日本を含むアジア諸国を扱うものは、33本で全体の34.7％を占めるが、台湾を論じたものは皆無であった。

　また、同学会は、この分野における研究の蓄積をデータベース化し、インターネットで公開しているが〔『比較・国際教育情報データベース（略称：RICE）』〕、戦後台湾の教育に関する文献の数は、きわめて限られたものである。例えば、「中国」というキーワードでは3,729件、「韓国」というキーワー

ドでは1,704件の検索結果が得られるのに対し、「台湾」のキーワードで得られる検索結果は657件に過ぎない[20]。さらに、「台湾」をキーワードとして得られる結果には、分類の関係で戦前を扱う研究や中国を論じた研究も少なからず含まれており、戦後台湾の教育を第一義的に扱った研究の数量は、実際にはさらに限られる。こうした数字もまた、戦後台湾教育研究の少なさを示す傍証となるものである。

さらに、比較・国際教育学に関連するものとして、世界各国の教科書の研究や教科書の現物を翻訳・刊行するという試みがある。石渡延男らによる『世界の歴史教科書』では、中国・韓国にそれぞれ1章が割かれているが、台湾の教科書には言及していない[21]。

別技篤彦『世界の教科書は日本をどう教えているか』は、各国教科書の日本に関する記述を比較的に論じるものとして、東南アジア〔インドネシア、フィリピン、タイ〕、東アジア〔韓国、中国〕、インド・中近東〔インド、ヨルダン〕、アフリカ〔モロッコ、ケニア、南アフリカ〕、ヨーロッパ〔デンマーク、スウェーデン、ノルウェー、オランダ、アイスランド、ポルトガル、ドイツ、イギリス、フランス〕、旧ソビエト連邦・東欧諸国、オセアニア〔オーストラリア、ニュージーランド〕、カナダ・ラテンアメリカという広範な国と地域を包括するものであるが、ここでも台湾の教科書は、その考察から除外されている[22]。

国立国会図書館は、所蔵する各国教科書の翻訳本のリストをウェブサイトで公開しているが、その分類項目は、(1)アジアの国の教科書に書かれた日本、(2)中国の教科書、(3)旧満州の教科書、(4)コリアの教科書、(5)インドネシアの教科書、(6)シンガポールの教科書、(7)タイの教科書、(8)ベトナムの教科書、(9)パキスタンの教科書、(10)トルコの教科書、(11)エジプトの教科書であり、台湾の教科書は含まれていない[23]。明石書店は、「世界の教科書シリーズ」と題して各国教科書を翻訳・刊行しているが、中国と韓国の教科書は、数点が翻訳されているものの、台湾の教科書は未だ翻訳されていない。

こうしたなかで、中国・韓国の教科書と台湾の教科書を並列的に論じた中村哲らのグループによる教科書の比較研究は、先駆的な試みであるが、その分析は分量の関係で現行の歴史教科書に限られている[24]。

一方、地域研究としての台湾研究においても、戦後の教育に関する研究の数は、非常に限られているが、これには台湾研究という分野自体の「若さ」が関係している。台湾研究が伝統的な中国研究〔China Studies〕の下位分野から脱却し、一つの地域研究として確立したのは1990年代のことであり、専門学会である日本台湾学会が創立したのは1998年のことであった。しかし、台湾研究自体の「若さ」という要素を差し引いても、戦後の教育に関する研究は、立ち遅れていると言わざるを得ない。政治研究、経済研究、文学研究、先住民研究などに比べ、教育研究は研究者の層が薄く、蓄積が少ない。このことは、次のような数字からも明らかであろう。

例えば、日本台湾学会の学術大会における研究報告の数を見てみよう。同学会は、1999年から2008年までに10回の年次学術大会を開催している。82の分科会で195本の報告が行われているが、教育に関する分科会は2000年の第2回大会で一度設けられたのみである。同分科会の2本の報告はいずれも戦前の教育に関するもので、戦後の教育を直接の主題とする報告は、10回を通じてわずかに1本であった[25]。

同様に、同学会の紀要『日本台湾学会報』は、創刊号〔1999年〕から第10号〔2008年〕までに72本の論説〔論文〕と7本の研究ノートを収録しているが、戦後の教育を論じたものは、著者による「九年国民教育政策の研究——戦後台湾教育の二面性の起源に関する考察——」〔第3号〕と菅野敦志「『台湾語を媒介とした国語教育』再考——戦後初期台湾における言語政策の一断面——」〔第8号〕、森田健嗣「1950年代台湾における『失学民衆』への『国語』補習教育——元『日本人』の『中国化』の挫折」の3本のみである[26]。

2 北米における戦後台湾教育研究

日本と同様、北米の比較教育学においても、戦後の台湾を扱った研究は少ない。*Comparative Education Review* は、この分野の最も信頼されるジャーナルであるが、同誌の Cumulative Index〔Vol.1 (1957年) から Vol.42 (1998年) に収録された論文の累積的目録〕によれば、同期間の論文のなかで、台湾を扱ったものはわ

ずか3本に過ぎず[27]。1999年から2007年の9年間に目を転じても、台湾について論じたものは2本しかない[28]。

北米と日本の相違は、日本では教育学と地域研究の両面で戦後教育の研究が未発達であるのに対し、北米の台湾研究では、教育が主要な研究領域の一つとされていることである。

北米における台湾研究の学会である North American Taiwan Studies Association〔北米台湾研究学会〕は、同学会が扱う研究領域として、(1)台湾研究の理論と研究方法、(2)今日の台湾における社会的・文化的変容、(3)経済発展と構造改革、(4)教育、(5)先住民族研究、(6)文化研究、(7)都市と環境の研究、(8)公共政策の8項目を挙げており、教育がその一角を占めている[29]。現に年次大会でも教育に関する発表は少なからずあり、多文化教育の問題を中心に議論が積み重ねられている。しかし、総じて言えば、地域研究としての台湾研究は、北米においても「若い」研究分野であり、したがって、そのなかで行われている教育研究も、発展途上の色彩が強い。

3 台湾における戦後台湾教育研究

前述のとおり、戦後台湾の教育に関する研究は、日本と北米の双方において未発達なものとなっているが、台湾で台湾の教育が批判的な視点を含む形で研究され始めたことも、それほど昔のことではなく、主として1980年代半ばに民主化・自由化が緒についてからの傾向である。教育における「本土化」に類する現象が、研究の面でも起き始めたのである。

教育改革が急速に進展する現実のなかで、台湾における台湾教育研究は、近年充実化の道を辿っているが、その初期、つまり1980年代後半から90年代前半に出されたいくつかの研究は、今なお重要な意味を持っている。それは第一に、包括的な性格を持つこれらの研究が今日のケース・スタディによって頻繁に引用され、その理論的基礎になっているためであり、第二に、これらの研究の著者が現実の教育改革の政策形成に直接的・間接的に関わるようになっていったためである。したがって、ここでは、この時期における主要

な研究を概観しておきたい〔それぞれの研究の詳しい内容については、第1章であらためて触れる〕。

38年におよぶ長期戒厳令の解除によって、民主化・自由化時代の本格的な到来を象徴することになった1987年に刊行された林玉体『台湾教育面貌40年』は、その書名のとおり権威主義体制下の教育を主題とするものである[30]。日本統治時代の皇民化教育と対置して、戦後の教育を国民党による「党化教育」と規定し、戦後40年の教育を総括している。

陳伯璋編著『意識形態與教育』は、イデオロギーと教育の視角から台湾の教育を論じたものである[31]。知識と権力の問題、文化的覇権の問題として、国定教科書の制度と内容、統一入試制度、隠れたカリキュラム〔hidden curriculum〕に批判的考察を加えている。林玉体同様、陳伯璋も海外〔ミズーリ大学、ロンドン大学〕で教育学を学び、国立台湾師範大学教育学系の教員を務めているが、1994年に組織された行政院教育改革審議委員会〔日本の臨時教育審議会に相当する教育改革に関する内閣の諮問機関〕で委員となり、教育改革の政策形成に直接的に関与した。

1993年に出版された徐南號編『台湾教育史』は、戦後教育史の初めての本格的な通史である。教育行政、師範教育、職業教育、初等教育、中等教育、高等教育、社会教育の各テーマについて、日本統治以前から1990年代に至るまでの通史が記述されている[32]。回顧と展望を論じた第8章では、教育行政の過剰な膨張や教育中立性の欠如といった問題が台湾教育の歴史的問題として指摘されている。

中国教育学会がまとめた『教育改革』は、本格的に動き始めた教育改革に理論的指針を提示するものであった。教育資源の分配、学制の柔軟化の確立、カリキュラムの革新、教員養成の改善、大学・専科学校の質的向上、生涯教育の推進といった教育改革の核心的問題が論じられている[33]。

羊憶蓉『教育與国家発展——台湾経験』は、戦後台湾における教育と国家発展〔政治発展および経済発展〕を大局的に論じるとともに、小・中学校の教科書が重視する価値の変遷を実証的に論じたものである[34]。羊憶蓉の研究は、戦後台湾の教育が常に経済発展と政治統合という目標に導かれてきたこと、

教科書が教える価値として「忠勇愛国」の徳目が一貫して高い位置を保ち続けてきたこと等、戦後台湾の教育を考えるための示唆を多く含んでいる。

これらの戦後台湾教育の先駆的研究に共通するのは、権威主義体制下の教育を批判的に観察し、教育システムの過度の一元性、集権性、イデオロギー性の弊害を指摘するという視角である。つまり、戦後の教育システムを相対化し、その「功」とともに「罪」をも論じる視角が成立したのである。

本書は、このような民主化・自由化時代の教育研究の成果を一方で受け継ぎながら、それをさらに相対化するという意図を持つものである。これらの研究の書き手が直接的・間接的に方向づけ、1990年代以降の牽引してきた教育改革は、脱権威主義の性格を持つものとして、スクラップ・アンド・ビルドの「スクラップ」に重きを置くものであった。しかし、こうした脱権威主義の教育改革がすでに10数年の月日を重ね、「ビルド」の部分で何をなしうるか、即ち脱権威主義後の問題が問われ始めている今日、教育改革の出発点において理論的基礎を提供したこれらの研究を、再び相対化することが求められているのである。

第4節　本書の構成

以上の問題意識と研究方法に基づく本書は、以下のように構成される。

第1章では、本章第2節で述べたように、実証研究の前提となる理論的・概念的問題を検討する。戦後台湾教育の特徴を巨視的／微視的に論じるとともに、「国家認同」の問題について論点の整理を試みる。

前者において、巨視的な視点とは、戦後台湾教育の全体的特徴を抽出する作業であり、微視的な視点とは、台湾の公民教育の特徴を明らかにすることである。また、ここでは、いくつかの政治共同体統合の理論の公民教育観を比較することで、公民教育の類型化を試みる。公民教育の役割は、共同体の成員として共有すべき価値と規範を個人に身につけさせることにあるが、教えるべき価値と規範をどのように定義するか、例えば個人の自由と社会の統合のいずれを重視すべきかといった問題は、共同体の統合のあり方について、

いかなる考えを持つかに左右されるためである。

　一方、後者では、民主化後の台湾における最大のイシューとしての「国家認同」の問題について、それに関する言説を比較したうえで、その争点化のメカニズムを政治的・歴史的文脈を踏まえつつ、明らかにしていきたい。

　第2章では、本書の研究の起点をなす1968年の九年国民教育政策について考察する。第1節では前史と背景要因、第2節では立法と実施の過程を論じ、第3節では、九年国民教育とともに成立した国定教科書制度に検討を加える。また、民主化・自由化の教育改革のなかで、国定制から検定制に移行していく過程についても、あわせて論じておきたい。

　第3章では、九年国民教育の実施に合わせて1968年に制定された『国民中学暫行課程標準』から85年改定の『国民中学課程標準』までの「公民と道徳」のカリキュラムと国定教科書が教える国家観と国民観を実証的に分析する。

　第4章では、1990年代に動き始めた教育改革の全体像を素描するとともに、1994年の第4次改定『国民中学課程標準』準拠の『公民と道徳』教科書とそれ以前の教科書を比較して、国家観・国民観の点でどのような変化が生じたのかを明らかにする。

　第5章では、1994年の『国民中学課程標準』の改定で国民中学の必修教科として成立し、1997年から実施に移された「認識台湾」の教科書が喚起した論争を軸に、台湾海峡を跨いで展開される教育の「本土化」をめぐるナショナル・アイデンティティのポリティクスについて論じる。「認識台湾」のカリキュラムと教科書の内容的特徴、台湾社会における教育の「本土化」をめぐる論争とともに、中国による「本土化」批判をあわせて論じることで、「本土化」という潮流の含意を台湾海峡両岸という広がりにおいて把握してみたい。

　終章では、台湾教育の変化と不変という観点から各章での議論を総括し、今後の展望を示すとともに、本書が地域研究としての台湾研究と教育学のサブ・ディシプリンである比較・国際教育学にいかなる課題を提示しているのかを論じる。

1　本書において、台湾とは、特にことわりがないかぎり、第二次世界大戦の終結から朝鮮戦争に至る過程で、中華民国政府〔以下、国府と略す〕の実効支配の範囲に確定した台湾島・澎湖島・金門島・馬祖島および周辺の付属島嶼を指すものとする。一方、中国は中国大陸を実効支配する中華人民共和国およびその政府を指すものとし、台湾海峡両岸を包含する概念としての全中国を表す場合は、「中国」と表記する。

2　「国家認同」とは、英語の "national identity" に相当する中国語の概念である。後述のように、台湾では、1990年代から今日に至るまで、「国家認同」が主要な政治的・社会的な争点となっているだけでなく、学術的にも一種のキータームとなっている。

3　国家のイデオロギー装置〔AIE〕とは、フランスのマルクス主義哲学者であるアルチュセール〔Louis Althusser〕が発展させた概念である。政府、行政機関、軍隊、警察、裁判所、監獄等の国家の抑圧装置に対置されるものとして、宗教的AIE〔様々な教会制度〕、学校のAIE〔様々な公立、私立の《学校》制度〕、家族的AIE、法的AIE、政治的AIE〔政治制度、そのなかでの様々な政党〕、組合的AIE〔新聞、ラジオ・テレビ等〕、文化的AIE〔文学、美術、スポーツ等〕が、このカテゴリーに含まれる。抑圧装置が暴力によって機能するのに対し、イデオロギー装置は、その名が示すとおり、イデオロギーによって機能する。ルイ・アルチュセール著、柳内隆訳「イデオロギーと国家のイデオロギー装置」ルイ・アルチュセール、柳内隆、山本哲士『アルチュセールの〈イデオロギー論〉』三交社、1993年、33-43頁。

4　アーネスト・ゲルナー著、加藤節監訳『民族とナショナリズム』岩波書店、2000年、63頁。

5　"Learning to be Chinese" という言葉は、米国の学者リチャード・ウィルソン〔Richard W. Wilson〕が、1960年代の台湾の学校における政治社会化を研究した著書に冠したタイトルに由来するものである。Richard W. Wilson, *Learning to be Chinese: the Political Socialization of Children in Taiwan,* Massachusetts and London: The M. I. T. Press, 1970.

6　教育部中等教育司編『国民中学暫行課程標準』台北市：正中、1970年（7版）、1頁。

7　『国民中小学九年一貫課程綱要（正式版）』の全文は、台湾の教育部のウェブサイトで入手可能である。http://www.edu.tw/EDU_WEB/EDU_MGT/EJE/EDU5147002/9CC/9CC.html（アクセス日：2007年9月22日）。

8　Andy Green, *Education, Globalization and the Nation State,* London: Palgrave Macmillan, 1997, pp.29-31.

9　*Ibid.*, p.30.

10　台湾の外交部のウェブサイト〔http://www.mofa.gov.tw/〕によれば、2008年6月

現在、台湾と正式な外交関係を持つ国家は、中南米の小国を中心とする23カ国にすぎない。

11 井尻秀憲によれば、「政治参加の拡大から階級間対立、軍事クーデター、政治参加の抑圧へと逆行する悪循環をともなわない」台湾の「平和的民主化」は、「比較政治学のマクロ理論においても、これまでの世界史の経験に照らしてみても、極めて稀なる『例外的事例』」であり、「『政治の奇跡』に他ならない」ものである。井尻秀憲『台湾経験と冷戦後のアジア』勁草書房、1993年、5頁。

12 社会科学における「例外的事例」の検討という方法の有効性については、井尻秀憲、同前『台湾経験と冷戦後のアジア』の序章に示唆を得た。

13 Andy Green, op.cit., pp.44-51.「発展指向型国家」〔developmental state〕とは、戦後日本の経済発展を説明するために、チャルマーズ・ジョンソン〔Chalmers Johnson〕によって導入された概念だが〔チャルマーズ・ジョンソン著、矢野俊比古監訳『通産省と日本の奇跡』TBSブリタニカ、1982年〕、グリーンはこれを19世紀のプロイセン、フランス、日本、カナダ、および戦後の韓国、香港、シンガポール、台湾に拡大して適用し、国家形成〔state formation〕という観点から、それらの国の教育を比較史的に論じている。

14 例えば、尹敬勲『韓国の国家発展と教育』星雲社、2005年は、韓国の啓蒙的教育と国家発展、韓国における教育とナショナル・アイデンティティについて論じたものであり、本書に通じる問題意識を持つものといえる。こうしたケース・スタディの蓄積は、より広い文脈で教育を思考するための基礎となるものである。

15 岩内良一、萩原元昭、深谷昌志、本吉修二編『教育学用語辞典【第3版】』学文社、1995年、101頁。

16 「対国民教育小学『生活與倫理』、中学『公民與道徳』課程指示」の全文は、何鳳嬌編『九年国民教育資料彙編』台北県新店市：国史館、2000年、45-53頁に収録されている。

17 「〔特定の社会において承認されている〕規範や価値を生徒に内面化させる過程」〔岩内他、前掲、200頁〕と定義される道徳教育は、公民教育と表裏をなすものであり、公民教育同様、国民化の過程で重要な役割を果たす教科である。

18 国民小学と国民中学の9年間のカリキュラムを統合する『国民中小学九年一貫課程暫行課程綱要』が2001年に実施に移されると、「公民と道徳」は、他の社会科系教科とともに「社会」の学習領域に統合された。したがって、現在義務教育段階では、公民教育ないし道徳教育の独立した教科は存在しない。

19 「特集」および「論文」のカテゴリーに分類された論文の合計。カザフスタン、ウズベキスタン等、中央アジアの国家を扱うもの、アジア国家をクロス・ナショナル分析の対象の一つとするものも計算に含めた。「特集」は特定のテーマにつ

いて編集部が執筆を依頼するものであり、「論文」は会員からの自由投稿による。各号の目次は、同学会のウェブサイトで確認することができる〔http://wwwsoc.nii.ac.jp/jces/〕。なお、2001年から2005年は年刊、2006年以降は年2回刊行となっている。

20　RICEのURLは、http://wwwsoc.nii.ac.jp/jces/rice/index.shtml である。2008年6月25日現在、50,622件の書籍・論文の書誌情報が登録されているが、米国、欧州諸国等、いわゆる「教育先進国」については、研究の蓄積が多く、「アメリカ」というキーワードでは9,224件、「イギリス」では3,859件、「フランス」では3,100件、「ドイツ」では4,018件の検索結果が得られた。

21　石渡延男、越田稜編著『世界の歴史教科書 11カ国の比較研究』明石書店、2002年。同書は中国、韓国のほか、シンガポール、ベトナム、インドネシア、ドイツ、ポーランド、イギリス、オランダ、アメリカ、日本の計11カ国を扱っている。

22　別技篤彦『世界の教科書は日本をどう教えているか』朝日新聞社、1999年。

23　http://www.ndl.go.jp/jp/data/theme/asia/theme_asia_35.html（アクセス日：2007年9月23日）。

24　中村哲編著『歴史はどう教えられているか―教科書の国際比較から』日本放送出版協会、1995年および中村哲編著『東アジアの歴史教科書はどう書かれているか―日・中・韓・台の歴史教科書の比較から』日本評論社、2004年。

25　日本台湾学会が開催した学術大会のプログラムは、同学会のウェブサイトで参照することが可能〔http://wwwsoc.nii.ac.jp/jats/taikai.htm〕。戦前の教育を扱った報告は3本あり、広い意味で教育の問題に含まれる国語〔戦後、中華民国政府が台湾に持ち込んだ北京語としての国語〕の問題を扱った報告が2本あるが、教育そのものを直接的に扱った報告は、第10回大会〔2008年〕の松崎寛子「台湾高校国文教科書における台湾文学」があるのみである。

26　山﨑直也「九年国民教育政策の研究―戦後台湾教育の二面性の起源に関する考察―」『日本台湾学会報』第3号（2001年5月）、日本台湾学会、50-69頁、菅野敦志「『台湾語を媒介とした国語教育』再考―戦後初期台湾における言語政策の一断面―」『日本台湾学会報』第8号（2006年5月）、日本台湾学会、67-87頁、森田健嗣「1950年代台湾における『失学民衆』への『国語』補習教育―元『日本人』の『中国化』の挫折」『日本台湾学会報』第10号（2008年5月）、日本台湾学会、39-54頁。

27　http://www.journals.uchicago.edu/page/cer/cindex/area_list.html（アクセス日：2008年6月25日）。なお、同期間において中国〔China〕を扱ったものは44本である。

28　WING-WAH LAW, "Globalization and Citizenship Education in Hong Kong and Taiwan," *Comparative Education Review*, Vol.48, No.3, August 2004, pp. 253-273, および、

MING-SHO HO, "The Politics of Preschool Education Vouchers in Taiwan," *Comparative Education Review*, Vol.50, No.1, February 2006, pp. 66-89.

29　North American Taiwan Studies Association のウェブサイト http://www.na-tsa.org/new/（アクセス日：2008年6月25日）による。
30　林玉体『台湾教育面貌40年』台北市：自立晩報、1987年。
31　陳伯璋編著『意識形態與教育』台北市：師大書苑、1988年。
32　徐南號編『台湾教育史』台北市：師大書苑、1993年。本書では、1999年発行の増訂版1刷に拠った。
33　中国教育学会編『教育改革』台北市：師大書苑、1994年。
34　羊憶蓉『教育與国家発展―台湾経験』台北市：桂冠、1994年。

第1章　本書の分析枠組み

　序章で述べたとおり、本書の目的は、戦後台湾における教育される国家観・国民観の変化と不変を明らかにすることである。具体的には、1968年の九年国民教育の開始以来、30年以上にわたり義務教育の必修教科として教えられていた「公民と道徳」のナショナル・カリキュラムと国定教科書が表象するナショナル・アイデンティティに焦点をあてるが、本章では、先行研究の知見を踏まえながら、前提となる論点を整理し、分析の枠組みを構築する。
　ここで検討する論点は、次の五点である。

(1) 戦後台湾の教育は、その全体性において、いかなる特徴を持つか。
(2) 本書の研究対象である台湾の公民教育は、いかなる特徴を持つか。
(3) 公民教育は、教えるべき内容という点で、いかに類型化されるか。
(4) 「国家認同（ナショナル・アイデンティティ）」の問題は、台湾という場において、いかに語られているか。
(5) 台湾において「国家認同」の問題が政治化するのはなぜか。

　第一の論点は、戦後の台湾教育のマクロ的特徴に関するものである。1980年代後半から90年代前半の代表的な先行研究から、戦後台湾教育に時代を越えて通底する主要な特徴を見出し、その全体的イメージを把握しておきたい。
　第二の論点は、本書の直接的な対象である台湾の公民教育が歴史的に、また他国との比較において、いかなる特徴を持っているのかを論じる。
　第三の論点は、時代によって変化する公民教育を相対的に位置づける座標

軸を構築する作業である。共同体の統合に関する諸理論が提示する公民教育観を比較することによって、教えるべき内容という観点から公民教育のモデル化を試みる。

　第四の論点は、ナショナル・アイデンティティという普遍的な問題が台湾という文脈のなかで、どのように語られているのかという議論である。いわゆる「国家認同」の問題をめぐる代表的な言説の含意を比較することによって、この問題について理論的・概念的な理解を試みる。

　第五の論点は、台湾において「国家認同」の問題が現実的な政治問題として争点化するメカニズムに関するものである。民主化・自由化後の台湾における「国家認同」の問題が台湾海峡を跨いで政治化する要因を検討しておきたい。

　これらの五つの論点は、依拠する先行研究によって、二つの傾向に大別される。つまり、(1)～(3)では教育学、(4)と(5)では「国家認同」に関する政治学・社会学の研究に依拠するが、このことは、すでに述べたように、本書の研究が比較・国際教育学と台湾研究の双方に跨っているためである。以下、第1節では(1)～(3)の論点を、第2節では(4)と(5)の論点を論じていきたい。

第1節　戦後台湾教育の特徴と公民教育のモデル

1　戦後台湾教育のマクロ的特徴

　序章で述べたように、近年の台湾では、台湾を対象とする教育研究が充実しつつあるが、1987年の戒厳令解除の前後から教育改革が本格的に始動する90年代前半という転換期に蓄積された包括的な研究は、とりわけ重要な意味を持っている。それは、これらの研究がその後の特定的・実証的な事例研究に理論的基礎を提供しているだけでなく、今日に至る教育改革を方向づける要因でもあったためである。これら初期の研究の担い手は、多かれ少なかれ教育改革の過程に携わってきたのであり、なかには政府の中に入り、直接改革の舵を執る者もいた。

この時期の研究に共通する問題意識は、権威主義体制下における教育の歩みを総括し、批判的な考察を試みるという点である。ここでは、いくつかの代表的研究の知見から戦後台湾の教育システムのマクロ的特徴を取り上げていきたい。

(1) 林玉体『台湾教育面貌40年』(1987年)

　米国のアイオワ大学で教育哲学を学び、当時国立台湾師範大学の教授であった林玉体が戒厳令解除のその年である1987年に出版した『台湾教育面貌40年』は、画期的な意味を持つ一冊であった。同書を含む「台湾経験40年シリーズ叢書」は、政治・民主運動・経済・民間産業・農業・メディア・美術等、多様な主題を含むものであり、権威主義体制下では発展しえなかった台湾研究の確立を目指すという志向性を持つものであった[1]。

　民主化・自由化時代の幕開けに出版された同書が画期的だったのは、批判的な視野から戦後台湾の教育を包括的に論じているためである。同書は、40年におよぶ教育のあり方を次のように総括する。

> 「台湾教育の40年を総合して見ると、その間の変化は多くなかった。教育が受ける政治の影響は深くかつ巨大なもので、とりわけ民主の観念の土台は不安定な社会そのものであった。反共を基本的国策とする既定方針のもとで、台湾の40年来の教育は、党化教育を前提としていたが、世界の潮流に適応するために、教育の普及も台湾の長年の努力目標であった。前者は教育の『質』であり、後者は教育の『量』を指す。『量』の点では、台湾の教育の進歩は驚くべきものであり、国民が教育を受ける機会の拡充は教育先進国に肩を並べるものになっているが、『質』の点では、問題が山積している。換言すれば、教育の『長さ』(教育を受ける年限の延長)、『広さ』(課程の増加、国民全体の教育)、『深さ』(学科の程度の深まり)は日本統治時代の台湾の教育に比べて整っているが、教育の『純度』(教育の超然と独立)は以前からの改善が見られない。三民主義式の党化教育と皇民化の教育は教育を政治的目的達成のための工具とみなしている点においてかわりがない。この種の輪郭的な評価は、大筋において台湾教育の成果を見出しているものといえるだろう。」[2]

林玉体の分析が指摘する教育発展における「量」と「質」の不均衡は、戦後台湾教育の顕著な特徴の一つだが、本書の起点である1968年の九年国民教育政策は、この不均衡な教育発展のあり方を決定づけるものであった。義務教育年限の実質的な3年延長としての九年国民教育政策は、中等教育の量的発展、即ち、学校数、学生数や就学率等、数値化が可能な部分での発展を促した一方で、義務教育教科書の全面国定化等の制度改革によって教育に対する国家のコントロールを強めた。即ち、教育の「純度」の面では、マイナスの影響をおよぼしたのである。

　また、林玉体による分析は、もう一つの重要なキーワードを含んでいる。ここでは、権威主義体制下の教育の前提として「党化」、つまり、党イデオロギーの教化という概念を打ち出しているが、この「党」とは、とりもなおさず中国国民党を意味するものである。権威主義体制下の台湾の政治システムの特徴は、独占・排他的な与党である国民党が国家と表裏一体をなす「党国体制」〔party-state system〕[3]であったが、党と国家が高い結合を示すなかで、党のイデオロギーは国家のイデオロギーと二重写しになった。つまり、「党化教育」とは、教育における国家の中心性とイデオロギー教化の強さを意味する概念なのである。

　林玉体は、上述のマクロ的評価に加えて、台湾教育が克服すべき弊害および向かうべき方向性について、さらに詳しく論じている。克服すべき弊害とは、制度の硬直化であり、向かうべき方向性とは、教育の「本土化」である。

　制度の硬直化を生み出しているのは、過度の統一志向である。「党化教育」による思想の統一を始め、教師の給与、学生の髪型、学生カバン、教科書、学習進度、制服、学校建築、国旗の昇降の手順、答案等、様々な統一化の措置が制度の硬直化をもたらしているという認識である。教育のあらゆる側面におよぶ統一化のなかで、とりわけ重要であったのは、本書の考察の対象でもある義務教育の教科書の統一化、即ち、全面的な国定教科書制度である。この教科書の統一について、林玉体は、次のように述べている。

　　「『統一』の教育の措置のなかで、最も指弾されるのは統一教科書である。小・

中学校の教科書が完全に国立編訳館によって編纂・執筆されていることは、『標準本』との美名を冠せられてはいるが、実際のところは錯誤が百出しているのである。不正確であったり、相互に衝突していると教師が指摘する部分は少なくない。さらに深刻なことは、教師の授業が一律に教科書を経典と崇めたて、出題も教科書の範囲からはみ出ないようにすることである。教科書を教え終わりさえすれば、責任を果たしたと思い込んでしまうのである。教師が教科書を『唯一』の授業の資源とみなせば、学生もまた教科書を『唯一』の知識の所在と考えてしまう。そして課外の読み物の重要性を軽視するのである。」[4]

日本とは異なり、台湾の義務教育の教科書は無償配布ではなく、学生の買い取りである。統一的な国定教科書制度は、安価な教科書を全国に隔たりなく供給するという点では、有効な方法であり、教育の量的発展を実現するためには、必要な措置でもあった。しかし、教科書の統一化には、教師の専門職性の発展を阻害し、国家による「知」の独占的掌握をもたらすという側面もあった。つまり、1968年の九年国民教育の開始を機に実現した義務教育段階の全面的な国定教科書制度は、教育の量的発展の制度的保障であったと同時に、教育の質的充実の可能性を制限する諸刃の剣であった。

教育の「本土化」については、第5章で詳しく論じるが、その要点を端的に言うならば、権威主義体制下の「党化教育」が「大中国主義」、即ち、国府は「中国」を代表する政府であり、台湾はその一部にすぎないという観念の絶対性・中心性を保つために軽視してきた台湾の言語・歴史・地理・文化・芸術を教育の内容に盛り込むべきとの考え方である。教育の「本土化」の必要性は、現実の教育に対する林玉体の提言の核心をなすものであり、1987年の『台湾教育面貌40年』以来、この問題を一貫して強調している。1998年出版の『台湾教育與国家定位』と2002年出版の『台湾教育的主体性』は、平易で短い教育評論をまとめた短編集だが、こうした一般読者向けの著作では、教育の「本土化」の問題が繰り返し取り上げている[5]。2003年には、単独の著者による戦後台湾教育の通史として画期的な意味を持つ『台湾教育史』を出版したが、同書でも、「台湾教育の評価」と題する最終章で教育の「本土化」の問題を論じている[6]。1990年代に起こった変化が加筆されてはいるが、同

書の記述は大部分において『台湾教育面貌40年』の記述と同じものであり、両者の間に本質的な相違はない。このことは、林玉体の教育の「本土化」に対する考えが15年という時間を経てなお、基本的には変化していないことを示している。

すでに述べたとおり、権威主義体制下の台湾教育を批判的な視点から総括する民主化・自由化後の教育研究を、その初期において牽引した研究者のなかには、教育改革の理論的指針を示すだけでなく、政府の役職に就き直接的に改革の舵を執る者もいた。林玉体もまたこうした研究者の一人であったが、彼が考試院〔公務員試験を執り行う国家機関〕の委員として追求したのが公務員試験の「本土化」である。

2003年には、国家試験で土着の地域言語である閩南語による出題を行って議論を喚起した。国家試験の問題は、国府が「国家語」として台湾に移植した標準中国語、いわゆる「国語」で出題されるのが常であり、公的な言語である「国語」の中心性・絶対性を揺るがす可能性を持つ地域言語は、歴史的に公務員試験および公教育から排除されてきた。閩南語による出題は、公務員試験の「本土化」という意味合いを持つものであったが、公平性という点で問題を孕んでいた。閩南語は、確かに最大多数の母語話者を擁する地域言語であるが、台湾のすべての住人が閩南語を解するわけではないからである。それゆえ、この問題は、社会的な論争の原因となっただけでなく、国家機関と公務員を監督する監察院と考試院の間の齟齬をも生み出した。

さらに、抽選によって「公務人員初等考試」の典試長〔出題委員長〕となった2004年には、「本国史地」〔本国の歴史・地理〕の出題範囲を台湾に限定し、「中国」の歴史・地理を範囲から除外する旨の発言で再度物議をかもした。学校教育における台湾史・台湾地理の比重は、すでに高まりを見せつつあったが、完全な転換がなされたわけではなく、依然「本国史」の名のもとで「中国」の歴史と地理が教えられていたためである。

林玉体が指摘する教育発展における「量」と「質」の不均衡、制度の硬直化、非「本土」的な教育内容は、戦後台湾教育を考えるうえで前提となる基本的特徴である。林玉体の『台湾教育面貌40年』では、このほかにも教育と民主

の問題〔120-126頁〕、過度の進学主義とその副産物としての悪性の補習教育の問題〔134-136頁〕、校内暴力の問題〔136-139頁〕等、戦後台湾教育の核心に触れる部分が論じられており、巨視的な考察として依然少なからぬ示唆を含んでいる。

(2) 陳伯璋『意識形態與教育』(1988年)

1988年に刊行された陳伯璋編『意識形態與教育』は、10数年を経てなお引用され続ける大きな学術的影響を持つ著作であるが[7]、同書の編者である陳伯璋〔当時国立台湾師範大学教育学系副教授〕もまた、1990年代の教育改革において、理論と政策を繋ぐ役割を担った人物である。1994年に組織された「行政院教育改革審議委員会」〔教育改革に関する行政院＝内閣の諮問機関、第4章で詳述〕の委員として教育改革のグランド・デザインの策定に直接的に携わったのである。

同書の重要性は、「イデオロギー」を始め、「知識」、「権力」、「コントロール」、「文化的覇権」〔cultural hegemony〕といった新概念を導入して、現実の台湾の教育に制度と内容の両面から批判的考察を加えていることである。その射程は、顕在的／潜在的カリキュラム、教科書、入試制度と多岐にわたるが、その問題意識のあり方を知るために、本書の対象でもある国民中学の教育を総括した部分を引用してみたい。

> 「『教育の機会均等』は民主教育の理想であり、『すべての国民のための中等教育』(secondary education for all) はこの理想が現実化した結果である。しかし、入学機会の『量』の拡充は、すべての国民が教育を受ける過程で、同様に『平等』に『質』の高い教育を受けられるということを意味していたわけではない。わが国では民国57年〔1968年〕から九年国民教育を実施し、今に至るまでに20年が過ぎたが、教育の過程において、すべての国民が同じように〔教育の機会均等という〕理想の影響を受けているわけではなく、この理想に反する事実は無数に認められる。その不足を検討するならば、例えば『能力別クラス』の失敗は、『有類無教』〔種類はあるが教育がない〕というべき状態、知育の過度の膨張を生み出し、学生の人格の『矮小化』を招いた。一生の教育設

計は3年の『補習教育』と化し、全体に調和のとれた人間を育てるための場所は、人間性を損なう『傷心の地』となったのである。これらの問題は、当然教育の単一の要素によって促進されたものではなく、少数の学校にのみ存在するものでもないが、それらは社会の批判を免れる口実にはならない。現在国民中学の問題は非常に多く、私たちは通常これらの問題を不正常な教育と総称している。教育当局も再三にわたり教育の正常化がなされなければならないと主張しているが、社会の大衆はこの不正常さの意味を完全に理解しているわけではない。依然として様々なイデオロギーが不正常な教育を助長しているのである。」[8]

林玉体の議論と同様に、ここでもまた、教育における「量」と「質」の不均衡が問題とされている。戦後台湾の教育が実現した量的発展は、アジアでも屈指のものであったが、学校数、クラス数の増加や就学率の上昇は、すべての学生が等しく質の高い教育を受けることを保障したわけではなかった。能力別クラス編成は、学校における「ラベリング作用」〔labeling〕と「階級化」を生み、学生を「龍」と「馬」[9]に分類して「文化的資本」〔cultural capital〕——補充教材・視聴メディア・教具と「良い」教師——の不均衡な分配をもたらした。かくして学校は「ある種の階級闘争」、「権力と『財力』の競技場」となり、「学生、父母、学校(教師)のすべてが『敗者』となる「終わることも勝利(成功)もない戦争」が繰り広げられることになったのである[10]。

こうした現実のなかで、「成功した(あるいは効率的な)教育」とは、「わかったようなわからないような『ゴミ』を短期間でいかに学生に詰め込むかという意味であり、進学と統一入試に対応するため、教師は「知識」(実際には単なる「情報」)の「仲卸商」となり、学生は「消費者」とならざるを得なかった[11]。このことは、親鳥が運ぶ餌をただ待つ雛鳥のように受動的な学習態度の形成を促し、教えられた素材を休むことなく反復的に練習するという学習方式によって、学生は「技術的に問題を解くことにのみ非常に熟練した名手、あるいは『ロボット』」[12]とならざるをえなかった。

「階級化」されたのは、学生と教師だけではない。本来は平等であるべき教科の価値が序列化され、「主要教科」と「二次的教科」という色分けが生まれた[13]。「主要教科」とは、統一入試に関連する教科であり、「体育」、「音楽」、「美

術」等のいわゆる「芸能学科」は、「二次的」なものとみなされた。国民中学の授業時間は、ナショナル・カリキュラムとしての『国民中学課程標準』で明確に規定されていたが、現実的には、「二次的教科」の授業時間を密かに「主要教科」の授業時間に回すという現象が横行していたのである。

『意識形態與教育』の理論的な貢献は、「階級」、「権力」、「再生産」などのマルクス主義の流れを汲む概念を台湾教育研究に持ち込んだことであった。「反共」が国是として現実味を帯びていた権威主義体制下では成立が困難であった視角をあえて導入したことによって、同書は台湾教育研究の「可動域」を確実に推し拡げた。

このような意味で同書は、戦後台湾教育研究の歴史のなかで重要な意味を持っているが、同書には陳伯璋以外の研究者による論考も収められており、また収録されている論考は、いずれもそれほど長いものではない。2001年刊行『新世紀教育発展的回顧與前瞻』〔新世紀における教育発展の回顧と展望〕所収の「台湾近五十年来教育問題的検討與展望」では、戦後台湾教育のあゆみに対する陳伯璋の総括的評価がより明確に示されている[14]。

> 「台湾の40年来の国民教育の発展は、『戡乱建国』という政治的イデオロギーの支配、および戒厳令による心理的制約を受けて、政策には『民族精神』のコンプレックスが、制度には『中央集権』と『植民地性』が、カリキュラムと授業には『党化』の色彩と道徳化、政治化の傾向が、そして教員養成には『一元化』と『集中化』という特性が反映された。これらは40年来の教育発展の『解けない結び目』のようなものであった。」[15]

各側面の含意について、もう少し具体的に説明しておきたい[16]。

政策面での問題は、民族精神が一種の「文化的覇権」となったことである。およそ近代国家の公教育は多かれ少なかれ民族精神の教育を含むものだが、戦後の台湾においては、まさに「最高の指導方針」と言うべき位置を占めていた。民族精神の教育には、「強制性」、「排他性」、「標準化」という拭い難い副作用が常につきまとう。このような「一元化」の論理が「文化的覇権」を獲得したことで、文化は生命力を失い、「形式」のみを備え内容を欠いた「骨

董」と化したというのが、陳伯璋の主張である。

　政策面におけるもう一つの問題は、すでに述べた「量」と「質」の不均衡な発展である。「質」の向上を置き去りにし、「量」の発展をあたかも神話のように追求したことによって、文化的資本の合理的分配が不可能となり、教育における「階級化」が促進された。文化的資本が不均等に分配されることで、「富者」〔「明星班」〕はなお富み、「貧者」〔「牛頭班」〕はなお貧するという現実が構造化されたのである。

　制度面では、「移植型」の学校制度と行政権力の「集中化」の二つの問題が挙げられる。6-3-3制という移植された学制は、教育の「植民地性」の産物である。制度が合理的基礎を持つか否か、台湾の国情に適するか否かを予め検討したうえで採用されたものではない。「学制は社会構造および民族の哲学と緊密に繋がっているべきだ」という道理は、十分に理解されることはなかった。

　教育行政における権力の「集中化」は、制度面のもう一つの問題である。教育における権力が過度に中央＝教育部に集中すれば、中央が「太り」、地方が「痩せ細る」だけでなく、地方の教育の自主性も制限される。また、政策決定が実際の教育現場から離れたところでなされることによって、問題に対して実効的な解決を図ることが困難になる。

　カリキュラムと授業の面では、教育の政治化、道徳化と性差別が問題とされる。教育の政治化とは、領袖に対する個人崇拝、反共復国、国家主義を含むものであり、道徳的には、変遷する社会の需要を満たさない「伝統志向」の前時代的な価値観が国民小学の「国語」、「社会」、「生活と倫理」、国民中学の「国文」、「公民と道徳」等の教科で教えられてきた。一方、ジェンダーの面では、男性を経済と文化的資本の支配者とする既得権益のイデオロギーを反映して、「男主外、女主内」〔男性は表で働き、女性は家を守る〕という紋切型の男性観・女性観が教科書を通じて教え込まれてきたのである。

(3) その他の主要な先行研究

　以上、台湾の教育学界でコンスタントに著作を発表する一方、政府の要員として改革の舵取りにも携わった二人の学者〔林玉体、陳伯璋〕による戦後台

湾教育のマクロ的分析に焦点をあてたが、さらにいくつかの重要な研究から示唆を汲み上げることによって、戦後台湾教育の全体的イメージをより立体的なものとしておきたい。

　林玉体と陳伯璋が揃って指摘する戦後台湾教育の特徴に、教育発展における「量」と「質」の不均衡の問題がある。「量」の面では、国民党による権威主義的統治のもとでアジアでも屈指の発展を達成する一方、「質」の面では、日本統治時代から根本的な変化がみられず、行政の中央集権性と制度の一元性、内容における国家／党イデオロギー色の強さといった要素によって特徴づけられてきた。

　台湾が教育の「量」の発展に力を注いできたのは、序章で述べたように発展指向型国家〔developmental state〕に類型化される性質を持っていただけでなく、教育への投資が経済発展の条件となるという観念が政策決定者の思考を捕らえていたためである。この観念は、次章で詳述するように、1968年の九年国民教育政策の背景要因の一つでもあったわけだが、1994年出版の羊憶蓉『教育與国家発展』は、台湾における教育と経済／政治発展の問題を包括的に、即ち、理論と実証の両面からアプローチした研究として示唆に富むものである[17]。教育を国家発展の手段とみなす観念の理論的基礎となっているのは、いわゆる近代化論の単線的な発展モデルであり、ここにおいて教育とは、人的資源〔マンパワー〕開発と同義的な意味を持っていた。戦後の台湾で教育の「量」の発展が急がれたのはこのためだが、その発展の過程では職業教育が重視された。台湾の学制は、9年制義務教育である国民教育のあとで高級中学と高級職業学校に分岐しているが、1990年代半ばに至るまで、職業教育の学校である後者の学生数は、普通教育の学校である前者のそれを常に上回っていた〔この点については、第3章で詳述する〕。このことは、人的資源発展を重視する政府が両者の学生数の比率に数値目標を設定して、人為的な誘導を行っていたことと関係している。国家発展というテーゼに対する従属性は、戦後台湾教育のもう一つの重要な特徴である。

　1993年刊行〔初版〕の徐南號主編『台湾教育史』は、教育行政・師範教育・職業教育・初等教育・中学教育・高等教育・社会教育のそれぞれについて、日

本統治以前から戦後に至るまでの通史を記述している[18]。第8章では、「台湾教育的回顧與展望」と題し、1990年代までの教育のあゆみが総括され、その特徴がプラス／マイナスの両面で述べられている[19]。

プラスの特徴としては、(1)文化面での国際色の豊かさ、(2)父母が子どもの教育に寄せる期待の高さ、(3)師範教育における優良な伝統が挙げられている。

第一の特徴は、台湾の歴史と関係するものである。海上交通の要衝にあり、様々な外来政権の統治を経験した台湾は、その包容力と統合力で外来文化を消化吸収し、台湾文化の体質に変えてきた。

第二の特徴は、求学こそが社会的競争における最も重要な生存の条件であるという伝統的な信念が、戦後国府がアメリカ式の学制を台湾に移植し、学齢以上の子どもたちが等しく教育を受けられる時代になったことを受け皿として顕在化したものである。父母の高い期待は、一方で「進学主義」という弊害をもたらしたが、教育水準向上の原動力でもあり、その意味では肯定的な側面を持っていた。教育を求める国民性がなければ、資源が豊富にあっても教育は普及しないからである。

第三の特徴は、日本植民地統治時代の師範教育重視の伝統が戦後も受け継がれたことを指している。師範教育の重視は、官僚として米国の師範教育を視察した経験を持ち、初代総督の樺山資紀とともに台湾に渡った伊沢修二の理想を端緒とするものであった。

一方、マイナスの特徴としては、台湾教育史上の三つの問題が指摘されている。

第一の問題は、教育行政権の過剰な膨張の問題である。学生の制服、頭髪、補習、参考書、大学入試、大学の学部・学科の編成、課程と単位、大学の学長の任免、小・中学校の教科書の内容、留学等、中央の教育当局である教育部がすべてを管理したことで、「頭が重く脚が軽い」と形容されるいびつな発展が形作られたのであった。

第二の問題は、教育の中立性の問題である。台湾の教育は、300年以上にわたり、政治の工具・手段だったのであり、政治によるコントロールないしイデオロギーの影響から抜け出せずにきた。

第三の問題は、義務教育の問題である。台湾の学校教育の発展は、質的にも量的にも、近隣諸国に見劣りするものではないが、アンケートでは否定的な回答が多く、メディアは褒めるよりも貶すことが多い。最も差し迫っているのは、義務教育の延長と法律の修正の問題である。義務教育の問題は、台湾教育史において常に人々の重視を得てきた。日本の統治下で6年制の義務教育が実現し、戦後は1968年に九年国民教育が実施され、79年に「国民教育法」が公布されて9年制義務教育が法的根拠を持つに至ったが、こうした立法化の遅れは、進学競争の悪化をもたらした。

第4章で詳述するように、1994年は、戒厳令解除を契機に動き始めた民主化・自由化の教育改革が不可逆の潮流となる転換点であったが、この「教育改革元年」に台湾で最大の教育系学会である中国教育学会は、『教育改革』という書籍を刊行した[20]。16本の論文からなる同書では、(1)教育資源の分配、(2)柔軟な学制の確立、(3)革新的なカリキュラムの発展、(4)教員養成の改善、(5)大学・専門学校の質的向上、(6)生涯教育の発展という六つの議題が設定されているが、これらは戦後台湾教育の問題点の裏返しである。つまり、教育資源の不均等な分配、学制の硬直化、カリキュラムの政治化、教員養成制度の不備、高等教育の質的発展の遅れ、学校外教育の未発達という問題が現実としてあり、解決のための示唆が提示されているのである。

1994年以降、教育改革の進行と並行して教育改革に関する書籍も多数出版されたが、1996年出版の『教育改革―従伝統到後現代』は、中華民国比較教育学会主催の大規模な国際会議の記録である[21]。当時の教育部長であった郭為藩が "Educational Reform in Taiwan, R.O.C."〔中華民国台湾における教育改革〕と題する発表を行い、(1)大学入試制度改革、(2)教育の自由化と規制緩和、(3)教育における機会均等の追求の三つの問題を論じている。その結論部分では、次のように述べているが、「二重の移行」という現状の認識は、改革の大きな方向性を示すものとして、重要な指摘といえるだろう。

「中華民国台湾の教育発展は一元性から多様性へ、そして権威主義的な中央集権化から規制緩和と多元主義へという二重の移行の渦中にある。近年の

高等教育の自由化は、政治的民主化に向けた政府の努力の肯定的発展の実例であり、過去10年にわたり経済的な豊かさの恩恵を被ってきた人々の自信の高まりを反映するものでもある。教育改革は、21世紀の新たな要求に応じるために学制の再構築を意図するものであり、国民的関心、地元のメディアの注目の的となっている。」[22]

また、のちに教育部長になる教育学者・林清江〔当時、中正大学学長〕も、「我国教育発展動向之評析」と題する論文を寄せている。そのなかでは、(1)社会目標の達成から個人の価値の尊重へ、(2)学校教育の改革から学習社会の確立へ、(3)政府の責任から市場の需要へ、(4)政府の管制・監督から教育の自主・責任へ、(5)資源の分配の保障から資源の豊かな経営へという五つの点がこれからの教育の方向性として示されているが、それはまたこれまでの教育のあり方に対する反省でもある。つまり、国家志向の教育によって個人の価値が制限されてきたこと、学校化社会を相対化するオールターナティブな教育の整備が不十分であったこと、教育における「大きな政府」が地方、学校、教師、父母の自主性と責任感の発展を阻害してきたことが暗示されているのである。

以上、民主化・自由化の流れが決定的なものとなった1980年代後半から90年代前半の主要な先行研究から戦後、とりわけ権威主義体制下における教育の重要なマクロ的特徴を汲み上げてきたわけだが、これらの研究に共通するのは、従来の教育の功罪を相対化し、批判的な視野から総括を試みている点である。それぞれに問題意識が異なり、対象と方法も一様ではないが、約40年におよぶ権威主義体制のもとでの教育発展の「量」と「質」の不均衡という現実が、核心的な問題として転換期の研究を貫く共通認識となっているように思われる。かつて著者は、この「量」と「質」の不均衡を「二面性」という言葉で表現したが[23]、この教育発展における「二面性」を決定的なものとしたのは、まさしく本書の起点でもある1968年の九年国民教育政策であった。

教育の「質」の問題は、制度と内容の両面におよぶものであり、様々な要素が含まれる。制度面では、統一化〔一元化〕志向の強さに起因する制度の硬

直化、教育における民主の欠如、文化的資源の分配における不平等、教育行政権の過剰な膨張と中央集権化、学制のポストコロニアル性といった問題があり、内容面では、教育の政治化、道徳化、イデオロギー化の問題がある。ここにおけるイデオロギーとは、表裏をなす国家／「党」のイデオロギーであり、「中国」化の政治的・道徳的教化を意味するものだが、それは台湾を一つの主体とみなす視点からは、非本土化の論理とみなされるものである。

また、教育と社会の間には、過度の進学主義の問題がある。「『良い』学校に進学することが人生における成功を保証する」という観念が教師や保護者、そして学生自身の思考を縛ることで、受験競争の過熱や「悪性補習」の蔓延、「主要教科」／「二次的教科」という差別化が生じた。

他方、教育と国家の間では、発展の問題が教育に正と負の影響を同時におよぼしている。教育を国家発展のための重要な条件とみなす考えは、教育の量的拡大の道を拓く一方で、マンパワー計画に対する教育の従属、国家目標の前での個人の価値の制限という副産物をもたらした。

すでに述べたとおり、1980年代後半から90年代前半に蓄積された初期の戦後台湾教育研究は、大きな流れになりつつあった教育改革に理論的基礎を提供し、方向性を指し示すものであった。その根底にあったものは、教育における脱権威主義を図ることによって、教育の正常化がなされ、教育の「質」における弊害が解消されるという確信であったが、現実をいえば、1990年代の民主化・自由化時代の教育改革は、上に挙げたような「質」の問題を一掃するものではなかった。この点については第4章で詳しく論じるが、脱権威主義後の今日もなお、これらの要素は台湾の教育を特徴づけている。したがって、戦後の台湾教育について考察するならば、どのような側面を、どのような方法で論じるにせよ、これらのマクロ的特徴を認識しておくことが不可欠なのである。

2 戦後台湾における公民教育の特徴

ここまで、全体的イメージの把握を目的として、先行研究の知見を踏まえ

ながら、戦後台湾教育のマクロ的特徴について論じてきたが、次に、本書の直接の対象である公民教育に絞って、先行研究が明らかにする特徴を整理しておきたい。戦後台湾の公民教育をその全体性において論じた研究はさほど多くはないが、いくつかの研究は本書の目的に資する示唆を含んでいる。

　陳光輝の1991年の論文「四十年来我国中等学校公民科教育」は、戦後台湾の公民教育を主題とする研究で成果を挙げたものとして、二つの研究を挙げている[24]。一つは、当時国立台湾師範大学の教授であった林清江を座長とし、1年間の研究期間を経て1980年10月に完成した「我国中、小学公民教育内涵及実施効之研究」〔わが国の小・中学校の公民教育の内容および実施の成果に関する研究〕であり、もう一つは、8校の高級中学〔高校〕を調査対象とし、3年間の研究期間を経て1987年2月に完成した「推展公民教育、発揮訓導功能実験研究報告」〔公民教育の推進と発展、指導・訓練機能の発揮に関する実験・研究の報告〕である。陳光輝本人も、前者には研究者として、後者には指導者として関っている。

　前者は、公民教育に関する包括的な実証研究の嚆矢として、研究史において高い意義を持っているが、陳光輝の論文が整理するところによれば、その結果と提言は、今日の研究水準からすると、踏み込みを欠いている印象を受ける[25]。その考察のメスは、時代的制約もあって、主として技術的な側面にとどまっており、公民教育の表象する国家観・国民観とその深層にあるイデオロギーにまでおよんでいないためである。だが、その提言のなかで「公民教育の目標を調整し、国家発展の求めに応じたものとすること」を主張し、「政治・経済・社会・文化・法律・道徳の六つの面で認知の能力と価値の観念を育てると同時に、重要な品性・道徳の実践を重んじるだけでなく、個人の行為が上述の六つの領域で適度に表現されることを重視するべきであり、そうしてこそ、公民教育は良好な政治社会化を促進し、国家の発展に貢献することができる」[26]と論じていることは、本書にとって興味深い点である。教育による政治社会化と教育の国家発展志向は、先に取り上げた権威主義体制下の教育を批判的に総括する一連の教育研究では、否定的な特徴とみなされているが、その傾向が強くあった当時においては、むしろ肯定的要素として語ら

れていたのである。

　1980年代の二つの包括的研究プロジェクトの内容の紹介を含む1991年の陳光輝論文は、戦後40年の台湾の中等学校における公民教育を回顧するものであり、各時期の公民教育の目標を実際のカリキュラムに依拠して整理している点で十分な資料的価値を持つものだが、今日の教育研究との比較でいえば、それほど分析的なものではない。しかし、陳光輝は、1998年に詹棟樑との共著で、米国、英国、ドイツ、フランス、CIS諸国、スイス、日本、韓国、中国、台湾の公民教育を論じる『各国公民教育』を出版し、そのなかで台湾〔中華民国〕の公民教育に1章を割いて、歴史・文化的背景、発展の歴史、現況、発展の趨勢を論じている[27]。同書中で陳光輝は、清朝末期から1990年代に至る公民教育の発展の歴史を「わが国の公民教育の発展の歴史を総体として観察するならば、時期ごとに特定の目標があり、成果の大きさについて明確な評価を下すことは困難だが、総合成績でいえば、わが国の公民教育は確実に輝かしい歴史の頁を刻んできた」[28]という言葉で肯定的に総括する一方で、当時すでに大きな潮流となっていた教育改革の現実を踏まえて、今後の公民教育が目指すべき方向性として、ヒューマニズム化・法治化・精緻化・生涯化・国際化の五点を挙げている。

　陳光輝による一連の研究は、カリキュラムに記述された目標に焦点を当てたものだが、台湾の公民教育の内容を他国との比較で論じたものとして、張秀雄「公民教育的内涵」がある[29]。同論文によれば、台湾の公民教育に影響をあたえ、その内容を決定する深層構造を考察すると、四つの要素が公民教育の内容を形成してきたことが見出されるという[30]。

　第一の要素は、伝統的な中華文化である。忠孝・仁恕・五倫という徳行[31]と「天下為公」〔天下は公のものである〕という政治思想を強調する儒教思想は、公民教育の目標であり、内容でもあった。

　第二の要素は、三民主義思想である。中華民国の「国父」と称される孫文の三民主義のイデオロギーは、1980年代以降は次第に弱まりつつあるが、一貫して公民教育を支配する主要な力であった。

　第三の要素は、反共教育である。台湾海峡を隔てて中国共産党と対峙する

国府は、三民主義思想の教育に加えて、政治においては戒厳令を、教育においては反共教育を行った。

第四の要素は、民主的な憲政の推進と発展である。1987年の戒厳令解除後の民主政治の発展によって、民主・法治の素養とグローバルな考え方の育成が公民教育の主要な役割となってきたのである。

また、張秀雄は、このような要素によって性格づけられる台湾の公民教育の内容を米国、フランス、ドイツ、日本と比較し、その異同について、次のように指摘している[32]。

第一に、各国の公民教育の内容は強調する側面の相違はあるものの、総じて社会科学と人文学科の二つの学術的領域に跨っている。台湾の公民教育は、道徳（倫理を含む）・法律・政治・経済・社会・文化の六つの面の知識を含むものであり、公民生活の各側面をカバーする。米国の公民教育の内容は、歴史・地理・政治・経済・心理・社会・文化人類学等の社会科学の知識を含み、政治の知識を重んじるが、民主の価値・態度・信念を重視することで、人文学科の性格を併せ持つものとなっている。日本の公民教育は、政治・経済・社会生活に関する知識を倫理道徳と思想で補うものである。フランスの公民教育は自由、人権と民主政治の制度を主軸とし、政治生活の知識と態度および価値を重んじる。ドイツの公民教育は、社会・経済・公衆生活・国家と国際関係の四つの領域に分けられ、政治面が主となるが、批判精神、異なる考え方に対する寛容の態度、独立した思考と判断の能力を非常に重視するものであり、社会科学を人文学科によって補うものである。このように、強調する側面の差こそあれ、台湾を含む各国の公民教育は、社会科学と人文学科を跨ぐ形で構成されている。

第二に、台湾を含む各国の公民教育は、正規カリキュラムと非正規カリキュラム、顕在的カリキュラムと潜在的カリキュラムの双方を通じて行われる。フランスのように単独の学科を設けず、歴史、地理、文化史、フランス語〔国語〕等の教科の教育と学校における各種の活動のなかに公民教育の要素を取り入れる場合もあるが、台湾では、各教育段階に公民教育の教科が設置されている。公民教育の目標は、「道徳と健康」、「認識台湾（社会篇）」〔1994年改定

『国民中学課程標準』で新設〕、「公民」、「団体活動」といった正規カリキュラムと学校行事、奉仕活動といった非正規カリキュラムの両面から追求されるのである。

　第三に、台湾を含む各国の公民教育のカリキュラムは、視野拡大〔widening horizon〕のモデルによって設計されている。個人・家庭といった身近から始め、学生の成長とともに国際社会にまで視野を広げていくというモデルである。つまり、心理の原則に合わせて、教材の内容を近くから遠くへ、具体的なものから抽象的なものへと変化させていく課程の設計が各国においてなされている。

　第四に、台湾と各国の公民教育は、以上の三つの点で共通性を示しているが、一方で、その重点には相違が見られる。米国の公民教育は、政治生活における知能、態度、価値と能力の育成に重きを置き、認知のプロセスと個人の潜在能力の発達を重視する能力本位の教育である。フランスの公民教育は、自由、人権と民主政治の制度を主な内容とし、集団生活に必要な知能、態度、価値の育成を重んじるものであり、ドイツの公民教育は、戦前においては愛国と服従を主な内容とするものであったが、戦後は批判的精神と自由・民主の思想を教えるものとなっている。アジアの国家である台湾と日本の公民教育に共通しているのは、儒教的な倫理道徳と思想を基本とすることであり、それを西欧の民主・自由の思想で補うというのが台湾と日本の公民教育の特徴である。また、米国と戦後のドイツの公民教育が集団性と個性の発達の双方を強調するのに対し、台湾、日本、フランスの公民教育では、集団性の育成に重きが置かれ、個性の発達はそれほど重視されない。

3　共同体統合の諸理論と公民教育のモデル

　張秀雄の論文は、他国との比較によって台湾の公民教育を相対化し、その内容的特徴を明確化することに成功しているが、同論文を収録する『公民教育的理論與実施』は、その名称が示すとおり、公民教育を理論と実践の両面から論じるものである。その理論面での貢献の一つに共同体統合に関する三

つの思想の公民教育観を比較していることがある。

　序章で述べたように、公民教育とは、「〔近代国家や市民社会の構成員という意味での〕公民、つまり国民や市民にとって必要な政治的、経済的、社会的知識や態度を養う教育」[33]と定義されるものだが、何を必要な知識・態度とするか、含むべき内容に何を加えるかは、共同体の統合をいかに構想するかによって左右される。上述の『公民教育的理論與実施』、および編者である張秀雄が雑誌『中等教育』の公民教育特集に寄せた論文「公民資質教育模式」〔2002年〕[34]では、自由主義〔liberalism／リベラリズム〕、公民共和主義〔civic republicanism／公民的共和主義〕、社群主義〔communitarianism／コミュニタリアニズム〕、文化多元主義〔cultural pluralism／多文化主義〕の公民教育観を比較している。ここでは、多くの示唆を含むその要点を参考までに紹介しておきたい。

　リベラリズムの基本理念は、価値の多元性を承認し、個人の自由を肯定するとともに、平等と政治的中立を重視し、理性を強調することである。その公民の資質に関する議論は、元来は法的地位の保証という側面に集中していたが、19世紀の社会主義の出現によって、形式的平等と実質的不平等が問題とされるようになり、戦後は権利の観念が公民の重要な資質とみなされるに至った。一方で、今日のリベラリズムは公民としての権利と同時に、公民の徳行も語っている。差異に対する包容、理性的な対話と討論、異なる価値・理念を持つものの間の相互尊重といったものがリベラリズムの公民教育観の重要な要素となってきている。

　公民的共和主義が徳行として強調するのは、公民が公的領域において追求すべき共通の目標としての公共善〔common good〕である。公民の議論を通じて決定される公共善は、人々の総意に基づくがゆえに公的な拘束力を持ち、公民が達成すべき共通の目標となる。公共善とは、社会的契約を基礎とする約束であり、法的約束であり、公平の約束であり、共同体の成員の間の共通の約束であり、価値に関する約束である。つまり、「われわれ」の価値というべきものであり、個人の自由を否定するものではないが、こうした価値の前で個人の私的な利益は制限を受けることになる。公民的共和主義は、よき公民であるための先決条件としてよき個人であることを主張するものであ

り、公民の徳行として愛国と勇気、人間の尊厳、アイデンティティ、プライバシー、自主性、他者への関心、社会への配慮、包容性、公民としての奉仕、公共の事務への主体的な参加を強調する。

　コミュニタリアニズムは、アトミズム的リベラリズムの権利至上主義が公民と共同体の関係が持つオールターナティブな可能性と公民の責任の観念を軽視しているという批判を出発点とするものである。したがって、個人と共同体の関係性、つまり、いかなる個人も歴史的・社会的文脈の一部分であり、人とは特定の関係性のネットワークのなかに生まれ来るものであるという認識が根底にある。権力や国家への盲従を強いるものではないが、共同体の成員としてのアイデンティティと帰属感が強調される。このアイデンティティと帰属感を生み出すのは、共同体を特徴づける文化的特殊性である。また、公民的共和主義同様、コミュニタリアニズムも公民としての徳行を重視する。リベラリズムの公民教育観が権利を強調するのに対し、コミュニタリアニズムの公民教育観が強調するのは、義務と責任である。

　多文化主義は、エスニックな差異性の認識を出発点とするものであり、同質化に対するアンチテーゼとしての差異の政治〔the politics of difference〕を理想とする。多文化主義が求めるのは実質的平等、即ち、政治的・経済的・社会的に従属的な位置にあるエスニック・グループの利益が制度的・法的保障を受けることである。その問題意識は、強烈な同質化傾向を持つ国民国家という枠組みのなかで、オールターナティブな価値を含むエスニック文化をいかに保護するかであり、公民教育が教えるべきは、差異に対する寛容性である。

　この四つの公民教育観はいわば理念型というべきものであり、いずれの公民教育観も、現実の公民教育と完全に一致するものではない。しかし、異なる前提に基づく理念型としての公民教育観を比較することで、われわれは時代によって変化する公民教育を相対的に位置づけるための座標軸を獲得しうるのであり、その意味で張秀雄の議論は、少なからぬ示唆を含んでいる。

第2節　台湾の「国家認同」問題に関する理論的考察

　政治学者・江宜樺が1998年に発表した『自由主義、民族主義與国家認同』は、ナショナル・アイデンティティに関する理論書として、研究史のうえで重要な意義を持っている[35]。その所論は政治のみならず、教育を論じる論文にもしばしば引用される。例えば、上述の張秀雄による論文とともに、『中等教育』の公民教育特集に収められた簡成熙の論文「台湾跨世紀公民教育的回顧與前瞻―政治哲学的分析」でも、同書は参考文献の一つに挙げられている[36]。
　同書の理論的貢献の一つは、台湾における「国家認同」をめぐる言説について、民族主義・自由主義・急進主義という三つのアプローチを基本的類型として提示したことにある。ここでは、それぞれのアプローチの特徴を比較することによって、台湾における「国家認同」問題の理論的枠組みを構築しておきたい。

1　中華民族主義 vs. 台湾民族主義

　台湾における「国家認同」をめぐる言説の類型として、江宜樺は民族主義・自由主義・急進主義を提示しているが、言説としての三者の力関係は、拮抗しているわけではない。つまり、三つの類型の学術的領域および現実の政治世界における影響力は同等ではなく、後二者は主流としての民族主義に対するオールターナティブという意味を持つものである。〔なお、ここでの急進主義とは、独立の思想体系を指すものではなく、異なるいくつかの思想を包括する概念として用いられている。〕
　民族主義のアプローチは、中華民族主義と台湾民族主義という拮抗する二つのナショナリズムを含むものである。後述するように、両者の主張は大きく異なるが、他の集団との差異の認識に基づく集合的アイデンティティの形成を「国家認同」の必要条件とする点で両者は前提を共有しており、それゆえに同一の類型に組み込まれるのである。この集合的アイデンティティは、多くの場合、文化的共同体であるエスニック・グループを核とする政治的共

同体＝ネーションのアイデンティティという形をとるものである。つまり、民族主義のアプローチにおいて「国家認同」とは、ネーションの形成と維持に関るものである。

ネーションを形成する要素については、これまで多くの説が学際的に唱えられてきたが、現在に至るも普遍的な答えは生まれていない。台湾の「国家認同」をめぐる議論に限定しても、血縁・人種・言語・宗教・習俗・共通の歴史認識・共通の利害等の諸要素のうち、何をネーションの構成要素とするかは論者によって異なる。しかし、「国家認同」をネーションのアイデンティティとみなすかぎりにおいて、その言説は民族主義アプローチの範疇に含まれるであろう。

ここにおいて興味深いのは、民族主義の「国家認同」が「中国」との統一の論理にも、独立の論理にもなりうる、即ち、対極をなす二つの立場を同時に包含するという点である。両者の相違は、上述の諸要素をいかに定義し組み合わせるかの相違であり、「国家認同」をネーションの論理に即して構想していることに変わりはない。この点は、第5章で論じる教育の「本土化」とそれをめぐるポリティクスの問題を考察においても、欠くことのできない認識である。

(1) 中華民族主義（中華ナショナリズム）

中華民族主義は、「中国」の伝統的な世界観である「中華」の概念が西欧近代の「発明品」であるナショナリズムの概念と出会うことによって生まれたものである。

この点について村田雄二郎は、本来的に超民族的な性格を持っていた「中華」の概念がいかにして西欧近代の産物であるナショナリズムと結合するに至ったのかを、その起源に遡って歴史的に考察している[37]。

村田の指摘によれば、「中国」の伝統的な世界観では、「天下」＝世界は文化の中心（「華」）たる天子＝皇帝がその徳をもって周辺（「夷」）を不断に「教化」することによって、その境界を限りなく膨張させていく文明圏の広がりとしてイメージされていた。このような世界観のもとでは、制度化された行為準

則としての「礼」と文化の象徴体系としての漢字を習得することによって、異民族もまた中華世界の一員となることが可能であるとされた。中華世界を成り立たせる「文化」とは、culture というより、civilization に近い含意を持っていたのである。

この意味において、中華帝国とは文明国家(civilization-state)であり、その異民族に対する支配の理念は、「文化」を軸とする緩やかなものであった。それは西欧近代以降の国民国家モデルの特徴であるネーションの主権がおよぶ範囲としての「国境」という発想とは無縁のものであった。しかし、西欧近代との接触によって、中華帝国の領土分割の危機が高まる清末民初の政治情勢のなかで、中華帝国はその支配の理念を「文化」から「民族」に変質させていった。つまり、文化によって結びついていた中華が一つの「民族」として、その一体性が国境という地理的概念との結合において意識されるに至ったのである。

かくして形成された中華民族主義〔中華ナショナリズム〕は、第二次世界大戦後の「中国」の分断国家化によって、「中国大陸における中国共産党ヴァージョンによるものと、台湾における中国国民党ヴァージョンによるものとに分裂した」[38]。

大陸における中国共産党との内戦の結果、台湾への撤退を余儀なくされた国民党政権は、「中華民国政府こそが『中国』の唯一の合法政府である」という政治的主張に基づいて、公定ナショナリズムとしての中華民族主義の上からの注入をその使命とした。この国民党版中華民族主義の内容は、台湾の社会学者・王甫昌とその議論を日本に紹介した若林正丈によって、**表1-1**のように整理されている。

国民党政権は、権威主義の政治体制のもとで、さまざまなチャネルを通じて、この中華民族主義の台湾での浸透を図ったが、教育はとりわけ重要な意味を持っていた。なぜなら、日清戦争後の約50年間、日本の植民地統治下にあった台湾は、清末の変法運動から抗日戦争に至る「中国大陸においてナショナリズムが政治正統の地位に上り詰めるちょうどその歴史段階」[39]を同時代的に経験していないからである。

第1章 本書の分析枠組み 51

表1-1 国民党版中華ナショナリズムと台湾ナショナリズムの言説対照表

		中華民族主義	台湾民族主義
過去	共通の文化	中華五千年の歴史	四百年来の伝承
	共通の祖先	炎帝・黄帝の子孫	大陸から海を渡ってきた先祖
	過去の栄光	漢・唐の繁栄、満清打倒 対日戦争勝利	反抗の伝統＊
	過去の苦難	共産党の反乱	台湾人の悲哀＊ (日本、国民党の外来支配)
	歴史的記憶	対日八年の抗戦	二・二八事件
現在	我々は誰か	中国人	台湾人
未来	言語・文化	「国語」、中華文化	台湾語、台湾文化
	政治的前途	大陸反攻 三民主義による中国統一	独立建国、立ち上がる台湾人
	ナショナル・アイデンティティ	中華民国	台湾共和国
	教育内容	中華文化、中国史	台湾文化、台湾史
	象徴・符号	中華民国国旗、民国紀元	新国旗、新国歌、西暦

出典）若林正丈「台湾における政治体制変動とエスノナショナリズム…『新党現象』試論」可児弘明、国分良成、鈴木正崇、関根政美編著『民族で読む中国』朝日新聞社、1998年、379頁より引用。同表は、王甫昌「台湾反対運動的公議動員―1979～1989年両波挑戦高峰的比較」『台湾政治学刊』、創刊号の図1と図6に基づいて作成されたものであり、＊は、若林による修正を意味する。

　例えば、ここでの「国語」とは、近代化の要請のもと、いわゆる北京語の語彙と発音をもとに体系化された標準中国語を指すものだが、台湾のいずれの地域語とも異なるものであり、台湾の人びとの多くにとっては、教育によってのみ習得しうる一種の外来語である。「中国」史もまた同様であり、このような状況下で台湾の人びとに「中国」人意識を持たせる方法として、公教育は最も重要なものであった。

　しかし、1980年代半ば以降、民主化・自由化と並行的に進んだ「中華民国の台湾化」の現象は、権威主義体制時代の公定ナショナリズムとしての国民党版中華民族主義に変容を迫るものであった。本来、台湾民族主義は、本省人のエスノナショナリズムという性格を持っていたが、民主主義という多数決の論理のなかでその力が伸長するにつれて、国民党政権は、政治的正統性の維持のために、その主張を選択的に取り入れていったのである。

　他方、こうした状況の変化は、国民党版中華民族主義の最大の受益者であった外省人のエスニック・グループとしての危機感を高めるものでもあった。

表1-2　台湾化国民党の中華ナショナリズムと「新党現象」における中華ナショナリズムの言説対照表

		中華ナショナリズム （台湾化国民党）	中華ナショナリズム （新党）
過去	共通の文化	中華五千年の伝統	中華五千年の伝統
	共通の祖先	炎帝・黄帝の子孫	炎帝・黄帝の子孫
	過去の栄光	漢唐の繁栄、満清打倒 対日戦争勝利	漢唐の繁栄、満清打倒 対日戦争勝利
	過去の苦難	共産党の反乱、台湾人の悲哀	共産党の反乱
	歴史的記憶	対日八年の抗戦、二・二八事件	対日八年の抗戦
現在	我々は誰か	中国人かつ台湾人	中国人
未来	言語・文化	「国語」、中華文化、台湾文化 台湾史	「国語」、中華文化
	政治的前途	自由・民主・民享による中国統一 （国家統一綱領）	？
	ナショナル・アイデンティティ	台湾における中華民国	中華民国
	教育内容	中華文化、中国史、台湾史	中華文化、中国史中華民国
	象徴・符号	中華民国国旗、国歌、民国紀元	国旗、国歌、民国紀元

出典）若林、前掲「台湾における政治体制変動とエスノナショナリズム…『新党現象』試論」、388頁。

党内の派閥争いの結果、国民党を離脱した外省籍の立法委員等を中心として1993年に結成された新党は、中華民族主義の擁護者としての立場を鮮明化させ、97年の『認識台湾』教科書と教育の「本土化」、および教育される「国家認同」をめぐる論争において、一方の陣営をリードした。つまり、権威主義体制下において公定ナショナリズムの地位を占めてきた国民党版中華民族主義は、初の本省人総統である李登輝政権の「中華民国の台湾化」の路線のもとで、**表1-2**に示される二つの路線に分化していった。その後、政権喪失後の李登輝離党と国民党の路線の再転換、さらなる多政党化の進展と新党の相対的弱体化等があり、状況は変化していったが、この構図は、第5章で論じる『認識台湾』教科書論争の時点では、十分に有効性を持つものであった。

(2) 台湾民族主義（台湾ナショナリズム）

　台湾および台湾人という概念が一つのまとまりとして意識されるに至ったのはいつか。その起点はかならずしも明確ではない。

　日本統治時代における武装抗日闘争や自治要求の動きは、植民者による差

別が台湾人の間に、日本人との差異の認識に基づく「われわれ意識」を芽生えさせた結果とみることが可能かもしれない。しかしながら、このような「われわれ意識」は、中華民族主義および「中国」人意識と明確に区別されうるものではなかった。そのことは、第二次世界大戦の終結後、接収のために台湾に到着した中華民国政府の先遣部隊を台湾の住民が一旦は熱狂的な歓喜の声をもって迎えたという事実によっても示される。

日本統治下における「ナショナリズム」の根底にあったのは、「植民地支配によってよびおこされたナショナリズムが、島内にあっては弾圧と同化政策によって、大陸では歴史体験の違いから来るギャップによって、明確なかたちをとることをさまたげられたときに、生み出された」[40]、日本人／「中国」人のいずれにも完全に同化しえないという一種の「孤児意識」であった。

中華民族主義に対抗・挑戦する概念としての台湾民族主義が明確な形をとって現出したのは、戦後、主に米国や日本を拠点として展開された台湾独立運動のイデオロギーである台湾独立論によってであった。ここでは、台湾独立運動の理論的指導者による言説を代表するものとして、史明の言説を取り上げたい。彼の「台湾民族論」の要点は、その著書『台湾人四百年史』の次のような記述に集約されている。

> 「大陸の漢民族からでて、言葉も福建、広東と同じく、文化、風習なども同一系統でありながら、四百余年の間、中国・中国人とは地理的に隔絶し、運命を異にしてきた台湾人は、独自の発展をつづけてきた結果、おのずからその社会の次元を異にするようになり、台湾人としての共同意識が漢民族のそれよりも強靭かつ現実的なものになったのである。そもそも血液や言語のような自然的要素を共通することによって生ずる民族的結びつきは、人類史の上ではもはや過去のものとなりつつある。民族の交流が複雑になり、利害が錯綜してきた近世以後は、共同運命ないしそれによって生ずる共同心理が紐帯となる集団的結びつきが、血縁のそれに較べて勝るとも劣らない強靭さをもつに至ったことは、台湾の例だけに限らないであろう。」[41]

史明の認識では、台湾（人）を「中国」（人）とは別のまとまりとして捉えうる根拠は、台湾が「中国」とは異なる歴史発展を辿ったことによって、台湾

人＝本省人の間に生じた「共同運命」ないしは「共同心理」に求められる。「中国」と台湾を区別する基準として、歴史発展の相違を重視し、台湾の歴史を17世紀の西洋による台湾の「発見」を起点とする外来政権による支配の歴史であると定義する史明の歴史観〔「四百年史観」〕は、その後の台湾民族主義の論理展開に大きな影響を与えるものであった。

　台湾独立運動のイデオロギーである台湾独立論は、1960年代に至るまで、国民党政権の公的イデオロギーである正統中国論〔中華民族主義〕、中国共産党の台湾解放論とともに、台湾の定義と「統独」をめぐる三者鼎立のイデオロギー的構図を形成していた。〔ただし、三者のうち、台湾独立論と台湾解放論は、島内で公然と議論することは不可能であった。〕その後、この三者鼎立の構図は変容していき、1980年代に入ると、台湾内部における台湾意識、台湾民族主義の主張が一気に高まった[42]。台湾民族主義の興隆の背景には、高雄事件、林義雄省議員母子殺害事件等、一連の事件による二・二八事件の記憶の喚起[43]、台湾化の進展による「台湾」象徴体系の政治的重要性の高まり、米中国交樹立による外部正統性の危機、中国共産党による平和統一攻勢等、様々な内的・外的条件の変化が影響を与えていたと考えられる。

　さらに、1990年代に入ると、学術の領域において、欧米で社会科学の専門的訓練を受け、その方法論に基づいて、「国家認同」やエスニシティの問題を研究する研究者が現れた。なかでも、社会学者・張茂桂や政治学者・呉乃徳らによって1993年に出版された『族群関係與国家認同』は、このような研究の一つの里程標となるものであり、学術の世界に多大な反響を喚起した。ここでは、そのなかから張茂桂と呉乃徳の言説を取り上げてみたい。

　張茂桂は社会学者であり、ベネディクト・アンダーソン〔Benedict Anderson〕の「想像の共同体」、ハロルド・アイザックス〔Harold Issacs〕の「部族の偶像」（Idols of the Tribe）、エリック・デュルケーム〔Eric Durkheim〕の「トーテム崇拝」（totemism）といった社会学・人類学の理論・概念を援用して、1980年代半ば以降の台湾における台湾独立運動の原因を説明する。

　張茂桂によれば、エスニック・グループ間の不対等な関係、権威主義体制の変化、領土主権問題等、1980年代半ば以降の台湾における台湾意識、台湾

ナショナリズムの高まりを説明するうえで通常強調される原因は、「すべて現在の台湾人意識、台湾人ナショナリズムと密接な関係を持つものであるけれども、これらの理由は台湾独立運動を理解する充分な理由とはならない」[44]ものであるという。それらは、なぜ以前は台湾独立がなかったのかの説明にはなっても、なぜ台湾独立が必要とされるかの説明にはならないからである。それならば、1980年代半ば以降の台湾島内における独立の要求の高まりを充分に説明しうる真の原因とは何か。それは、「省籍問題」というエスニック・グループ間の不対等関係が「想像の政治共同体」、ないしはその共同体のアイデンティティのよりどころとなる象徴的符号〔アイザックスにおいては「部族の偶像」と称されるもの〕に対する希求に発展したことによって説明される。即ち、1980年代半ば以降、高まりを見せた台湾独立建国の運動は、「名前のある『部族の偶像』を打ち立てるためであり、集合的な生活経験と実質的かつ密接に関係する集合的象徴を創造することによって、エスニック・グループおよび社会の自己崇拝の基礎とするため」[45]のものであり、「その動力は、抑圧を受けた経験ではなく、人類の集合的生活の経験と道徳的な需要に由来する」のである〔この点が、次に挙げる呉乃徳の理論と決定的に異なる点である〕。そして、この運動で追求される集合的象徴とは、日本統治および戦後の「中国」の分断国家状況による「中国」と台湾の長期的隔離という歴史条件によって、権威主義体制下で「正統」とされていた「中国」あるいは「中華民国」の象徴体系〔「国語」、「中国史」、中華民国国旗・国歌等〕では代替しえないのである。

「部族の偶像」や「トーテム崇拝」という概念を用いる張茂桂のナショナリズム言説は、趙鋼によって、エスノナショナリズムの発展の最高段階としての「巫毒民族主義」〔ブードゥー・ナショナリズム〕とみなされ、反現代・反社会運動、反個人主義、反世界宗教・反民主的なものであると批判された[46]。しかし、創造の精神を備えたナショナリズムのもとでの「国家認同」に必要なものとして、各エスニック・グループの文化的な特殊性の尊重とその多元的な発展の奨励や現代の公民権を核心とし、現代的な公民意識、国家意識、共同精神の確立を重視する張茂桂のナショナリズム論は、江宜樺によれば、アントニー・D・スミス〔Anthony D. Smith〕の言う「公民／領域型モデル」のナショ

ナリズムに近いものであり、エスニック・グループと個人のいずれの権利をより重視するかという点に根本的な相違があるものの、後述する自由主義アプローチに近接するものであるという[47]。

呉乃徳[48]は、省籍というエスニック・グループの帰属と「国家認同」、「国家認同」と政党支持の相関関係を論じた「国家認同和政党支持 台湾政党競争的社会基礎」、「省籍意識、政党支持和国家認同」や台湾ナショナリズムと自由主義理念の「現実レベルにおける」結合を論じた「自由主義和族群認同：捜尋台湾民族主義的意識形態基礎」等、意識調査を通じたナショナリズムやエスニシティの実証的研究によって知られる政治学者である[49]。呉乃徳のナショナリズム言説に特徴的なのは、ネーション形成に不可欠な要素として、歴史、とりわけ「悲情〔悲しみ〕の歴史」を強調する点である。この呉乃徳の「悲情歴史説」は、『民衆日報』に寄せた論考「国家認同政治支持：民進党的理解和誤解」に鮮明に描き出されているという[50]。

呉乃徳の「悲情歴史説」において、まず強調されるのは、ネーションが「創造される」ものであるという点である。しかしながら、「集合的アイデンティティは、政治的エリートあるいは文化エリートによって創造されるものであるが、しかしファッションの流行のように随意に創造できるわけではない」ともいう。それでは、何が集合的アイデンティティを生み出すのか。「ナショナリズムを研究する学者の大多数が認めるように、集合的なアイデンティティを創造する最も重要な素材は歴史経験と歴史の記憶であって、言語、宗教等の文化的要素ではない」というのが呉乃徳の要点である。そして、「共通の苦悩は歓喜以上に人々を結びつけます。国民的追憶に関しては、哀悼は勝利以上に価値のあるものです。というのも、哀悼は義務を課し、共通の努力を命ずるのですから」[51]というエルネスト・ルナンの言葉を引いて、「悲情」こそが共同の歴史経験のなかでも最も重要な要素であるとするのである。「民族の歴史には、栄光もあれば、屈辱もある。征服することもあれば、抑圧されることもある。しかし、成員の感情とアイデンティティを真に強固なものとすることができるのは、屈辱と悲情に他ならない」というのが呉の主張である。

ところで、この「悲情の歴史」を強調する呉乃徳論文は、「民進党の理解と誤解」という副題にも示される通り、当時「台湾独立」を党綱領に掲げていた民進党の内部で、「未来」や「希望」に台湾独立および台湾ナショナリズムの基礎を求めようとする新世代が台頭したことに対して発せられたメッセージでもあった[52]。

史明に代表される台湾独立論から、張茂桂、呉乃徳らによる台湾民族主義の学術研究に至るまで、「中国」に対する台湾の独自性と主体性、あるいは中華民族主義に対抗する概念としての台湾民族主義の言説においては、歴史経験、とりわけ二・二八事件に象徴される「悲情の歴史」が強調される。これは、移民してきた時期の違いこそあるものの、現在の台湾住民の大多数がその起源においては漢民族であり、台湾の人びとの多くが母語とする閩南語も大陸の福建省南部の方言に由来する漢語の一部であるとの現実によって、血縁や言語という要素が「中国」人と台湾人を区別する根拠となり難かったことに由来しているのかもしれない。台湾民族主義の言説が「中国」史とは異なる独自の歴史をネーションの構成要素として強調していることは、近年、歴史教育が「国家認同」をめぐる論争の主要な争点の一つとなっていることと関係している。

以上、台湾の「国家認同」を語る言説として、中心的な位置を占める二つの民族主義に焦点をあてて論じてきたわけだが、この二つの民族主義の相互作用は、本書のテーマの一つである教育の「本土化」と「国家認同」をめぐる論争を生み出す原因となっている。

近年、台湾において「国家認同」をめぐる政治(ポリティクス)が常態と化しているのは、序章で挙げた台湾の「国家」としての特殊性のためである。つまり、台湾を「国家」として見た場合に特徴として浮上するいくつかの要素——ポストコロニアル性、分断国家、マルチ・エスニックな社会構造、発展指向型国家、権威主義体制下での経済発展とその後の民主化——は、「国家認同」の問題を争点化すると同時に、事態を一層複雑化するものでもある。つまり、分断国家であるがゆえに、台湾の「国家認同」問題は常に中国を巻き込むものとなり、発展指向型国家であるがゆえに、国家は高い中心性を持ち、「国家認同」の

結集に意識的になる。また、重層的な植民地経験によって歴史は多元化し、国民史の焦点は絞り難いものとなる。国家としての台湾を特徴づけるこれらの要素の相互作用によって、「国家認同」の問題は、容易に解決し難い争点となっているが、マルチ・エスニックな社会構造が「国家認同」問題の複雑化にあたえる影響は、とりわけ重要なものである。

　権威主義体制の政治的正統である中華民族主義に挑戦する概念としての台湾民族主義の発展が民主化の進展とパラレルをなしていたのは、台湾民族主義が畢竟、数のうえでは大多数を占めながらも、政治的・経済的には外省人に従属する位置にあった本省人のナショナリズムであったことを物語っている。台湾民族主義が民主主義という数の論理を糧として成長したことは必然の流れであり、中華民族主義に対する台湾民族主義の台頭は、省籍間の関係、即ち、外省人―本省人関係の再編を反映するものであった。台湾における「国家認同」のポリティクスは、エスノポリティクスと連動しているのである。つまり、台湾民族主義の台頭は、外省人のエスノナショナリズムとしての中華民族主義を必然的に刺激するのであり、前述の新党版中華民族主義は、その典型といえるものであった。しかし、本省人が台湾民族主義を支持し、外省人が中華民族主義を支持するという図式も、あくまで一般的傾向に過ぎない。本省人というカテゴリは、あくまで便宜的なものであり、そのなかでのエスニック・グループ間関係もまた、複雑な歴史の綾を孕んでいる。エスニック・グループ関係というサブ・ナショナルなレベルでの複雑性がナショナル・レベルにおける複雑性に直結しているのである。

　今日の「国家認同」をめぐる論争は、現実政治のレベルでは、二つのナショナリズムの政治的・経済的・社会的綱引きという意味を持っているが、学術の領域では、民族主義のアプローチを包括的に批判するオールターナティブな言説が重要性を増しつつある。即ち、江宜樺の言う自由主義と急進主義の言説だが、ナショナリズムを相対化する可能性を含むこれらの言説について、以下で簡単に触れておきたい。

2 「国家認同」をめぐるオールターナティブな言説の可能性と限界

(1) 自由主義アプローチ

　ネーションという共同体の存在を国家が成立するための自明かつ不可欠な条件と考えるナショナリズムのアプローチに対して、個人の自由や権利を制度的に保障し、公民意識を高めることこそが国家成立の基盤となると考えるのが自由主義のアプローチである。自由主義アプローチに基づく「国家認同」の言説の一つは、1990年代の教育改革のグランド・デザインを策定した行政院教育改革審議委員会〔第4章で詳述〕の委員も務めた陳其南の議論である。民族主義アプローチが「国民国家」〔中国語では「民族国家」〕をモデルとするのに対して、陳其南は、「中国」と西欧の国家形態に関する歴史的比較によって得られた知見に導かれた「公民国家」のモデルを提起する[53]。西欧ではアリストテレス以来、「公民」〔Citizens〕が近代におけるナショナリズムの高揚のなかでも失われることはなく、むしろ西欧型国民国家の基礎となっていたのに対し、文化的アイデンティティを偏重する「中国」の伝統国家では、家族以上国家以下の共同体意識および市民、公民の倫理が終始「発育不良」の状態にあり、それこそが現代の「中国」国家、とりわけ民主化された台湾が抱える最大の危機であるとの認識である。したがって、陳其南の認識に基づけば、「国家認同」において最優先すべきは、中華民族主義か台湾民族主義か、あるいは統一か独立かといった問題よりも、むしろ健全な公民意識を基礎とした「公民国家」の建立なのである。

　蕭高彦の議論は、共同体の理念に対する思想史的考察を通じて、台湾の「国家認同」に次のような観点を提起する。西洋政治思想史における共同体理念の分析により、**表1-3**に示される三つの理論的モデルが導かれるが、現在の台湾の歴史発展段階において、もっとも妥当なのは、「自由主義の公共領域を核心として形成する共同体の理論を主軸として、公民共和主義の政治参与観および浪漫主義の文化に関する分析を適度に整合することによって、憲政体制に相応しい公民文化を持たせるのが比較的よい理論的選択である」[54]と論じている。蕭高彦の国家論は、いくつかのモデルを組み合わせたものだが、

表1-3 西洋政治哲学の伝統の共同体に関する三つの主要な理論的モデル

	公民共和主義	自由主義的法制主義	国民主義的浪漫主義
何によって共にするか	公的な市民の契約（共通善の追求）	平等な身分、共通の受容力、共有された利益	共有された特徴
共同体観	政治的共同体	市民社会	国家またはその他の有機的な共同体
政治観	共通善の政治	個人の権利の政治	認知、アイデンティティおよび／または集団の権利の政治
性質	政治的	社会・経済的	文化的
政治アイデンティティ	公民のアイデンティティ	個人のアイデンティティに寛容であり、尊重するが、集合的アイデンティティについて確固たる見識を持たない	差異の認知または特定のアイデンティティ
哲学観	目的論	義務論	有機体説
人間観	政治的動物	「合理的」な動物	社交的（社会的）動物
標榜する価値	道徳、参加、政治的自由	協力、自律性、消極的自由	所属、団結、倫理的結合
政治規則	自治と独自の立法	普遍的な法	独自の慣習
政策	受動的な者への「差別」	平等に尊重（公的領域における中立性）	文化の生き残りのための「差別」

出典）蕭高彦「共同体的理念：一個思想史的考察」『台湾政治学刊』創刊号（1996年7月）、288頁に基づき作成。日本語訳は著者による。

「核心問題は、いかにして自由民主的政治体制に相互補完的な共同体と政治アイデンティティの理論を構築するかである」[55]と強調している点に鑑みて、自由主義アプローチに属するものといえる。

また、エスニック・アイデンティティ、文化的アイデンティティ、制度的アイデンティティの三つのレベルのアイデンティティのうち、制度的アイデンティティの重要性を説く江宜樺自身もまた、基本的には自由主義の立場に立っている。民族主義・社群主義（コミュニタリアニズム）・自由主義の「国家認同」理論に考察を加える『自由主義、民族主義與国家認同』の最終章では、「務実性国家認同思考如何可能」〔現実的なナショナル・アイデンティティの思考はいかにして可能になるのか〕という問題を論じているが、そこで強調されているのは、「自由主義為基底国家認同」〔自由主義を基礎とする国家認同〕である[56]。

個人の自由と権利、あるいは公民意識を「国家認同」形成の最重要条件とする自由主義アプローチの言説が提起するのは、ナショナリズムがネーショ

ン〔ないしはエスニック・グループ〕を「国家認同」形成の前提として絶対視することへの疑念である。この点で、自由主義アプローチは、ナショナリズムの陥穽としての決定論から自由であるといえる。共通の出自を前提として強調するナショナリズムは、強烈な同質化の論理であると同時に、国内における差別性と他国に対する排他性の論理となる。しかし、ネーションではなく、制度に対するアイデンティティを重視する自由主義には、このようなリスクは存在しない。このことは、オールターナティブなアプローチとしての自由主義が持つ可能性の一つだが、一方で、その影響は未だ学術の領域に止まっており、現実世界におけるナショナリズムの政治を転換させるものではない。また、自由主義アプローチの言説は、個人の自由や権利、公民意識が保障されるかぎりにおいて、ナショナリズムの存在を否定するものではない。この点について、より根本的な問題提起をしているのが急進的アプローチの言説である。

(2) 急進主義アプローチ

すでに述べたように、江宜樺の類型化における急進主義とは、一つの独立した思想体系ではなく、いくつかの考え方を包括する概念である。1980年代以降、台湾の学術界でも、ポストモダン、ポスト構造主義、ポストコロニアルといった言説が影響力を高め、また、社会運動にも徐々に影響をおよぼすようになってきた。

これらの言説は、それぞれに異なる目標＝批判対象を持つものであり、相互の異質性は極めて大きい。しかし、それでもなお、民族主義と自由主義という二つのアプローチとの対比でいえば、「国家認同の問題においては、それらの諸言説は若干の共通の特色あるいは相互に支援する特色を備えている」[57]ため、民族主義、自由主義と並ぶ第三のアプローチに一括することが可能であるという。

ここでは、代表的な言説として、多くの議論を喚起した陳光興「帝国之眼：「次」帝国與国族—国家的文化想像」という論文を取り上げてみたい[58]。

陳光興は、カルチュラル・スタディーズを行う社会学者であり、ポストコ

ロニアルの立場から「南向論述」〔「中国大陸に向かいすぎた台湾の投資を東南アジアに振り向けることを企図する李登輝政権の『南向政策』に沿った『中国時報』文芸面の特集〕」の批判を足がかりに、台湾民族主義のあり方を批判する。

陳光興によれば、当時〔1990年代後半〕の台湾民族主義の問題点は、かつて植民者との対抗のなかで形成された台湾意識が「李登輝」〔漢民族／閩南人／資産階級／ヘテロセクシュアル／男性〕という象徴的符号を結節点として国家装置に取り込まれ、上からの国民形成における統合の基礎となっていることにあるという。このような状況は、かつての「蔣一族による中国ナショナリズムのショービニズムが瓦解した後、台湾民族主義がそれを引き継いだ」に過ぎないのであって、原住民、閩南以外のエスニック・グループ、労働者、同性愛者、女性といった「周辺」的な人々の利益を真に反映するものではない。それでは、このような人々の利益を真に反映しうるものは何か。そこで提起されるのが、ポスト・ネーションの立場に立つ「新国際在地主義」、即ち、国境を越えるローカリズムの結束である。国民国家モデルを相対化するローカル・レベルでの人びとの連帯に、真の人民民主実現の可能性を見出しているのである。陳光興の言説は、その主張のとおり国境を越える展開を見せており、『思想』などを通じて日本にも伝えられているが[59]、媒体の読者層から見ても、その影響は学術の領域にとどまるものであり、主義の担い手として想定する「周辺」的な人々に届いているとは言い難い。したがって、こうした急進的な理論もまた、自由主義と同様に、「国家認同」問題における民族主義アプローチの優位を崩すには至っていないが、近代的価値に対する本質的批判であるこれらの言説の影響は、長い年月をかけて、現実に影響をおよぼすことになるだろう。

本章の小結

本章では、次のような五つの論点に即して、先行研究の議論を整理し、研究の枠組みを構築することを目指してきた。

(1) 戦後台湾の教育は、その全体性において、いかなる特徴を持つか。
(2) 本書の研究対象である公民教育は、いかなる特徴を持つか。
(3) 公民教育は、教えるべき内容という点で、いかに類型化されるか。
(4) 「国家認同」の問題は、台湾という場において、いかに語られているか。
(5) 台湾において「国家認同」の問題が政治化するのはなぜか。

　第一の論点については、戒厳令解除〔1987年〕の前後から1990年代前半に蓄積された戦後台湾教育の先駆的研究を取り上げた。この時期の一連の研究が重要なのは、権威主義体制下の教育について、批判的な視点から総括を試みているためである。また、これらの研究は、その後の事例研究と教育改革の理論的根拠となるものでもあった。研究の領域に止まることなく、現実の教育改革にも影響をおよぼしていったのは、これらの研究の担い手が時に政策決定の実際の過程のなかに入っていったためである。
　研究のアプローチは様々であり、本章で取り上げた研究に限ってみても一様ではないが、戦後の教育発展における「量」と「質」の不均衡という認識は、すべての研究に通底するものである。つまり、戦後台湾の教育は、アジアでも屈指の量的発展を達成したが、質の面では、権威主義的なシステムのもとで、その発展が不十分なものにとどまっているという認識である。
　教育の質に関する問題は、制度と内容の両面におよぶものである。制度面では、統一化〔一元化〕志向の強さに起因する制度の硬直化、教育における民主の欠如、文化的資源の分配における不平等、教育行政権の過剰な膨張と中央集権化、学制のポストコロニアル性といった要素があり、内容面では、教育の政治化、道徳化、イデオロギー化が核心的な問題となる。ここでのイデオロギーとは、表裏をなす国家／「党」のイデオロギーであり、「中国」化の政治的・道徳的教化を意味するものだが、それは台湾を一つの主体とみなす視点から見れば、非本土化の論理と言うべきものである。
　一連の先駆的研究の根底にあったのは、権威主義的な教育システムを壊すことによって教育の正常化がなされ、教育の「質」の弊害が一気に解消されるという確信であったが、現実的には、1990年代以降の十数年におよぶ教

育改革によっても、教育の質の問題には、なお根本的な解決が得られていない。ここで論じたマクロ的特徴は、脱権威主義後というべき今日もなお、台湾の教育を特徴づけているのである。この点は、本書の以下の章の議論によって明確になるものと思われる。

　第二および第三の論点では、張秀雄らの研究から多くの示唆を得た。台湾の公民教育の特徴は、伝統的中華文化、三民主義思想、反共教育、民主的な憲政の推進と発展の四つの要素を主な内容とするものである。米国、フランス、ドイツ、日本の公民教育との比較によって明らかになるのは、人文学科と社会科学の性格を兼備している点、正規／非正規、顕在的／潜在的カリキュラムの両面において教授される点、視野拡大〔widening horizon〕のモデルに基づいてカリキュラムが設計されている点では、他の4カ国と共通している。また、米国や戦後ドイツと異なり、日本やフランスと共通する特徴として、個性の発展よりも集団性の教育を重視する点、そして日本と共通するアジア的性質として儒教的な倫理道徳と思想を重視する点が指摘されている。

　一方、共同体の統合に関する異なる理論は、公民教育に関する異なる見解を生み出す。公民教育が教えるべき最も重要な価値は、リベラリズムにおいては権利だが、公民的共和主義においては公共善〔common good〕、コミュニタリアニズムでは共同体のアイデンティティと帰属感、多文化主義では政治的・経済的・社会的に弱い立場にあるエスニック・グループの権利保障が要点となる。これらは理念型であり、時代により変化する公民教育を相対的に位置づけるための座標軸となるものである。

　第四および第五の論点については、本章の第2節で検討を加えた。政治学者・江宜樺の類型化にしたがい、台湾の「国家認同」に関する言説を三つのアプローチに分類したが、民族主義・自由主義・急進主義の三つのアプローチの主流をなす民族主義のアプローチは、中華民族主義と台湾民族主義の二つのナショナリズムを包含する。表1-1に示したように、その立場の相違は鮮明だが、政治的・文化的共同体としてのネーションを「国家認同」の基礎と考える点に変わりはなく、そのために両者は同一の類型に属するものとみなされる。また、表1-1と表1-2の対比から明らかなように、中華民族主義

の概念は、数の論理である民主主義の論理のなかで台湾民族主義が力を蓄えていくにつれ、外省人のエスノナショナリズムとしての性格を強めてきたのであり、その内容には変化の跡がうかがわれる。

一方、自由主義とポストモダン的な批判理論の総体としての急進主義のアプローチは、民族主義の「国家認同」理論に対するオールターナティブであり、民族主義が陥りがちな弊害への処方箋となるものである。個人の権利を重視し、国家に対する人びとの集合的な承認と帰属感を制度の充実によって現実化することを志向する自由主義のアプローチは、民族主義の本質主義的な決定論に妥当な規制を加えるものである。自由主義アプローチが国家という枠組みのなかでの変革の理論であるのに対し、急進主義アプローチを代表する陳光興の議論は、国家を超えることを主張する。その標的は、国民国家のイデオロギーが生み出す中心―周辺の構造であり、国境を越える「周辺」の連帯によって、この支配の構図を覆すことを企図しているのである。

このようなオールターナティブの理論は、パラダイム転換を促す可能性を含むものだが、現状では、その影響は未だ学術および思想の領域にとどまるものであり、現実を変革する力にはなりえていない。

台湾において、「国家認同」の問題が争点化するのは、台湾の「国家」としての特殊性のためである。「国家」としての台湾と特徴づけるいくつかの要素―ポストコロニアル性、分断国家、マルチ・エスニックな社会構造、発展指向型国家、権威主義体制下での経済発展とその後の民主化―がその相互作用によって、「国家認同」のポリティクスを生み出す契機となっている。

---

1 李鴻禧による叢書の序文には、台湾研究の発展の歴史と叢書の全体を貫く問題意識のあり方が明確に示されている。李鴻禧「『台湾経験四十年叢書』序―人類宝貴的台湾戦後歴史経験―」林玉体『台湾教育面貌40年』台北市：自立晩報、1987年、3-14頁。
2 林玉体、同前『台湾教育面貌40年』、109頁。

3 権威主義に分類される民主化以前の台湾の政治体制の諸特徴〔擬似レーニン主義的党国体制、「法統」体制による大衆の排除、政治エリートのエスニックな二重構造、外部正統性への依存、二重のクライエンティリズム〕については、若林正丈『台湾 分裂国家と民主化』東京大学出版会、1992年、3-18頁を参照されたい。同書の第2章では「党国体制」が確立する歴史過程、第3章では社会との関係が論じられている。

4 林玉体、前掲『台湾教育面貌40年』、111-112頁。

5 林玉体『台湾教育與国家定位』台北市：師大書苑、1998年。林玉体『台湾教育的主体性』台北市：高等教育、2002年。

6 林玉体『台湾教育史』台北市：文景、2003年。

7 陳伯璋編『意識形型態與教育』台北市：師大書苑、1988年。

8 陳伯璋「另一場意識形態的戦争―国中教育的迷思」、同前『意識形態與教育』、231-232頁。

9 ここにおいて、「龍」にはポジティブ、「馬」にはネガティブな意味がこめられている。前者は「明星班」〔花形クラス〕、「好班」〔良いクラス〕、「前段班」〔上位クラス〕、後者は「牛頭班」〔ウスノロクラス〕、「壊班」〔ダメクラス〕、「後段班」〔下位クラス〕などと俗称された。

10 同前、232頁。

11 同前、234頁。

12 同前、234頁。

13 同前、237-239頁。

14 陳伯璋「台湾近五十年来教育問題的検討與展望」陳伯璋『新世紀教育発展的回顧與前瞻』高雄市：麗文文化、2001年。なお、同論文の初出は、楊国枢、葉啓政主編『台湾的社会問題』台北市：巨流、1991年、259-298頁。

15 同前、242-243頁。

16 以下、政策、制度、カリキュラムと授業の各側面における問題点は、同前論文の243-250頁に依拠している。

17 羊憶蓉『教育與国家発展―台湾経験』台北市：桂冠、1994年。

18 徐南號主編『台湾教育史』台北市：師大書苑、1999年（増訂版1刷）。

19 徐南號「第8章 台湾教育史之回顧與展望」、同前『台湾教育史』、211-236頁。

20 中国教育学会編『教育改革』台北市：師大書苑、1994年。

21 中華民国比較教育学会、国立暨南国際大学比較教育研究所、国立台湾師範大学教育学系主編『教育改革―従伝統到後現代』台北市：師大書苑、1996年。

22 Kuo, Wei-Fan (郭為藩), "Educational Reform in Taiwan, R.O.C."、同前『教育改革―従伝統到後現代』、12-13頁。

23 山﨑直也「九年国民教育政策の研究―戦後台湾教育の二面性の起源に関する考察―」『日本台湾学会報』第3号 (2001年5月)、日本台湾学会、50-69頁。
24 陳光輝「四十年来我国中等学校公民科教育」『教育資料集刊』16輯 (1991年6月)、127-154頁。なお、同論文の発表当時、陳光輝は、国立台湾師範大学公民訓育学系の教授であった。
25 同前、141-145頁。
26 同前、142頁。
27 陳光輝、詹棟樑『各国公民教育』台北市：水牛、1998年、401-453頁。
28 同前、421頁。
29 張秀雄「公民教育的内涵」張秀雄編『公民教育的理論與実施』台北市：師大書苑、1998年、27-58頁。
30 同前、28頁。
31 「仁恕」とは、「慎み深く思いやりが深いこと」を意味し、「五倫」とは、父子の親、君臣の義、夫婦の別、長幼の序、朋友の信という伝統的な関係の倫理を意味する。
32 張秀雄、前掲「公民教育的内涵」、54-56頁。
33 岩内良一、萩原元昭、深谷昌志、本吉修二編『教育学用語辞典〔第3版〕』学文社、1995年、101頁。
34 張秀雄「公民資質教育模式」『中央教育』第53巻第5期 (2002年10月)、4-22頁。ここでのまとめは、主として同論文の6-11頁に拠るものだが、論点となる政治思想の基本的理解を目的として、W・キムリッカ著、千葉眞、岡崎晴輝他訳『新版 国際政治理論』日本経済評論社、2005年、岡野八代『シティズンシップの政治学』現代書館、2003年、初瀬龍平編著『エスニシティと多文化主義』同文社、1996年等を参照した。
35 江宜樺『自由主義、民族主義與国家認同』台北市：揚智文化、1998年。
36 簡成熙「台湾跨世紀公民教育的回顧與前瞻―政治哲学的分析」『中等教育』第53巻第5期 (2002年10月)、24-45頁。
37 村田雄二郎「中華ナショナリズムと『最後の帝国』」蓮實重彦、山内昌之編『いまなぜ民族か』東京大学出版会、1994年、30-49頁。
38 若林正丈「中国非主流地域のサブ・ナショナリズム」、同前『いまなぜ民族か』、51頁。
39 同前、51頁。
40 松永正義「『中国意識』と『台湾意識』―揺れ動く中国／台湾イデオロギーの構図」若林正丈『台湾―転換期の政治と経済』田畑書店、1987年、279頁。
41 史明『台湾人四百年史【新装版】』新泉社、1994年、440-441頁。本書の初版は、音羽書房より、1962年に発行された。

42　1960年代以降のイデオロギー的構図の変容については、松永、前掲論文参照。

43　高雄事件〔美麗島事件〕は、党外勢力〔反国民党、民主化勢力〕が発刊した月刊誌『美麗島』のグループが1979年12月10日に高雄市で開催した世界人権デー集会での衝突を利用した国民党政権の党外勢力に対する全面弾圧事件。1980年の林義雄省議員母子殺害事件は、80年代に続けて起こった特務機構の周辺の人物が犯人と思われる反対派へのテロ事件の一つ。

44　張茂桂「族群関係與国家認同」張茂桂等『族群関係與国家認同』台北市：業強、1993年、263頁。

45　同前、264頁。

46　趙鋼「新的民族主義、還是旧的」『台湾社会研究季刊』第21期（1996年1月）、1-72頁。

47　江宜樺、前掲書、156-157頁。スミスによれば、ナショナリズムは、歴史上の領域、法的・政治的共同体、構成員の法的・政治的平等、共通の市民的文化とイデオロギーを構成要素とする西欧型モデル（「公民／領土モデル」）と自らの生まれた共同体や土着の文化を強調する非西欧型モデル（「エスニック／文化モデル」）とに分類される。Anthony D. Smith, *National Identity,* Penguin Books, 1991.（アントニー・D・スミス著、高柳先男訳『ナショナリズムの生命力』晶文社、1998年。）

48　呉乃徳ら「第三世代」の登場が台湾の政治学に持つ意味については、彼と若林正丈の対談「民主化と政治学―政治学者呉乃徳と語る」若林正丈『東洋民主主義台湾政治の考現学』田畑書店、1998年、227-240頁を参照。

49　呉乃徳「国家認同和政党支持 台湾政党競争的社会基礎」『中央研究院民族学研究所集刊』第74期（1992年秋季）、33-61頁。同「省籍意識、政治支持和国家認同」、前掲『族群関係與国家認同』、27-51頁。同「自由主義和国家認同：捜尋台湾民族主義的意識型態基礎」『台湾政治学刊』創刊号（1996年7月）、5-39頁。

50　呉乃徳「国家認同政治支持：民進党的理解和誤解」『中央日報』1996年8月13日-15日付。

51　ここでの和訳は、エルネスト・ルナン著、鵜飼哲訳「国民とは何か」E・ルナン、J・G・フィヒテ、J・ロマン、E・バリバール、鵜飼哲著、鵜飼哲、大西雅一郎、細見和之、上野成利訳『国民とは何か』河出書房新社、1997年、62頁に拠った。呉乃徳は、ここで「哀悼」と訳出されている概念と中国語の「悲情」を対応させている。

52　過去や歴史よりも、未来や希望、共通の利害といった要素にネーション形成の成立要件をもとめる言説の一つとして、許信良〔かつて民進党党首を務めた政治家〕が提起する「新興民族論」が挙げられる。許信良『新興民族』台北市：遠流、1995年。

53 陳其南「伝統中国的国家形態、家族意理與民間社会」中央研究院近代史研究所編『認同與国家 近代中西歴史的比較』台北市：中央研究院近代史研究所、1994年、185-200頁。
54 蕭高彦「共同体的理念：一個思想史之考察」『台湾政治学刊』創刊号（1996年7月）、287頁。
55 同前、287頁。
56 江宜樺、前掲書、189-222頁。
57 同前、200頁。
58 陳光興「帝国之眼：『次』帝国與国族―国家的文化想像」『台湾社会研究季刊』第17期（1994年7月）、149-222頁。
59 例えば、「帝国之眼」の翻訳として、陳光興著、坂元ひろ子訳「帝国の眼差し―「準」帝国とネイション―ステイトの文化的想像」『思想』No.859（1996年1月）、162-221頁。

第2章　九年国民教育政策と国定教科書制度の成立

　序章で述べたように、本書は、義務教育年限の実質的な延長〔6年から9年〕がなされた1968年を考察の起点としている[1]。その直接的な理由は、義務教育の教科書制度がこの年を境に全面的な国定制に移行したためであり、当時の改革によって高度な一元性と集権性を特徴とする教育システムが確立したということが、さらに重要な理由として存在している。1968年の教育改革は、戦後台湾教育史の最初の分水嶺であり、ここで示された方向性は、その後、長期にわたり台湾の教育を規定し続けた。その規模は、1990年代から今日に至る民主化・自由化後の教育改革に匹敵するものだが、両者のベクトルは完全に相反している。

　本章では、この1968年の教育改革、即ち、九年国民教育政策について、その背景要因と立法・実施過程を明らかにするとともに、そのなかで成立した義務教育教科書の全面的な国定制の特徴、それに対する批判、および近年の教科書制度改革について論じてみたい。

第1節　九年国民教育政策の前史と背景要因

　1967年6月27日、当時の総統であった蔣介石は、総統府で行われた国父〔孫文〕紀念月会の訓示で次のように語り、十数年来の懸案であった義務教育の年限延長の早期実現を促した。

　　「我々は、耕者有其田の政策〔『耕す者がその田を所有する』の意。1953年に完成

した土地改革を指す〕の成功に続いて、九年義務教育計画の推進を急がねばならない。我々の現段階の社会的・経済的発展の成果をもって、九年義務教育の問題を解決するならば、その成功は必ずや楽観しうるものとなるだろう。現在、世界各国の民衆の教育水準は大いに高まっており、我々は6年の義務教育という現状には、もはや満足しえなくなっている。我々の各家庭には子女があり、父母は誰しも自らの子女が良好な教育を受けることを望んでいる。政府が『取之於民、用之於民』〔民から得たものは、民のために用いる〕の原則に基づいて社会の力を結集するならば、民族の継承者を育む義務教育というものに妥当な処理を加え、悪性補習という痼疾をその病根から除去することができるだろう。また、三民主義の模範省としての教育建設を実現することによって、『耕者有其田』と『平均地権』の成果が大きくかつ末永いものとなることが保証され、我々の均富の主張が貫徹され、国父の民生主義の理想という大計が現実のものとなるのである。」[2]

この訓示から3日後の6月30日、蔣介石は、黄杰・台湾省主席、閻振興・教育部長、潘振球・台湾省教育庁長、劉先雲・台北市教育局長らと会見し、義務教育の年限延長の計画・準備を進めるよう改めて指示した[3]。7月3日には、中央および地方の教育責任者と会見し、行うべき教育改革の内容について、次のような具体的説明を行った[4]。

1. 時期：翌年〔1968年〕から開始する。
2. 課程：できるだけ速やかに課程標準、教科書を改編する。
3. 土地：新たに学校を建設するために必要な校地は、地方の寄贈、定価ないし定価の半額での買い上げ、あるいは公有地の利用による。
4. 経費：できるだけ各地方で調達することとし、不足分を中央が補う。
5. 公立・私立の初級中学〔3年制の前期中等教育〕は、すべて義務教育のシステムにおさめる。私学は義務教育課程の規定にしたがうべきものとし、そうしない場合には登記を取り消す。
6. 直ちに法令を修訂し、速やかに教師を訓練すべきである。

国父紀念月会における蔣介石の訓示から約1年2ヵ月後の1968年9月9日、

国民中学の開学式典が全国で一斉に行われた。かくして、台湾における9年制義務教育は、それに先がけて行政院が策定していた「国民小学畢業生志願就学方案」という、より漸進的なプラン[5]を覆し、異例ともいえるハイペースで現実のものとなった。

約1年2ヵ月の過程としての九年国民教育政策は、単なる義務教育の年限延長ではなく、制度と内容の両面におよぶ大規模かつ包括的な教育改革であった。それは戦後台湾教育の第二の出発点であり、この時期に形成された教育システムの特徴は、民主化後のいわゆる「十年教改」〔1994年を始まりとする10年の教育改革〕を経てなお、本質的には変化していないというのが本書の基本認識である〔「十年教改」については第4章で詳述する〕。

ここでは、本書の起点となる1968年の教育改革がいかなる意図のもとに、いかにして推し進められたのかを論じていくが、まずは背景をなす内的・外的要因について考察してみたい。実際、1968年に立ち返って当時の台湾教育が直面していた問題を把握するという作業は、どのような側面に焦点をあてるにせよ、戦後台湾の教育を語るうえで避けて通ることのできないものである。当時教育改革の背景にあって、それを駆り立てていた問題の多くは、1950年代から続く歴史的問題であり、今なお根本的解決をみていない台湾教育の今日的問題でもある。したがって、当時の政府を義務教育の年限延長に踏み切らせた内的・外的要因を検討することは、戦後台湾教育の歴史と現在を繋ぐ作業にほかならない。

1 初等教育の量的拡大と「悪性補習」の深刻化

九年国民教育の実施に関しては、当時の関係者と後世の研究者によって、様々な内的・外的要因が指摘されている。上述の蒋介石の訓示にも見られる「悪性補習」の問題は、その筆頭に数えられるものである。義務教育の年限が6年から9年まで延長される以前の台湾では、初等教育の量的拡大が進むにつれて中等教育への進学競争が苛烈化し、悪性の補習教育が蔓延していった。この問題は1950年代にはすでに顕在化し、政府は様々な対策を講じたが、

その一連の動きは九年国民教育政策の前史となるものであった。以下、九年国民教育の前史としての悪性補習解消の試みについて、若干詳細に説明しておきたい。

　第二次世界大戦終結後、台湾の各級学校は、「台湾接管計画要綱」に依拠して、台湾省行政長官公署に接収・管理されることとなった。接収は1945年11月1日に開始され、翌年4月30日まで続いた。この時期の教育改革の重点は、「皇民化の教育を一掃して、『祖国化』の教育をもってこれに代えること」であり、その施政方針は「三民主義を実施して中華民族の文化を回復し、日本の植民地教育体制に中国の教育制度に基づいた調整を加えて、教育機会均等の理想を達成すること」にあった[6]。「日語」〔日本語〕、「日本歴史」〔日本史〕、「武士道」といった日本性を強調する科目が「国語」〔中国語〕、「本国歴史」〔「中国」史〕、「三民主義」に取って代わられ、国民学校の学校名は、従来の日本的な名称から所在地名〔その多くは「中国」を表象する記号を含むものであった〕を冠するものに改められた。

　学制の面では、日本が台湾において施行したすべての教育法令が廃止された。初等教育段階では、「国民学校」という名称は残ったが、日本統治時代に存在した課程第1-3号表の区別が廃止され[7]、修業年限は初級4年間、高級2年間の計6年間となった。中等教育段階では、国民学校附設の高等科が廃止され、1931年に中国大陸で公布された「中学法」に依拠して、初級中学3年、高級中学3年の新しい学制が採用された。

　接収時期においては、義務教育に関する明確な規定を欠いていたが、1947年1月1日に中国大陸で「中華民国憲法」が公布され、「人民は国民教育を受ける権利と義務を有する」〔第21条〕こと、「6歳から12歳の学齢児童は、すべて基本教育を受ける。その学費は免除されるものとし、貧窮の者には政府が書籍を供給する。学齢を過ぎて基本教育を受けていない国民は、すべて補習教育を受ける」ことが明文化された。また、同年1月22日には、台湾省行政長官公署によって「台湾省学齢児童強迫入学辦法」が公布され、台湾において明確な法的裏づけをもった義務教育が成立するに至った。

　しかし、これらの法的規定が直ちに義務教育段階の学生数および就学率

表2-1　国民学校の学校数・クラス数・学生数・就学率（1945-67年）

	学校数	クラス数	学生数	就学率（％）
1945年	1,053	13,656	850,097	80.01
1946年	1,130	13,683	823,400	78.56
1947年	1,160	14,072	855,821	79.02
1948年	1,185	14,519	840,783	77.14
1949年	1,199	15,539	892,758	79.07
1950年	1,231	16,856	906,950	79.98
1951年	1,248	17,743	970,664	81.49
1952年	1,251	18,833	1,003,304	84.00
1953年	1,300	20,211	1,060,324	87.75
1954年	1,350	22,025	1,133,438	90.83
1955年	1,446	24,127	1,244,029	92.33
1956年	1,537	26,189	1,344,432	93.82
1957年	1,597	28,307	1,480,557	94.61
1958年	1,663	30,945	1,642,888	94.84
1959年	1,757	33,586	1,777,118	95.44
1960年	1,843	35,944	1,888,783	95.59
1961年	1,932	37,906	1,997,016	96.00
1962年	1,995	39,712	2,097,957	96.52
1963年	2,067	41,114	2,148,652	96.71
1964年	2,107	42,139	2,202,867	96.83
1965年	2,143	43,338	2,257,720	97.15
1966年	2,175	44,382	2,307,955	97.16
1967年	2,208	45,171	2,348,218	97.52

出典）教育部統計処編『中華民国教育統計1999』台北市：教育部、1999年、および徐南號、林玫伶「台湾推行義務教育之経験演進」『比較教育通訊』第35期（1994年9月）に基づき著者作成。

を高めることはなかったようである。**表2-1**は、1945年から67年の国民学校の学校数・クラス数・学生数・就学率をまとめたものである。これをみると、国民学校の就学率は1951年に至るまで、終戦の年の水準を上回ることがなかったことがわかる。

　台湾で初等教育の学生数および就学率が高まりを見せ始めるのは、戦後過渡期の混乱を脱した1950年代初頭以降のことである。とりわけ、1953年に「耕者有其田」の土地改革が完成し、農民の生活水準が向上し始める1950年代半ば以降、国民学校の就学率は急速な発展のカーブを描くことになる。

1954年に90％を超えた就学率は、5年後の1959年には95％を超え、学生数も1962年に至って200万人を超えた。こうした急速な発展によって、台湾の初等教育の普及率は、当時のアジア諸国のなかでもとりわけ高いものとなったが、同時に解決を迫られる深刻な問題が浮上した。いわゆる「悪性補習」の問題である。

　悪性補習とは、初等教育の急速な量的拡大によって、初級中学および初級職業学校への進学を希望する国民学校卒業生の数と受け容れキャパシティの間に不均衡が生じたことに起因する現象である。1959年度を例にとると、進学を希望する国民学校卒業生10万4,612人中、11％に相当する1万1,630人が進学を断念せざるを得ず、翌1960年度も12万4,367人の進学希望者のうち、実際に進学できたのは11万673人〔89％〕であった[8]。こうした不均衡が苛烈な進学競争を生み、国民学校の教育現場では、過度の進学偏重が蔓延した。

　例えば、「体育」、「公民」等の授業時間は、「国語」、「数学」、「常識」等の進学必修科目の授業に振り替えられ、放課後には教師の家などで3〜4時間におよぶ補習が行われた。補習の内容は、民間出版社の問題集等を使用する暗記と反復の詰め込み式教育であり、補習を受けるにあたり補習料を徴収される場合もあった。無理な補習による過度の負担は、児童の健康や自主的な思考能力の発展を損なうものであり、国民教育の目標に著しく反するものであった[9]。

　悪性補習の蔓延に対して、教育行政当局は、当初厳禁の姿勢をもってこれに臨んだが、効を奏さなかった。そこで、1954年には「国民学校辦理学生升学指導注意事項」を定めて補習クラスの設置を原則的に認めつつ、補習時間数と補習費の徴収に制限を加えるという柔軟策に転じた。同時に、初級中学の受け容れのキャパシティを拡大することによって、進学を希望する国民学校卒業生全員を、無試験で初級中学に進学させるという方向性を模索するに至った。このような政策路線による悪性補習解消の試みとして画期的な意味を持つのが、1950年代半ばに試みられた「免試升学」〔無試験入学〕の実験である。

免試升学は、1956年に公布された「国民学校畢業生升学初級中等学校方案」に基づいて、新竹県および高雄市で試験的に採用された。進学を希望する国民学校卒業生を、無試験で初級中学に入学させるという制度であり、1950年代半ばに採られた一連の初等・中等教育改革の延長線上にあるものである。

1954年、張其昀を部長とする教育部は、教育研究委員会を回復設置し、悪性補習の解消と初等・中等教育の正常な発展のための一連の方案を策定していくこととなった。1955年に「発展初級中等教育方案」が制定され、⑴私人が初級中学を創立することを奨励する、⑵年度ごとの学校増設計画を定め、可能な限りクラス数を増加、「省辦高中、県市辦初中」〔省が高級中学を、県市が初級中学を主管する〕の原則をもって郷鎮レベルの初級中学を発展させる、⑶教育庁が起草した五年計画によって中学の学区制を試行する、⑷師範大学の設備を充実し中等学校の教員を養成するという中等教育改革のビジョンが提示された[10]。翌1956年には、さらに具体的な施策を含む「国民学校畢業生升学初級中等学校方案」が公布された[11]。

この方案は、「発展初級中等教育方案」同様、初級中学の増設と学区制によって、進学を希望する国民学校卒業生の受け容れを拡大していくというものであったが、一歩進んで、1956年度から段階的に免試升学を実施し、5年以内に台湾全土でそれを実現させることをうたっていた点に重要な意義があった。

この方案は、まず新竹県をモデル地区として試行されることになり、翌1957年度からは、高雄市でも実施された。新竹県および高雄市での実験は、初級中学への苛烈な進学競争に起因する国民学校高学年での悪性補習を緩和して、国民学校児童の健康状態を向上させただけでなく、学区制の採用によって教育機会の均等化の面においても一定の成果をあげた[12]。しかしながら、学校数の急増による教師の確保の困難化とそれに付随する教育の質的低下、経費の不足という問題が明らかになるにつれ、省政府委員会および省議会では、反対論が大勢を占めるようになり、実験は1958年度をもって中止を余儀なくされた。

新竹県と高雄市における免試升学実験の停止後、義務教育の年限延長に関

する教育部の方針は消極策に転じた。教育部は、1961年になって、(1)初級中学を発展させ、国民学校卒業生の就学機会を漸次拡充する、(2)しかし、進学希望者に対しては、あくまで入学試験を行うという基本方針を定めたが[13]、このような教育部の消極的態度は、1966年実施の「国民学校畢業生志願就学方案」において、より顕著に示されることとなった。

1964年、行政院は専門グループを設けて「国民学校畢業生志願就学方案」を検討起草し、報告書を作成した。方案の目的は、マンパワーの資質を高めることによって経済建設の需要に対応すると同時に、国民学校卒業生の進学の機会を拡充することによって悪性補習の問題を解消し、義務教育の延長に備えることにあった[14]。翌1965年、この方案に関する実施計画の策定を教育部から要請された台湾省政府教育庁は、各県市から提出された報告と意見に基づいて、「台湾省実施国民学校畢業生志願就学方案六年計画大綱」を起草、行政院による審議を経て施行に移されることが決定された。

前述したように、同方案は、三段階8年間で9年制義務教育の完全実施を目指すもので、1950年代の免試升学の実験に比べると、漸進的かつ長期的なビジョンであった。しかし、方案が開始されようとしていたまさにその年、本節の冒頭で挙げた蔣介石の訓示によって、九年国民教育が始動し、時計の針は一気に早められたのである。

戦後の早い段階から、悪性補習の問題は、常に台湾の教育発展と隣り合わせにあった。1950年代から60年代には、進学を希望する国民学校卒業生と初級中学の受け入れの許容量の不均衡がその最大の原因としてあり、九年国民教育政策とその前史としての数々の政策は、いずれも不均衡の是正によって悪性補習を解消しようとするものであった。しかし、悪性補習とその背景をなす苛烈な進学競争の問題は、九年国民教育の実施によって中等教育の就学率が順調に伸び続けたにもかかわらず、今日に至るまで根本的には解消されていない。多くの人々が単なる進学ではなく「良い」学歴を求めている以上、進学試験は常に競争的なものにならざるをえないためである。つまり、悪性補習は、制度の問題であると同時に観念の問題でもあり、その根本的解決には、人々の意識の転換が不可欠なのである。

悪性補習の問題は、1968年の教育改革を内側から動機づけるものであった。次に、この改革のいくつかの外来的要因について検討してみたい。

2 九年国民教育政策の外来的要因

　国家間関係が複雑さを増し、国際機関等の非国家的アクターの役割も高まりをみせた戦後の国際社会においては、いかなる国家も、外部的影響を一切排除して教育政策を決定・実施することは、もはや不可能になったといえるだろう。つまり、国際関係の緊密化と複雑化が進んだ現代に至って、国家の「内政」としての教育政策は、他の国内諸政策同様、完全な自律性を喪失し、不可避的に外来的影響を受けるものとなった。この傾向は、経済その他の面で、先進国に「従属」ないし「依存」の状態にある後発国において、より顕著なものとなる。

　事実、台湾の比較・国際教育学者の沈姍姍が指摘するように、戦後台湾の教育は、諸外国から強い影響を受け続けてきたが[15]、九年国民教育政策においてもまた、悪性補習という内在的要因のほかに、さまざまな外来的要因が働いていたのである。

(1) 近代化理論とマンパワー発展

　1960年代という時代に、発展に関する理論として、世界の主流的地位を占めていたのは、経済学者・ロストウ〔W. W. Rostow〕に代表される単線的な近代化のモデルである[16]。ロストウの近代化論は、いかなる国家も産業革命を経験し、経済の「離陸」〔take off〕を経て、現代工業国、つまり、当時の先進国が既に到達していた産業社会という地歩に達するという歴史観に支えられた発展の理論である。つまり、すべての国家は、五つの段階を経て、伝統社会から高度消費社会に向けて単線的に発展していくというロストウの所説は、西欧先進国を理想的な「到達点」とし、それが辿ってきた発展の道筋をあるべき発展のコースと捉えるものである。

　このような初期の近代化論は、西欧的な発展のあり方に対する批判的検討

が進み、単に経済成長のみをもって「発展」とみなすことが少なくなった現在の「発展」観と比べると、いささか粗雑であり、楽観的なものだが、重要なのは、この種の理論が、当時の主流的な発展の理論として、広範な影響力を持っていたということである。このような考え方は、単に経済学者のみならず、他の学問領域の学者および政策決定者層〔後発国を「啓蒙」し、その発展を「指導」する役割を自認する先進国の学者や指導者層のみならず、経済成長を至上の目標とする後発国の学者や指導者層も含む〕にも広く受け容れられていた。このような単線的な近代化論に対抗するものとして、当時すでに従属論のようなオールターナティブの理論が登場していた。しかし、それらの理論は、学術的な妥当性はおくとして、政策決定に対する影響力という意味では、近代化論には遠くおよばないものであった。

　このような経済成長を至上の目標とする時代の空気のなかで、発展と教育の理論として世界的な主流となったのは、教育を経済発展の「手段」とみなす考え方である。経済発展に不可欠なマンパワーの量的拡大と質的向上を達成するために、教育の普及率と水準を高める、つまり、教育予算を経済成長のための「投資」とみなすというのが、当時の主流を占める考え方であった。このような理論の代表的なものとして、現在に至っても引用され続けているのが、プリンストン大学の経済学教授であったハービソン〔Frederick Harbison〕と MIT 教授であったマイヤーズ〔Charles A. Myers〕の研究である[17]。この75カ国を対象とするクロス・ナショナルな分析は、広範な含意を持つ「教育」という言葉を、人的資源開発〔manpower resource development〕という概念に集約し、さまざまな指標によって、教育と経済発展の間の相関を考察するものであった。ハービソンとマイヤーズは、このクロス・ナショナル分析を、「Xパーセントの中等および高等教育の増加が、YパーセントのGNP per capitaの増加をもたらす」といった因果関係を立証することはできないが、教育指標と経済成長の間には、確かな相関関係がみられると結論づけている[18]。

　この素朴な発展─教育観は、政府による体系的なマンパワー開発政策が緒に就き始めた当時の台湾において、広く受け入れられる条件を備えていた[19]。経済成長のための教育、マンパワー開発政策に資するものとしての教育とい

うイメージは、台湾の政策決定者層にも強い影響力を持つものであった。羊憶蓉によれば、「台湾においては、多くの重要な教育政策が経済発展計画のなかに組み込まれ、マンパワー発展計画の一部とみなされてきた。換言すれば、台湾の教育政策は、経済政策の下に位置づけられていた」[20]のである。

以上に示した近代化の理論と発展志向の教育観が、教育政策の外来的影響を考察するうえで、他の理論や観念より重要であるのは、これらが当時の先進国の主流な考え方として、国際機関などによる国際的教育実践の中心思想となっていたからである。

当時の国際的教育実践の動きとして重要なのは、カラチプランに代表されるユネスコ主導の長期教育発展計画である。カラチプランとは、1960年にユネスコの後援によってパキスタンのカラチで採択された初等教育拡充のための長期計画であり、1961年から80年までの間に、少なくとも7年間の無償義務教育を実施することを目標としていた。しかし、当時のアジア各国における初等教育の発展のレベルは差異が大きく、一元的な実施が不可能であることがわかると、カラチプランは、各国の教育担当相による国際会議等の機会を通じて、より現実的なものに修正されていった。

第1回のアジア地域ユネスコ加盟国文部大臣会議は、1962年に東京で開催され、台湾からは、鄧傳楷・教育部次長が参加した。この会議では、(1)アジア各国は、カラチプランを執行して、義務教育の年限をできるだけ早く7年まで延長するとともに、その国家の経済建設の必要にあわせて長期計画を定めるべきこと、(2)アジア各国の教育費は、国民所得に比例して増加されるべきであり、少なくともGNPの4-5%を占めるべきことが決議され、各国の長期計画策定を助けることを目的として、ユネスコからアジアの18カ国に訪問団が派遣されることとなった[21]。この決定に基づき、1963年3月、ユネスコの派遣によりストロムネス〔Martin Stromnes〕博士が顧問として来台した。ストロムネスの助言のもとで、台湾は18年間の長期発展計画[22]を策定したが、これは後に、九年国民教育政策の下敷きとなる「国民学校畢業生志願就学方案」として結実することとなる。

また1965年には、バンコクで第2回アジア地域ユネスコ加盟国文部大臣会

議が開催され、台湾からは当時の閻振興・教育部長らが出席したが、この会議では、各国の提出した長期教育発展計画を検討して、アジアの長期教育発展モデルが作成され[23]、各国が教育政策を策定する上での参考として提示されることとなった。

　九年国民教育政策が実施された1960年代には、先進国の主流理論としての近代化論が、ユネスコ等によって主導される国際的教育実践の中心思想となり、アジア各国の教育政策に影響をあたえるとともに、時にはそれを制約するという状況があった。

(2) 教育学者の言説にみる外来的影響

　台湾において、義務教育の年限延長が教育学者によって議論され始めたのは、九年国民教育政策が決定される10年ほど前の1950年代末のことであった。

　1957年8月、当時国立台湾師範大学の教授であった林本は、「国校畢業免試升学問題」〔国民学校卒業生の無試験進学問題〕と題する講演を行い、前述の悪性補習の問題および国民学校卒業生の進学問題について分析をおこなった[24]。

　この講演の翌年、1958年2月には、教育専門誌『臺湾教育輔導月刊』が「我国義務教育期限応否即予延長」〔わが国の義務教育は即時延長されるべきか否か〕と題する特集を組み、18人の学者専門家による論考を紹介した。これらの論考を一覧して明らかなのは、義務教育年限延長の必要性が、採るべき歩調〔急進的か漸進的か〕の違いこそあれ、当時すでに専門家の間である種の切実さをもって意識されていたということであり、また、この必要性が他国、とりわけ先進国との比較において認識されていたということである。例えば、前述の林本は、世界各国55カ国の義務教育年限を詳細な比較表に示し〔表2-2〕、義務教育年限が7年以下の国家は「現代文化の後進国」であるとして、義務教育の即時延長を主張している[25]。また、孫邦正は、英国、日本、フランス、ドイツ等の先進国における義務教育年限延長の歴史を例に引いて、台湾においても義務教育の年限延長を漸進的に実施していくことが必要であると結論づけている[26]。

　こうした傾向は、1960年代に入るとさらなる高まりをみせることとなる。

表2-2　1958年当時の各国における義務教育年限

年限	国　名
12年	米国の1州（オハイオ）
11年	米国の3州
10年	米国の4州、英国、オーストラリアの1州、ソ連の都市部
9年	米国の33州、日本、オーストラリアの2州、セイロン、イスラエル、チェコ、スイス、西ドイツの一部、北アイルランド、南アフリカ
8年	米国の7州、オーストラリアのその他の各州、ニュージーランド、イタリア、スイスの一部、フランス、ベルギー、オランダ、西ドイツの一部、東ドイツ、オーストリア、ハンガリー、ポーランド、フィンランド、ルクセンブルグ、アイスランド、カナダ、キューバ、ホンジュラス
7年	ノルウェー、スウェーデン、デンマーク、ソ連の農村部、ルーマニア、南スロバキア、タイ、アルゼンチン、ウルグアイ、ヨルダン
6年	中華民国(台湾)、インドネシア、イラン、エジプト、スペイン、ボリビア、コスタリカ、エクアドル、メキシコ、エルサルバドル、ベネズエラ
5年	インド、ミャンマー、ポルトガル、ペルー
4年	フィリピン、コロンビア、ブラジル、ハイチ

出典）林本「我国義務教育期限応否延長」『臺湾教育輔導月刊』第8巻第2期(1958年2月)、3-4頁に基づき著者作成。

1962年2月14日から17日まで、台北市の国立芸術館において、第4次全国教育会議が開催された。この全国的な臨時的教育会議の第3次会議が重慶で開催されたのは1939年のことであったから、実に23年ぶりの開催であり、国民政府が台湾に移ってからは初めての開催であった。総勢300名以上にのぼる会議の参加者は、国公私立大学の学長および専科学校の院長、教育部直属機関の長、省教育行政機関の長、関連機関の首長または代表、教育専門家、教育部の官僚等、いずれも教育政策の決定と実施に影響力と責任を有する人々であり、まさに「国を挙げて」という言葉が相応しい規模で執り行われたのである。

　この会議においても、義務教育の年限延長問題は、中心的話題の一つとなり、国立台湾師範大学教育学系と中国教育学会がこの問題に関する提案をおこなった。

　国立台湾師範大学教育学系による提案は、長期的義務教育発展計画を定め、それを段階的に実施することによって、国民の教育水準を高めるべきであるというものであったが、それは次のような理由づけを施されていた。

「義務教育の延長は国家進歩の象徴であり、世界の主要な国家の義務教育年限は、均しく6年を超えている。例えば、西ドイツ、イタリア、およびソ連は8年、日本と西ドイツの一部は9年、英国とフランスは10年、米国の場合は、州によって差があるが、8年が7州、9年が4州、10年が33州、11年が3州、12年が1州となっている。現在、わが国の学齢児童の就学率はすでに95％を超えているが、ユネスコの定める原則によれば、学齢児童の就学率が75％を超える地域は、義務教育の年限延長を考慮すべきであるとされている。もし、わが国が義務教育年限の延長を行ったならば、経済建設にとって有益であるばかりでなく、現在の国民学校が抱えている悪性補習という不正常な現象をも解消することができるのであり、一挙両得であるといえよう。」[27]

また、中国教育学会は、速やかに義務教育の年限延長計画を策定し、それを段階的に実施していくことで、社会の需要に対応し、健全な国民を訓練し、建国の力を増強すべきことを政府に要請し、その理由を次のように説明した。

「国際的な観点からいえば、第二次大戦後、アジア・アフリカの新興国家および鉄のカーテン内の諸国をのぞけば、英米仏および西ドイツ、日本等の国家は、社会生活の複雑化、工業および商業の進歩、民主主義および民族主義の思潮の高まりなどによって、義務教育の年限延長を行っているのであり、短いものでは8年、長いものでは12年となっている。また、すでに就業している青少年に対しても、18歳になるまでは義務的な補習教育が行われている。日本は、第二次世界大戦に敗れた後、荒廃したものの、経済を復興し、国力を増強するために、占領軍元帥マッカーサーの支持のもと、諸般の困難を克服して、長年にわたり実施されてきた6年間の義務教育を決然たる態度で9年間に延長したのである。この戦後の学制改革は、小学校を6年制とし、中学校を3年制とするものであったが、開始当初は多くの国民の反対にさらされた。しかし、政府はこれに動揺することなく毅然とした態度で改革を断行し、混乱を乗り越え制度改革を成功させたのである。現在、日本の9年制義務教育は、既に開始から10年を経て、軌道に乗っている。最近、日本の工業が迅速に復興し、経済が次第に繁栄しつつある理由は、完全に9年制義務教育に帰せられるといえるだろう。」[28]

この二つの提案は、ほぼ同様のことを主張しており、理由づけの論理もほ

ぼ同じである。つまり、国家の経済成長を教育の「目的」とし、そのために必要な義務教育の年限延長を、他国、とりわけ先進国の事例を引いて正当化するという論理である。このような論理は、前述した当時の発展理論と重なるものであるが、重要なのは、このような意見が、第4次全国教育会議のような場において、当時の台湾で最大の教育系学会であった中国教育学会と最大の教育系大学であった国立台湾師範大学から揃って提起されたという事実である。これらの言説は九年国民教育の理論的裏づけとなるものであったが、それらはまた、強い外来的影響を受けていた。

(3) 国際情勢の影響

　九年国民教育政策の決定において、二つの国際情勢が大きな影響を与えていたことが、当時の関係者によって指摘されている。第三次中東戦争と中国の「文化大革命」である。

　1960年代、アラブ地域では、ソ連を後ろ盾としエジプトを盟主とする革新陣営（他にシリア・イラク等）と欧米を後ろ盾としサウジアラビアを盟主とする保守陣営（他にヨルダン・イラン等）が互いに対立していたが、1967年、エジプトによるアカバ湾封鎖を受けてイスラエルが突如アラブ諸国に侵攻を開始し、6月5日から10日までのわずか6日間で、シナイ半島〔エジプト〕・ヨルダン川西岸・ガザ〔パレスティナ〕・ゴラン高原〔シリア〕を占領するという大勝利を収めた。これが第三次中東戦争、いわゆる六日間戦争である。

　六日間戦争におけるイスラエルの勝利は、当時同国と強い繋がりを持っていた台湾の政策決定者層、とりわけ絶対的な権力を掌握していた総統の蔣介石に強い衝撃を与えた。

　九年国民教育政策の実施当時、屏東県教育局長の職にあった許水徳は、九年国民教育政策を回顧する座談会において「潘庁長〔当時の台湾省教育庁長・潘振球を指す〕が国家安全会議において九年国民教育の実施を建議したのは、主としてイスラエルが寡をもって衆にあたる形でアラブ諸国を打ち負かしたことと、日本の吉田茂首相が戦後、困難な経済状況にもかかわらず、決然と九年義務教育を実施したことに啓発されてのことであった」[29]と指摘している。

また、劉真も回顧録のなかで、「当時、中東におけるイスラエルとアラブ諸国の戦いで、イスラエルが『六日間戦争』に勝利することができたのは、その国民一般の教育水準が、アラブ諸国よりもはるかに高かったことが、重要な要素の一つとして挙げられるだろう。この戦争の実例は、蔣介石に国民教育を延長する決心を固めさせた」[30]と述べている。

　九年国民教育政策の決定において強いイニシアティブを発揮した蔣介石が、六日間戦争におけるイスラエルの勝利を高く評価し、その原因を同国の教育水準の高さに求めていたことは、彼が1968年に欧米教育事情の視察に赴いた劉真に、イスラエルに短期間滞在して同国の教育施設と科学技術教育の状況に対する理解を深めてくるよう特命したという事実によって裏書されよう[31]。

　以上のように、第三次中東戦争におけるイスラエルの勝利は、台湾の教育政策決定者層をして義務教育年限延長の必要性を強く意識させたといえるが、国際情勢の変化として、もう一つ看過し得ないのは、当時中国大陸を席巻していた「文化大革命」の余波である。

　潘振球の回想によれば、九年国民教育政策に先立って制定され、その下敷きともなった「国民学校畢業生志願就学方案」の検討段階において、すでに「文化大革命」の影響が一種の危機感とともに意識されていたという。潘振球によれば、同方案の制定の背景には、悪性補習、青少年犯罪の増加、マンパワー資質向上の必要性といった理由のほか、「大陸の共産党が『文化大革命』を発動し、中華文化をほしいままに破壊していたことに対して、政府〔台湾の中華民国政府を指す〕が中華文化の復興を積極的に提唱した」[32]という文脈があったことを指摘している。こうした危機感は当然、九年国民教育政策の決定と実施の際にも引き継がれていたものとみて間違いなかろう。「文化大革命」がもたらした危機感は、教育を通じて愛国心を発揚し、国民の団結を強化することの必要性を台湾の指導者層に意識させた。このことはまさに、九年国民教育の実施後、蔣介石が国民中学の開学式典に寄せた初の訓示のなかで、かなりの部分を割いて「文化大革命」による中国の教育の荒廃を批判し、翻って台湾において三民主義の教育を強化することを説いていることによっ

ても理解されるであろう[33]。後述するように、九年国民教育の新しいカリキュラムにおいて公民教育・道徳教育が重視された背景には、こうした危機感が存在していたのである。

　以上、本節では、1968年の教育改革の背景をなす内在的・外来的要因を検討してきたが、そこにはこの時代ならではの部分と今日に通底する部分とが同時に見出される。例えば、第三次中東戦争、「文化大革命」、近代化理論は、時代の空気を感じさせるものだが、悪性補習〔およびその原因としての進学主義〕、国家発展という目的に従属的な教育のあり方、「教育先進国」の経験への過度の依存といった教育の特徴は、時代の変化を越えて今日に通底している。第4章で詳述するように、戒厳令解除を契機として動き始めた教育改革は、1994年には不可逆の潮流となり、今日に至っている。その方向性は脱権威主義というべきものであり、権威主義的教育システムが完成をみた1968年の教育改革とは、まさに相反をなすものだが、上に挙げた三つの点は、台湾教育の本質的特徴として、ベクトルの異なる二つの教育改革を越えて存在し続けているのである。

第2節　九年国民教育政策の立法・実施過程

1 立法過程

　本章の冒頭に挙げた1967年6月27日の蔣介石の訓示は、漸進路線に傾いていた流れを一転させ、九年制義務教育の実現に向かう時計の針を一気に早めた。訓示の後、蔣介石は、中央・地方の教育行政の責任者と相次いで会見し、行うべき改革のビジョンを示したが、その後の立法・実施過程について、以下に見ていくこととしたい。

　1967年7月6日、この改革の計画・準備の責任を負う専門組織として、行政院に陳雪屏政務委員を召集人とする九年義務教育専案小組〔以下、専案小組と略す〕が成立し、ここに九年制義務教育の計画・準備作業が始動すること

となった。

同7月8日、閻振興教育部長は、国民教育司[34]に専案小組の審議に提出する実施綱要草案の作成を指示し、また衆知を集めて有益な意見を広く吸収するために、鄧傳楷次長を責任者とする教育部実施九年義務教育策画小組〔以下、策画小組と略す〕を成立させた。この指示を受けた国民教育司は早速草案の作成に着手し、2日後の7月10日には「九年義務教育実施綱領草案」を策画小組に提出した。「九年義務教育実施綱領草案」は、策画小組による検討と教育部長による査定を経て、「学区画分要点草案」等とあわせて専門小組に送られた〔7月26日〕。専門小組は7月29日の第2回会議で、「九年義務教育実施綱領草案」を「九年国民教育実施綱要草案」と改めた上で通過した。

8月3日、行政院第1030回会議が「九年国民教育実施綱要草案」を通過〔8月15日公布〕、ここに九年国民教育の制度建立と法規制定の根拠が成立した[35]。

8月17日、蔣介石が(56)臺統(一)義字第5040号令によって、九年国民教育の実施を正式に発令した。

> 「国民の智能を高め、戡乱建国の力量を強化するため、動員戡乱時期臨時条款第四項の規定に依拠し、動員戡乱時期国家安全会議による決定を経て、国民教育の年限を9年とし、57年度〔1968年度〕より、まず台湾および金門地区において実施する。国民教育の実施に関係する事柄について、法律を制定する必要のあるものは、特別法を制定して適用に資し、上項の決定にしたがって迅速に処理することを望む。」[36]

かくして九年国民教育は明確な法的裏づけをもって実施されることが決定されたが、翌1968年1月27日には「九年国民教育実施綱要」を具体化する特別法としての「九年国民教育実施条例」が公布され、ここに九年国民教育実施の立法過程が完成した。

九年国民教育実施条例

第1条　国民の教育水準を高め、国家建設の需要に適応するために、九年国民教育を実施し、特に本条例を制定する。本条例が規定していないものについては、その他の関連する法律の規定を適用する。

第 2 条　国民教育は二つの段階に分かれ、前の6年を国民小学とし、後の3年を国民中学とする。

第 3 条　国民中学は、それを主管する地方の教育行政機関が行政区画、人口、交通および国民小学の分布の状況に応じて学区に分けて設置し、その学区の国民小学の卒業生を収容するものとする。

第 4 条　教育行政機関は、国民小学の卒業生を卒業のその年に、当該学区の国民中学に配分し入学させる。本条例施行前に国民学校を卒業し、15歳未満で就学を希望する者には、補習入学あるいは技芸的な補習教育を提供する。

第 5 条　私立の初級中学は、国民中学課程標準に依拠して、運営するものとする。私立の初級中学で運営の成績が良好で、所在する地区の需要に適合しているものは、指定によって代用国民中学となることができる。

第 6 条　国民中学の学生は学費の納入を免除される。その他の法令が規定する費用についても、家庭の暮らし向きが苦しい学生はこれを免除される。また、奨学金を設け、優秀な学生を奨励する。

第 7 条　地方の教育行政機構はその組織を強化し、国民教育推進委員会を設置しなければならない。

第 8 条　国民教育の課程は九年一貫制を採るものとし、民族精神の教育と生活教育を中心としなければならない。国民中学は国民小学の基礎を受け継ぐとともに、就職と進学の需要を同時に満たすものでなければならない。文化的陶冶に関する基本科目のほか、職業科目と技芸の訓練を強化しなければならない。

第 9 条　国民教育の教師を養成し、その資質を高めるために、教師の備蓄と研修の制度を確立しなければならない。

第10条　国民小学はもとの国民学校の基礎に基づき、教育を促進し、児童の身心の均衡的な発展を重視しなければならない。各種の施設は規定の基準に適合したものでなければならない。身体的能力に欠陥がある児童、知能の不足した児童および天才的な能力を持つ児

童については、特殊教育あるいは適当な就学機会を提供しなければならない。

第11条 九年国民教育の実施にあたって必要な経費は、省(市)政府が省(市)、県(市)の地方税収のなかから、税法および財政収支配分法の定める範囲内において財源を調達するものとし、行政院に報告して、その決定にしたがって実施する。財政収支分配法第18条の但し書きによる制限を受けない。

第12条 私人あるいは団体で九年国民教育の運営に寄付を行うものは、捐資興学褒奨条例〔学校設置に対する寄付の奨励に関する条例〕の規定に依拠し、可能なかぎり奨励されるものとする。

第13条 九年国民教育の実施にあたって必要な学校建設のための土地は、以下の条項にしたがって、これを拡充する：
1. 土地の分配
2. その他の機関が使用する公有地の回収
3. 都市計画で公共施設のために保留されていた土地は、必要に応じて学校用地に変更することができる。
4. 寄付された土地
5. 法律に依拠して徴収された私有地

第14条 本条例の施行細則は、教育部がこれを定める。
第15条 本条例の施行地域は、行政院の命令によりこれを定める。
第16条 本条例は公布日より施行される。

出典）方炎明編著、前掲書、510-512頁。

2 実施過程

「九年国民教育実施条例」の制定によって、九年国民教育は、法的裏づけをもって実施過程に移されることとなった。「九年国民教育実施綱要」および「九年国民教育実施条例」によって示された改革の全体像は、単なる義務教育年限の延長に止まらない、大規模かつ多方面におよぶものであり、その

実施過程もまた複雑なものとならざるを得なかった。1967年6月27日の蔣介石の訓示から約1年2ヶ月後の1968年9月9日には、台中市で「全省国民中学開学式典」が挙行されることとなったが、この限られた時間のなかで、いかにしてこのような大規模な改革が実施されたのか、以下、(1)経費の調達、(2)学区の区分、(3)校地の確保、(4)教員養成の四点について、見てみることとしたい。

(1) 経費の調達

　九年国民教育の実施に必要な経費に関しては、「九年国民教育実施綱要」を通過した行政院第1030回会議〔1967年8月3日〕で採択された「延長国民教育有関経費事項会商結論報告」がガイドラインとなった[37]。3ヵ年計画〔1968-70年度〕で策定された九年国民教育実施の経費については、当初、台湾省と台北市を合わせて約31億7,000億元が試算されていたが、「36億元を調達目標とすべし」という蔣介石の指示によって、上方修正がなされ、差額分は臨時的な支出に備える予備金にまわされることとなった[38]。36億元のうち、台湾省の調達分が28億5,550万元、台北市の調達分が7億4,450万元とされ、支出費目には、人件費・建築設備費・土地購入費・私立学校補助金・行政経費・予備金が含まれていた。

　経費の調達に関しては、「九年国民教育実施綱要」の定めるところにより、省〔台湾省〕・市〔台北市〕レベルないし県市レベルで調達することが原則とされ、中央からの援助は、その不足分を補うものとされた。経費の源泉としては、教育税・租税・高級中学および高級職業学校の学費増加分・中美〔米〕基金による校舎建設に関わる寄付金〔台湾省が約5億9,900万元、台北市が8,691万元とされた〕等をもって充てるとされた。

(2) 学区の区分

　各地における国民教育の平均的発展を促進し、学生の通学上の便宜を図ることによって就学率を高め、「学校によってコミュニティの発展を促進する」という理想を実現するため、国民中学の設置にあたっては学区制が採用された[39]。

学区分けを行う上で拠りどころとなったのは、「国民中学画分学区原則」と「輔導私立初級中学原則」であった[40]。前者は、学区を区分して国民中学を設置する上での原則を示すもので、後者は、かつての私立初級中学の取り扱いに関する原則をまとめたものである。前者によって、国民中学の学区は、かつての国民学校の学区を基礎とし、一つないしはいくつかの学区を合わせて、国民中学の学区とすべきこと、「一郷鎮設置一国民中学学区」〔一つの町村に、一つの国民中学の学区を置く〕が定められた。他方、後者によっては、国民中学の数が不足している場合、私立初級中学を代用国民中学に指定できること、存続を希望しない私立初級中学については、その資産を政府に寄付し、処理を依頼することができることが定められた。さらに、より詳細な実施の規則については、各地方教育行政当局の決定に委ねられた。学区分けと国民中学の新設は3年計画で進められ、開始初年度の1968年には、458校の国民中学が設置された。

(3) 校地の確保と校舎の建設

上述の原則によって区分された学区数に見合うだけの国民中学を確保するためには、かつて初級中学を国民中学に改めたり、私立の初級中学を代用国民中学に指定したりするほか、多数の国民中学を新設する必要があり、そのための校地の確保と校舎の建設が実施過程における重要な工程の一つとなった。

校地の確保については、「九年国民教育実施条例」の第13条に規定されているように、(1)公用地の利用、(2)その他の機関が使用する公用地の回収、(3)かつての都市計画の公共施設保留地の転用、(4)寄付、(5)法律に依拠して徴収した私有地をもって充てることとされた。このうち、民間からの私有地の寄付は、各地における校地確保を大いに助けた。例えば、屏東県においては、董正成、陳羅漢、林啓東等からの積極的な土地の寄付があった結果、13校の新設国民中学の校地45.2454ヘクタール中、私有地の買い上げは10.2092ヘクタールのみにとどまったという[41]。同県の「正成国民中学」と「萬巒国民中学」の2校は、民間からの土地と資金の寄付により創立されたものであった。

また、校舎の建設に関しては、各地方当局が調達した資金のほか、上述の中美基金による資金援助が使用された[42]。

(4) 教員養成

経費、土地、校舎とならび、九年国民教育の実施にあたり大きな課題となったのが、国民中学の教師の確保であった。国民中学の学生数・クラス数・学生数の急増に適合するため、1968-70年度の3年間で約2万人余りの教師を確保する必要があるとされたが、当時、国立台湾師範大学の卒業生は年間約1,000人余りであり、実際の需要とは大きな開きがあった。

そこで教育部は、公立の大学および独立学院の各学科に、教育選修科目〔教職課程〕を増設し、その課程を修了したものに教員資格を与える措置を採ったほか[43]、1968年4月3日には、「九年国民教育実施条例」第9条に依拠して「国民中学教師儲備及職前訓練辦法」を公布することによって、検定試験と短期の職前講習を中心とする教員の速成方法をも模索することとなった。これらの教員養成システムの改変により、1968-70年度の3年間で、1万7,191人の国民中学の教師が確保された[44]。

以上のような立法・実施プロセスを経て、1968年9月9日には国民中学の開学式典が全国で一斉に挙行され、ここに九年国民教育が成立したのであった。

第3節　教科書制度改革と「統編制」の成立

九年国民教育政策が戦後の台湾教育の第二の出発点というべき重要性を持っているのは、この教育改革を契機として、権威主義の教育システムが一気に完成に向かったためである。その意味で重要であったのは、義務教育年限の実質的な3年延長と並行して教科書制度の改変がなされ、国民教育段階の全教科の教科書が「統編本」〔国定教科書〕に移行したことである。教科書の「統編制」〔国定制〕は、すでに成立していたナショナル・カリキュラム〔『課程標準』〕および「聯考」〔高校・大学の統一入試制度〕と結合することで、教育シス

テムの高度の一元性・集権性を制度面から補完する「三位一体」を形作ることとなった。国民が教育を通じて内面化すべき知識を正統化する手立てが、政府によって独占的に掌握されることになったのである。

1990年代から今日に至る脱権威主義の教育改革は、こうした教育の構造にメスを入れるものであった。教科書制度と入試制度の「多元化」が改革の眼目の一つとなったのである。多元化の制度改革によって、「聯考」が多元的入試制度に、「統編制」が「審定制」〔検定制〕に取って代わられることとなり、『課程標準』――「統編本」教科書――「聯考」という制度の「三位一体」は、21世紀の始まりとともに過去のものとなった。しかし、数十年にわたり教育を特徴づけてきた高度の一元性・集権性は容易に転換しうるものではなく、今もって根本的な解決には至っていない。他国との比較でいえば、台湾の教育は、依然として高い一元性・集権性を保ち続けている。

本節では、権威主義的教育システムの象徴でもあった「統編制」がいかにして成立し、いかなる形態を持っていたのかを明らかにするとともに、脱権威主義の教育改革のなかで、それが厳しい批判にさらされ、「審定制」に道を譲っていく過程についても、あわせて言及しておきたい。

1 九年国民教育政策以前の教科書制度

第二次世界大戦の終結にともない、台湾は「中国」の統治に回帰することとなったが、50年におよぶ日本の植民地統治によってもたらされた「中国」との乖離によって、当初、大陸地区と同じ制度を適用することが困難な状況にあった。国府は台湾の接収にあたり、台湾省行政長官公署という特殊機関を設置し、大陸地区とは異なる制度によって、施政を進めていった。教科書制度も例外ではなく、戦後過渡期の台湾では、大陸の制度〔政府が編纂し民間が印刷する「公編私印」の制度が採られていた〕とは異なる制度が適用されたのである。

表2-3は、台湾の初等教育〔国民学校〕教科書制度が、特殊制度から中央政府〔教育部とその下部機関としての国立編訳館〕の直接的管理下に移るまでの変

第2章　九年国民教育政策と国定教科書制度の成立　95

表2-3　戦後過渡期における国民学校の教科書制度の変遷

1945年9月22日	台湾省行政長官公署教育処〔後の台湾省政府教育庁〕が「台湾省中小学教材編印計画」を制定、教材の編纂・印刷の拠り所とする。
1945年11月10日	「台湾省中等、国民学校教材編輯委員会」が成立。任務は、以下の6点。 ① 台湾省の中等学校および国民学校の教材の編集に関すること ② 台湾省の中等学校および国民学校の教科用図書の編集に関すること ③ 台湾省の中等学校および国民学校の教員および学生の参考用図書の編集に関すること ④ 外部専門家への教材の編集の委託に関すること ⑤ 印刷技術面での具体的問題（紙の種類、版型、字体）の規定に関すること ⑥ その他、中等学校および国民学校の教材編集に関すること
1946年8月	「台湾省中等、国民学校教材編輯委員会」が「台湾省編訳館」に拡充、台湾省行政長官公署が「台湾省編訳館組織規程」を制定。その役割は、行政長官公署の命令に基づき、①台湾省の各学種の教科用および参考用図書、②台湾省の社会教育および一般向け図書、③台湾省の各学種で使用する器具およびその他の教育用品を審査することであった。
1947年7月11日	「台湾省編訳館」が「台湾省教育庁編集審査委員会」に改組、あわせて台湾書店が設立され、両者が教科書の編纂と印刷の責任を共同で負うこととなる。〔1948年、中国大陸では、『小学課程標準』が改訂され、これによって40冊の国定教科書が編纂されたが、台湾省教育庁編集審査委員会は、教育部の委託を受け、これらの国定教科書を台湾の実情に合わせて改編する作業を行った。〕
1953年	台湾の小学校教科書の編集が国立編訳館に復帰。「国語」、「算術」、「社会」、「自然」などの教科書の編纂・印刷の責任を負うこととなったが、「工作」、「労作」〔労働作業〕、「美術」、「音楽」などの教科については、引き続き台湾省教育庁編集審査委員会が編纂・印刷を行うものとされた。

出典）国立編訳館中小学教科用書編輯研究小組編『中小学教科用書編輯制度研究』台北市：正中、38-42頁に基づき著者作成。

遷を表したものだが、戦後過渡期において台湾の教科書制度が二転三転を繰り返していた様子が見て取れよう。国府が中国大陸での支配を喪失し、台湾に撤退した後、1953年に「国語」、「算術」、「社会」、「自然」の四教科の教科書が国定制に移行したが、こうした変化は、「統編本」に批判的な立場からは、次のように認識されるものであった。

「国民党が〔大陸での内戦に〕敗れ、台湾に退くと、レベルの異なる政府間での権力の重複によって権力の再分配という問題が引き起こされた。こうした状況は教科書制度にも表れ、民国42年〔1953年〕には、国立編訳館が本来〔台湾〕省政府の掌中にあった小学校教科書の編集権を自らの掌中に『奪権』したのである。」[45]

また、この時に「国語」や「社会」といった教科から国定制に移行したこと

については、「イデオロギー・コントロールに関する科目から先行的に収容・改編していった」[46]ものとみなされている。

国府が九年国民政策に踏み出した1967年当時の初等教育と前期中等教育の教科書制度は、国定制と検定制が並存するものであった。国民学校の段階では、「国語」、「算術」、「社会」、「自然」の教科書は国立編訳館が、「工作」、「労作」、「美術」、「音楽」の教科書は台湾省政府教育庁が、それぞれ統一的に編纂し、印刷発行を行う体制にあった。一方、前期中等教育である初級中学の段階では、「国文」、「公民」、「歴史」、「地理」の四教科を国立編訳館が統一的に編纂・印刷し、その他の教科書については、検定制〔民間出版社が編纂した教科書を国立編訳館が検定する〕が採られていたのである。

2 「革新教育注意事項」と国民教育教科書の全面国定化

九年国民教育の開始を控えた1968年2月に蒋介石が厳家淦行政院長と閻振興教育部長に向けて発した「革新教育注意事項」という指示は、戦後台湾の教科書制度の変遷において、分水嶺的な意味を持つものであった。このなかで、蒋介石は教科書の編纂・印刷について次のように述べている。この指示によって、国民教育段階の教科書制度は、「統編共印」〔統一的に編纂し、共同で印刷する〕に移行することとなった。「統編制」と「審定制」が並存する状態から「統編制」への一元化が図られたのである。

> 「今日、わが国の各級学校は、小学校であれ、初級中学であれ、高級中学であれ、その課程、教法、教材が倫理、民主、科学の精神に基づいて、再度整理され、統一的に編纂・印刷されることを望む。現在、高級中学の物理、数学等の科目〔の教科書〕は、8種類の多くに及び、英文では9種類、初級中学の理化では24種類、英文では14種類、その他の教科書もおよそ同じような状況にある。こうした不統一、重複という現象は、もし徹底した改正を加えなければ、学生の悪性補習の負荷となり、次代の国民の心身も、思いやられるのである。」[47]

第2章　九年国民教育政策と国定教科書制度の成立　97

表2-4　「統編制」による教科書編纂の作業の流れ

1	企画 準備	資料と各方面の意見を収集する	→ 編集審査委員会の組織	→ 編者および校訂者の招聘	
2	計画 執筆編集	編集の原則を検討する会議の開催	→ 編者による編集計画と教材綱要の提出	→ 編集計画と教材綱要を会議にかけ、検討と修正を加える	→ 編者は初稿を提出、校訂者に校正を依頼する
3	審査 修正	初稿を会議で審査するとともに、外部の専門家を招いての審査を行う	→ 編者は初稿を修正後、修正稿を提出する	→ 修正稿を会議にかけ、再審査ならびに再修正を加える	
4	図表と挿絵の作成	図表と挿絵の作成	→ 図表・挿絵を会議にかけ、審査する	→ 図表・挿絵の修正	
5	整理 製版	修正稿と図表・挿絵を全体的に整理・修正し、並べ替える	→ 判型の設計	→ 植字にまわす	
6	校正 印刷	校正刷りを編者と校訂者に送り、両者が校正を行う	→ 校正の意見をまとめ、印刷に送る原稿を作成	→ 印刷にまわす	
7	試用 再修訂	一部の学校で先行的に試用する	→ 各学校の意見に基づき、試用本を修訂する	→ 正式本を全面的に供給	

出典）国立編訳館中小学教科用書編輯研究小組編著、前掲『中小学教科用書編輯制度研究』、60頁に基づき著者作成。

表2-4は「統編制」による教科書編纂作業の流れを示すものだが、その要点は、義務教育段階のすべて教科書の編纂・審査を、国家機関である国立編訳館が独占的に掌握していることにある。〔ただし、印刷・製本については、教科書の種類の多さによって、政府と民間の出版社が共同で行うこととされた。〕

この制度は、一定の品質が保障された教科書を全国に隔たりなく供給するという点で、家庭間の経済力の格差や地域間格差に由来する不平等を是正するという利点を持っていた。それはまた、その後の中等教育の順調な量的拡大の支える条件でもあったが、その一方で、「統編本」教科書に記された内容だけが「正統」な知識になるという構造を生み出すものでもあった。なぜなら、それらの知識は、個人の社会的上昇の成否を決定づける統一的な入試

制度と結びついているからである。

国民教育教科書の「統編制」は、1989年に国民中学の芸能学科〔「美術」、「音楽」等を指す〕の教科書が再度「審定制」〔検定制〕に移行するまで、その形態を完全なままに保ち続けた。民主化後の1990年代の教育改革は、教科書制度の改革を眼目の一つとするもので、国民教育段階の教科書制度は、1990年代を通じて、段階的に「審定制」に移行していった。しかし、2001年に国民小学および国民中学の『課程標準』に替わる『国民中小学九年一貫課程暫行綱要』が施行され、国民教育のすべての教科書が「審定本」〔検定教科書〕に移行するまで、国民中学段階の芸能学科以外の教科では、依然として「統編本」が使い続けられたのである。国民小学段階では、1996年から全面的な「審定制」への移行が開始されていた。1990年代の教育改革については第4章で詳しく述べるが、ここでは教科書制度改革について、若干言及しておきたい。

3 「統編制」への批判の高まりと教科書制度改革

九年国民教育の開始以来、長期にわたって台湾の教育を特徴づけてきた「統編制」は、1980年代後半に民主化・自由化が始動したことで、深刻な批判にさらされることとなった。批判の焦点は、一元的・集権的なシステムとしての「統編制」が教育のイデオロギー化を助長するというものであった。例えば、石計生らの研究は、「統編制」の問題を次のように総括しているが、ここには「統編制」批判の要点が集約されている。

> 「1968年以前は、一部の小学校の教科書は省教育庁が責任を負い、一部(国文・公民・歴史・地理の四教科以外)の中学校の教科書は、民間の出版社が編纂していた(ただし、検定を要する)が、ここに至って、すべて国立編訳館によって『接収』されてしまった。民間団体、地方政府の教科書に対する権力は完全に剥奪され、『中央集権』『政府集権』の状況となった。教科書は政治的メガホンとなり、徹底的に自主性を喪失した。」[48]

1987年に戒厳令が解除され、「統編制」に対する批判が一層表面化すると、

翌年2月の第6次全国教育会議で、国民教育段階の教科書を段階的に「審定制」に開放すべきことが提案された。これを受けて、1989年度から国民中学の芸能学科の教科書が「審定制」に開放されたわけだが、この決定は、その後の教科書制度改革の先がけとなるものであった。

巻末の参考資料1は、教科書開放の流れを整理したものである。基調は「統編制」から「審定制」への移行であり、1989年に国民中学の芸能学科の教科書が「審定制」に移行したのを皮切りに、1991年には小学校の芸能学科の教科書が、1996年度からは93年改定の『国民小学課程標準』に依拠して、国民小学段階のすべての教科書が「審定制」に移行、2001年の九年一貫の新カリキュラムの適用をまって、すべての移行プロセスが完了した。

結局、国民教育段階における教科書制度の多元化、即ち、「統編制」から「審定制」への完全な移行は、10年余りの時間を要したことになる。それは、1968年の教科書制度改革の逆コースを行くものだが、対照をなす改革と比較するとき、二つの点が留意されよう。

第一に、1990年代の多元化の教科書制度改革は、カリキュラムおよび入試制度の改革と並行するものであったという点である。改革は、高校の統一入試から「遠い」教科、即ち、国民中学の芸能学科から始まり、次いで国民小学全教科の教科書が段階的に「審定制」に移行していったが、国民中学の「国文」、「公民と道徳」、「歴史」、「地理」等の教科では、最後まで「統編本」が使用され続けた。言い換えれば、「聯考」において試験科目となり、また「国民化」という目的に強く奉仕する教科では、「統編制」から「審定制」への移行は最後まで先延ばしにされたのである。このことは、1950年代から60年代の「統編制」に至る教科書制度改革が、「国民化」と強く結びつく教科から先に「接収」していったことと対照をなしている。

第二に、「審定制」に至る移行の過程では、議会〔立法院〕、とりわけ当時野党であった民進党の立法委員と社会における民間教育改革運動が決定的な推進力となっていたということである。「統編制」への移行が政府ないし蔣介石という一人の指導者によって独断的に決定されたのに対し、「審定制」への移行は、政府と議会あるいは政府と社会の相互作用の過程として進行し

た。このことは、権威主義時代の「上意下達」の政策決定がもはや不可能になったこと、民主化・自由化時代の教育政策が政府と民間、国家と社会の相互作用のなかでしか決定されえないことを象徴するものであった。

「審定制」の教科書制度改革とほぼ時を同じくして、高級中学および大学の「聯考」が廃止され、基本学力測験〔基本学力テスト〕とその他の方法の組み合わせによる多元的な入試制度への移行が果たされた。これによって、権威主義体制下における教育システムの高度な一元性・集権性を制度的に補完してきた「三位一体」のうちの二つが過去のものとなったのである。

教科書制度および入試制度の多元化の背景にあったのは、脱権威主義というべき思想であった。権威主義的な教育システムを解体することによって、山積する教育問題に解決がもたらされるという信念である。この脱権威主義の教育改革については、第4章で詳しく論じるが、今日の状況を端的に言えば、10数年におよぶ改革が何を解決し、何を解決してこなかったのかが問われつつある。そこでは、教育改革の現状に対する不満が旧制度への回帰願望に行き着くという現象が時折見られるが、教科書制度改革にも、こうした側面が現れている。つまり、「一綱多本」〔一つの綱要と多くの教科書〕という言葉で表現される教科書の多元化によって、学生の学業負担が却って増大しているという言説が、結果的に「統編制」の復活という結論に至るのは、その典型といえるだろう。学習領域ごとに、出版社と内容の異なる複数の教科書が存在する現在の状況下では、「基本学力測験の問題は、教科書ではなく課程綱要に基づいて作成される」という教育部の公的説明にもかかわらず、学生とその父母は容易に安心感を得ることができない。自分〔の子ども〕の通う学校が採択している教科書より他社の教科書の方が基本学力測験に有利なのではないか、あるいは試験で良い成績を収めるためには、出版されているすべての教科書に目を通す必要があるのではないかという不安が、一部の人々を「統編制」が持つある種の「わかりやすさ」へと向かわせているのである。

「審定制」の教科書制度は、このほかにも様々な批判に直面している。例えば、教科書価格の上昇による家庭への経済的負担の増加、品質の低下、採択をめぐる問題等だが[49]、単なる「統編制」の復活は、時代を逆行すること

にほかならない。今日、「審定制」という制度が十分に機能せず、逆に一部の人々の不安を煽る結果となっているのは、制度自体に決定的な不備があるためではなく、抜きがたい進学主義の観念が依然として社会を覆っているためである。「審定制」から「統編制」に回帰することで、学生の学業負担を軽減することは不可能である。義務教育教科書の全面国定化の引き金として先に引用した1968年の「革新教育注意事項」のなかで、蔣介石は、「統編制」によって学生の悪性補習の負荷を軽減しうると述べ、「審定制」と「統編制」が並存する状況を改革して全面的な「統編制」を確立したわけだが、結果的に、「統編制」の導入によって学生の学業負担が軽減することはできなかったのである。したがって、今日再び「統編制」を復活させたところで、状況を改善するには至らず、教育システムの一元性・集権性を徒に再強化することにしかならないであろう。

本章の小結

　本章では、戦後台湾教育の第二の出発点となる1968年の九年国民教育政策の背景要因、立法・実施過程、および副産物としての「統編制」の教科書制度について論じてきたが、本書が1968年の教育改革に注目したのは、それが台湾の教育発展における「二面性」を決定づけるものであったためである。九年国民教育という義務教育の実質的3年延長は、他のアジア諸国に比べて順調な中等教育の量的発展をもたらした一方で、教育システムの一元化と集権化を促進し、国民化という目的に奉仕する国家のイデオロギー装置としての機能を強化した。その意味で、とりわけ重要だったのは、九年国民教育の開始にあわせて義務教育の教科書が全面的な「統編制」＝国定制に移行したことである。「統編制」の教科書制度は、すでに成立していたナショナル・カリキュラム〔『課程標準』〕および高級中学・大学の統一入試〔「聯考」〕と「三位一体」をなすことによって、教育制度の高度の一元性・集権性を制度的に補完するものであった。

　脱権威主義の方向性を持つ1990年代の教育改革の照準は、まさにこうし

た教育の構造に向けられていた。教科書制度と入試制度の改革は、いずれも改革の焦点となるものであり、多元化の制度改革によって、「統編制」と「聯考」は、すでに歴史の一頁となっている。

しかし、脱権威主義の教育改革によって、台湾教育の抱えるすべての問題が解決に導かれたわけではない。制度の「三位一体」が崩れたあとも、教育における一元性と集権性が依然として根強く存在し続けているように、権威主義体制下でもたらされた教育の特徴は、それが本質的なものであるほど、今日に至るまで強度を保ち続けているのである。台湾の教育は、抜きがたく蔓延する進学主義とその副産物としての「悪性補習」、国家発展という目標への従属、「教育先進国」の経験の無批判な受容といった問題を今なお抱えているが、これらはまさに1968年の九年国民教育政策の背景要因であった。つまり、時代も方向性も異なる二つの改革は、きわめて本質的な部分で共通の問題に直面している。1968年の教育改革には、今日の教育問題の原点というべきものが、すでに姿を現しているのである。

一方、1968年の教育改革は、カリキュラム改革という一面を持つものでもあった。国民小学および国民中学の教育および教材編纂の拠りどころとして『暫行課程標準』が定められたが、この新しいカリキュラムは、公民教育の位置づけに大きな変化をもたらすものであった。次章では、権威主義体制下における公民教育の実態について、その国家観および国民観という観点から詳細に検討してみたい。

---

1 ここで「実質的」という限定が必要なのは、1968年の段階では、法的な理由によって、義務教育ではなく国民教育という代替的名称が用いられたためである。「九年義務教育」とした場合、「国民は6年〔6歳から12歳〕の基本教育を受けねばならない」〔160条〕と規定する「中華民国憲法」の改正が必要となるためである〔当時、憲法条文の改正には、国民大会出席代表の四分の三の決議が必要とされた〕。九年義務教育を九年国民教育と改めるよう蔣介石に進言したのは、劉真〔当時、国家安全会議国家建設計画委員会文化組召集人〕であった。劉真・高玉樹講述、

林秋敏・欧素瑛記録「九年国教実施的回顧與評価口述歴史座談会紀実（一）」『近代中国』第128期〔1998年12月〕、105-106頁。

2 台湾省政府教育庁編『蔣総統実施九年国民教育之訓示及其闡述（台湾省実施九年国民教育文献第一輯）』台中県霧峰郷：台湾省教育庁、1973年、3頁。なお、この訓示は、後に何鳳嬌編『九年国民教育資料彙編』台北県新店市：国史館、2000年、33頁に再録されている。

3 教育部編『教育部実施九年国民教育籌備工作報告書』台北市：教育部、1968年、6頁。

4 林照真「九年国教草創経過」『師友』第232期（1986年10月）、11頁。

5 1964年に策定された「国民小学畢業生志願就学方案」は、準備時期〔1966-67年度〕、開始時期〔68-69年度〕、推進時期〔70-73年度〕という三段階8年間のプロセスで、9年制義務教育の完全実施を目指すものであった。同方案は、1964年に教育部が作成した18年間〔1965-82年〕をスパンとする長期教育発展計画〔「中華民国教育計画―民国53年至民国71年」〕の「中等教育長期計画」の一部をまとめたものである。「中華民国教育計画」は、1965年にバンコクで開催された「アジア文部大臣ならびに経済計画担当大臣会議」に提出するために作成された計画書で、国民教育・中等教育・職業教育・高等教育・師範教育の五つの項目からなるものであった。

6 徐南號・林玫伶「台湾推行義務教育之経験演進」『比較教育通訊』第35期〔1994年9月〕、20頁。

7 葉憲峻によれば、1941年の「台湾教育令」の第二次改定によって、台湾の初等教育においては、従来の「小学校」と「公学校」の区別がなくなり、「国民学校令」に依拠する「国民学校」に統一されたものの、課程第1号表国民学校〔主として日本人児童が通う〕、課程第2号国民学校〔主として台湾の漢人児童が通う〕、第3号国民学校〔主として先住民の児童が通う〕の区分けが依然として存在した。葉憲峻「台湾初等教育之演進」徐南號編『台湾教育史』台北市：師大書苑、1999年（増訂版1刷）、103-106頁。

8 阿部洋「台湾における9年制義務教育の実施について」『アジア経済』第10巻第10号（1969年10月）、60頁。

9 当時の悪性補習の実情については、李園會『九年国民教育政策之研究』台北市：文景、1985年、555-556頁。

10 来安民「台湾中学教育之演進」徐南號編、前掲『台湾教育史』、147-148頁。

11 本方案が制定される経緯については、胡國台訪問、郭瑋瑋記録『劉真先生訪問紀録』台北市：中央研究院近代史研究所、1993年、151-154頁の劉真の回想を参照。

12 新竹県および高雄市における免試升学実験の実施状況とその成果については、

方炎明『九年国民教育実施二十年』台北市：教育部国民教育司、1988年、27-29頁を参照。

13　阿部洋、前掲、63頁。
14　来安民、前掲、149頁。
15　沈姍姍「我国教育発展的外来影響―現代化理論與依頼理論之応用」中華民国比較教育学会、国立暨南国際大学比較教育研究所、国立台湾師範大学教育学系主編『教育改革―従伝統到後現代』台北市：師大書苑、1996年、137-160頁、および沈姍姍「自『借取』與『依頼』観点探討台湾教育発展的外来影響」沈姍姍『国際比較教育学』台北市：正中、2000年。
16　W. W. Rostow, *The Stages of Economic Growth*, London: Cambridge University Press, 1960.（W.W. ロストウ著、木村健康他訳『経済成長の諸段階』ダイヤモンド社、1961年。）ロストウの所説が、単に学術的な理論にとどまらない影響力を持っていたのは、彼が「強いアメリカ」を体現するケネディ〔J. F. Kennedy〕大統領〔1961-63〕の経済顧問として、政策決定の「キッチン」の中に身を置いた人物であったためである。
17　Frederick Harbison and Charles A. Myers, *Education Manpower and Economic Growth: Strategies of Human Resource Development*, New York: McGraw-Hill, 1964.
18　*Ibid.*, p.44.
19　1964年に行政院国際経済合作発展委員会〔現在の経済建設委員会の前身〕の下に成立した人力資源小組〔後の人力発展小組〕は、台湾におけるマンパワー開発政策の端緒とされる。台湾のマンパワー開発政策について、詳しくは鎮天錫、余煥摸、張丕継『人力政策的形成與実施』台北市：聯経、1983年を参照のこと。
20　羊憶蓉『教育與国家発展―台湾経験』台北市：桂冠、1994年、44頁。
21　徐珍「九年国民教育実施背景研究 上」『臺湾教育』第255期（1972年3月）、3-10頁。
22　教育部中央建教合作委員会編『中華民国教育計画：長期教育計画（初稿）』台北市：教育部中央建教合作委員会、1964年。
23　UNESCO, *An Asian Model of Educational Development: Perspective for 1965-80*, Paris: UNESCO, 1966. このプランは、7年間の無償義務教育という目標を、A. 1980年までに達成できないと予想される国、B. 1980年代までに達成できると予想される国、C. 1980年以前に達成できると予想される国の三つのグループにアジア諸国を分類するものであったが、台湾は、マレーシア、タイ、フィリピン、セイロンなどとともに、Cのグループに分類された。阿部洋、前掲。
24　方炎明編著、前掲、16頁。
25　林本「我国義務教育期限応否延長」『臺湾教育輔導月刊』第8巻第2期（1958年2月）、3-4頁。

26 孫邦正「関於延長義務教育年限問題」『臺湾教育輔導月刊』第8巻第2期（1958年2月）、7-8頁。
27 教育部編『第四次全国教育会議報告』台北市：教育部、1970年、57-58頁。
28 同前、59-60頁。
29 劉真・高玉樹講述、林秋敏・欧素瑛記録、前掲、102頁。同資料は、九年国民教育実施30年を記念して、中国国民党中央党史委員会、国史館、および亜太文経学術基金会の主催によって、1998年に開催された座談会の記録である。この座談会には、許水徳のほか、潘振球、劉真・国家安全会議国家建設計画委員会文化組召集人、高玉樹・台北市長、劉先雲・台北市教育局長、閻振興・教育部長等、当時文教行政の要職にあって九年国民教育の決定と実施に深く関与した人物が多数参加していた。
30 故國台訪問、郭瑋瑋記録、前掲、1993年、157頁。
31 同前、157頁。
32 林照真、前掲、10-11頁。
33 「対国民教育九年制開始実施及国民中学開学典礼訓詞」台湾省政府教育庁編、前掲『蔣総統対実施九年国民教育之訓示及其闡述』、23-26頁。
34 国民教育司は国民教育を担当する教育部のセクション。当時の司長は王亜権。
35 「九年国民教育実施綱要」の全文については、方炎明編著、前掲、509-510参照。
36 李園會、前掲、2頁。この政策が特徴的なのは、いわゆる国会に相当する立法院の決議ではなく、第3次国家安全会議の決定を経て成立に至ったという点である。国家安全会議は、1966年3月の「動員戡乱時期臨時条款」の第3次改定を経て、67年2月に設置された機構であり、動員・反乱鎮定、国防、国家建設計画綱要等に関する大方針を決定する超法規的な政策グループとして、いわば「内閣の上の内閣」というべき権力を持つものであった。国家安全会議の構成と機能について、詳しくは若林正丈、前掲『台湾―「分断国家」と民主化』、178-179頁、および徐邦男「誰が決めるのか―国民党政権の政策決定機構と人事配置」若林正丈他編、『台湾―転換期の政治と経済』田畑書店、1987年、122-127頁。
37 「延長国民教育有関経費事項会商結論報告」の全文は、台湾省政府教育庁編『九年国民教育籌備工作及其主体計画之実施（台湾省実施九年国民教育文献第5集）』台中県霧峰郷：台湾省教育庁、1973年、23-33頁を参照。
38 李園會、前掲書、28頁。
39 方炎明編著、前掲書、47頁。
40 「国民中学画分学区原則」と「輔導私立初級中学原則」の全文については、李園會、前掲書、9頁を参照。
41 許水徳「九年国教三十年感言」『近代中国』第128期（1998年12月）、92頁。

42 九年国民教育開始時の国民中学の新設とその校舎の建設について、より詳しくは、台湾省政府教育庁編『国民中学校舎工程之規画與実施（台湾省実施九年国民教育文献第6集）』台中県霧峰郷：台湾省教育庁、1972年を参照のこと。

43 1967年10月20日、教育部は「国立大学及独立学院設置教育選修科目施行辦法」を制定し、国立台湾大学、国立政治大学、省立中興大学に、「教育概論」、「心理学」、「普通教学法」、「分科教材教法」、「教学実習」等からなる教職課程〔16単位〕を設置し、その修了者に国民中学の教員資格を与えることとした。李園會、前掲書、38-39頁。

44 台湾省政府教育庁編『国民中学師質之供需籌画與辦理訓練情形（台湾省実施九年国民教育文献第7集）』台中県霧峰郷：台湾省教育庁、1973年、137-175頁。

45 石計生等『意識型態與台湾教科書』台北市：前衛、1993年、17頁。

46 同前、17頁。

47 何鳳嬌、前掲、42頁。

48 石計生等、前掲、18頁。

49 周祝瑛『誰捉弄了台湾教改？』台北市：心理、2003年、159-165頁。台湾では、義務教育の教科書は無償配布ではなく、学生の買い取りとなっているため、教科書の価格上昇は家庭経済に直接的な影響をおよぼす。採択については、市町村ないし都道府県の教育委員会レベルで採択される日本の検定教科書制度とは異なり、各学校に採択権が与えられている。このため、採択をめぐる不正が発生しやすい等の批判がなされている。

第3章　権威主義体制下における公民教育の「中国」化

　本章では、1960年代から1980年代にかけて制定・改定された国民中学のナショナル・カリキュラムのもとで、公民教育がいかなるナショナル・アイデンティティを教えてきたのか、その国家観と国民観を明らかにする。

　前章で述べたように、1968年の九年国民教育の開始によって、これまで一元的に制定されてきた中等教育のカリキュラムは、前期〔国民中学〕と後期〔高級中学〕でそれぞれ個別の『課程標準』〔カリキュラム大綱〕を持つに至った。つまり、従前の初級中学が高級中学と一体的であったのに対し、国民中学では、初等教育としての国民小学との結びつきが強調されることとなった。しかし、国民中学の『課程標準』は、その制定当初から「九年一貫の精神」を強調していたものの、国民小学と国民中学の『課程標準』の改定作業は、数十年にわたり、異なる進度で行われてきた。国民教育カリキュラムの完全な一貫化は、20世紀末に制定され、21世紀初めに実施に移された『国民中小学九年一貫課程暫行綱要』の登場を待たねばならなかったのである。

　1968年に制定された『国民中学暫行課程標準』は、1972年の改定で「暫行」の二文字が外れ『国民中学課程標準』となった。『国民中学課程標準』は、1980年代に2回〔83年、85年〕、90年代に1回〔94年〕の改定を経て、『国民中学九年一貫課程暫行課程綱要』に引き継がれた。

　『課程標準』は、各教育段階における教育の拠りどころとなるものであり、「統編本」の国定教科書の編纂は、『課程標準』に則して行われる。本章では、『国民中学暫行課程標準』〔1968年制定〕および第1次〔72年〕から第3次〔85年〕改定『国民中学課程標準』のもとで、公民教育のカリキュラムと教科書が表象するナ

ショナル・アイデンティティがいかに変わり、いかに変わらなかったのかを考察する。その前提として、まず四つの『課程標準』を比較して、その異同を明らかにし、公民教育をカリキュラムの全体性および他教科との相対的関係のなかに位置づけておきたい。

第1節　権威主義体制下における『国民中学課程標準』の改定とその特徴

　本章では、戒厳令解除以前、即ち、権威主義体制下で制定・改定された国民中学の四つの『課程標準』に準拠する『公民と道徳』教科書がいかなる国家観・国民観を教えてきたのかを検討するが、本節では、前提として各時期のカリキュラムを比較し、そこから教科書分析に必要ないくつかの示唆を汲み上げておきたい。

　『課程標準』とは、「学校における教育活動の実施準則であり、各学校種の教育目標を定めるほか、それが定める関連各学科の目標、教育科目、時間数、教材綱要と実施通則等は、すべて教材を編纂・採択し、教育を行ううえでの主要な拠りどころとなる」[1]ものである。即ち、日本の『学習指導要領』に相当するカリキュラム大綱であり、全体的目標、科目と時間数、実施通則を定める「総綱〔総則〕」と教科別の目標、授業時間、教材綱要〔教科書の章節編成と講習内容〕、実施方法〔教材の編纂・採択の要領、教育・学習の原則と要点、教具と設備、成績評価の方法等〕を定める各科課程標準〔「○○課程標準」、○○は教科名〕によって構成される。

　中等教育段階の『課程標準』の起源は、中華民国成立以前の清光緒27年〔1901年〕に制定された「壬寅学制中学堂課程」にさかのぼり、1922年に中国大陸で6-3-3-4の新しい学制が施行されてからは、およそ5-10年間隔で全面的改定・部分的修正が行われてきた。1968年制定の『国民中学暫行課程標準』からみて直近の改定は、62年の『中学課程標準』の改定であった。前述のように、中等教育段階の『課程標準』は、その時まで前期〔初級中学〕と後期〔高級中学〕の双方を含むものであったが、九年国民教育の開始によって、前期〔国民中学〕と後期〔高級中学〕のそれぞれで『課程標準』が制定されるに至った。

国民中学の『課程標準』は、1968年の『暫行課程標準』以来、70年代に1回〔72年〕、80年代に2回〔83年、85年〕、90年代に1回〔94年〕改定され、世紀の転換点に『国民中小学九年一貫課程暫行綱要』に引き継がれたが、『国民小学課程標準』と『高級中学課程標準』は、これとは異なる時間表にしたがって改定された。1968年に『暫行課程標準』が制定された前者は、75年の改定で「暫行」の二文字が外れて以降、93年に至るまで改定されることがなかった。一方で、『高級中学課程標準』は、九年国民教育の開始以降、3回〔1971年、83年、95年〕改定され、2006年度からは、2004年から05年に制定・公布された『普通高級中学課程暫行綱要』が実施されるに至った。高級中学の新しい『課程綱要』は、国民教育段階における『国民中小学九年一貫課程綱要』に呼応する新しいナショナル・カリキュラムの大綱である。つまり、台湾では、1993年から95年にかけて初等・中等教育の『課程標準』が相次いで改定されたが、その後のカリキュラム改革の結果、ここで改定された『課程標準』は、いずれの教育段階においても最後の『課程標準』となった。なお、本章における『課程標準』の参照・引用は、以下の版に拠った。

1968年制定：教育部中等教育司編『国民中学暫行課程標準』台北市：正中、1970年8月(7版)。初版発行は1968年1月。
※以下、68年『暫行課程標準』と略記する。
1972年改定：教育部中等教育司編『国民中学課程標準』台北市：正中、1979年2月(7版)。初版発行は1972年10月。
※以下、72年『課程標準』と略記する。
1983年改定：教育部国民教育司編『国民中学課程標準』台北市：正中、1983年。
※以下、83年『課程標準』と略記する。
1985年改定：教育部国民教育司編『国民中学課程標準』台北市：正中、1986年。
※以下、85年『課程標準』と略記する。

1 授業時間数の変遷にみる「公民と道徳」の位置づけ

本章で、1968年から85年に制改定された『国民中学課程標準』を一括して論じるのは、この間、「公民と道徳」という教科の位置づけに変化がなかっ

ただけでなく、内容の面でも高い一貫性を示しているためである。一方、1994年の第4次改定『国民中学課程標準』を論じるために章を改めているのは、その改定で「公民と道徳」の位置づけと内容に大きな変化が生じたためである。権威主義体制下における「公民と道徳」の「不変」について、カリキュラムの全体像と「公民と道徳」の位置づけから見ていくこととしたい。

巻末の参考資料2から5は、各時期の『国民中学課程標準』が規定する国民中学の授業科目と時間数を示すものである。この比較から明らかになるのは、高校の「聯考」〔統一入試〕に関連する教科のうち、「英語」、「数学」、「自然科学」〔85年『課程標準』では、「生物」、「理化」、「自然科学」〕の必修教科としての授業時間数が常に変動していたのに対し、国民化の過程に密接に結びつく「公民と道徳」、「国文」、「歴史」、「地理」の必修教科としての授業時間数は、四つの『課程標準』を通じて、常に一定不変であったということである。

1994年の『国民中学課程標準』の第4次改定で新設された「認識台湾〔台湾を知る〕」が大きな衝撃をもって迎えられたのは、その独特の名称と内容のためだけではない。社会・歴史・地理の三篇からなる同教科が「公民と道徳」、「歴史」、「地理」の授業時間の削減をもたらしたためである。即ち、1994年改定『課程標準』では、「認識台湾」の成立によって「公民と道徳」の授業時間数が三分の二に削減され、これまで国民中学のすべての学期で教えられていたものが、第2学年および第3学年でのみ教えられることになったのである〔但し、週あたりの時間数は変更なし〕。また、「歴史」と「地理」では、従来の10時間が8時間となり、第2学年と第3学年の四つの学期で、週2時間ずつ教えられることになった。

1968年から85年までの『国民中学課程標準』において、「公民と道徳」、「国文」、「歴史」、「地理」の必修教科としての授業時間数が常に不変であったことは、国民化の過程と不可分に結びつくこれらの教科が国民教育の課程において常に核心的位置を占めていたことを表している。一方、「英語」、「数学」、「自然科学」の必修教科としての授業時間数は、総時間数や必修科目と選択科目の配分との兼ね合いから常に流動的であった。このことは、卒業後の進路によって、これらの教科を学ぶべき程度に差があるべきだと考えられてい

第3章　権威主義体制下における公民教育の「中国」化　111

たためである。つまり、「英語」、「数学」、「自然科学」の授業時間数における変化は、台湾の学制のあり方、および普通教育と職業教育の関係のあり方に起因しているのである。

　国民中学の課程に多くの選択科目が設置され、必修科目と選択科目の妥当な配分が常に模索されてきたのは、卒業後、普通教育に進む学生と職業教育に進む学生の両方の需要を満たす必要があったためである。**図3-1**のとおり、

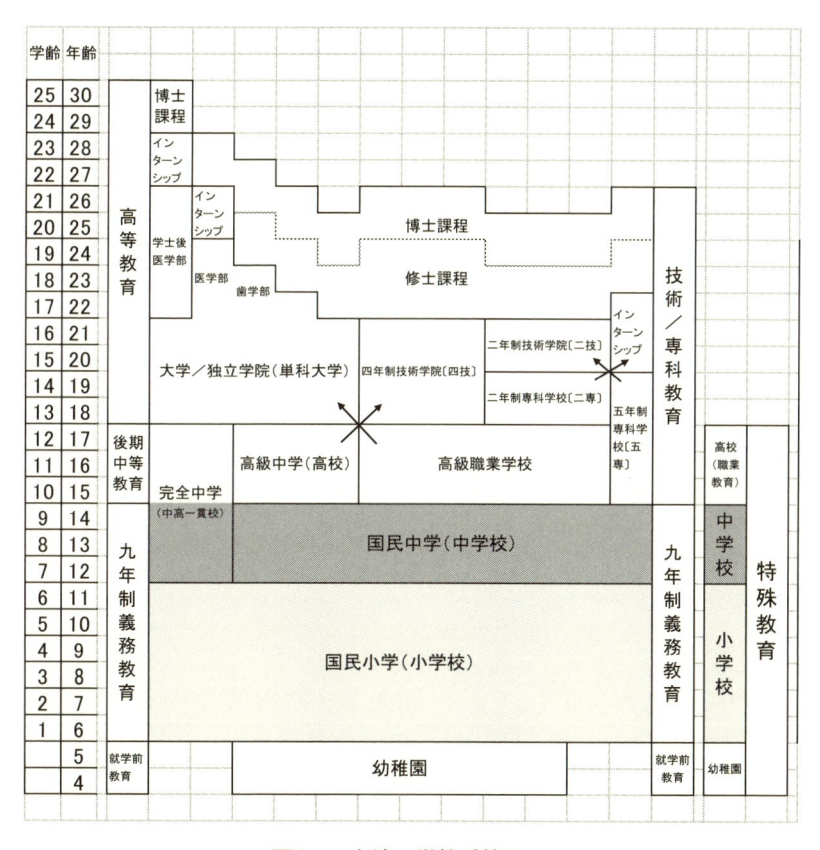

図3-1　台湾の学校系統図

出典）Tu Chetyuu heng (Minister of Education) (ed.), *2006 Education in Taiwan*, Taipei: Ministry of Education, 2006, p.14 に基づき著者作成。図中の（　）は日本語での補足、〔　〕は中国語での略称を示す。同書は、教育部のウェブサイトで全文をダウンロードすることができる。http://140.111.1.22/english/en04/2004/education_ROC_2004.pdf（アクセス日：2008年6月26日）。

台湾の学校教育制度は、前期初等教育の国民中学卒業後、普通教育〔高級中学〕と職業教育〔高級職業学校〕に分岐している。

　第2章で論じたように、戦後台湾の教育は、常に国家発展という至上の目標に従属的であった。天然資源に乏しい台湾では、教育によって人的資源を拡充する必要が常にあり、職業教育が重視されてきたのである。羊憶蓉が指摘するように、政府が策定する長期的な経済建設計画およびマンパワー発展計画では、高級中学と高級職業学校の学生数の比率について、4：6ないし3：7という数値目標が設定され、このことが台湾の教育発展のあり方に影を落としてきた[2]。1971年以降、高級職業学校の学生数は、高級中学の学生数を上回り続け、前者がピークに達した1994年には二倍以上の開きがあった〔高級職業学校の学生数52万3,982人に対し、高級中学の学生数24万5,688人〕[3]。近年、高級中学の学校数・学生数が増え続ける一方、高級職業学校の学校数・学生数が減少したため、2002年度には両者の学生数が逆転したが〔33万9,627人対38万3,509人〕、2007年度現在、33万9,497人が高級職業学校に就学している[4]。

　普通教育と職業教育という二つの要素を両立するため、台湾の国民中学の課程は、常に必修科目と選択科目の妥当な配分を模索してきた。四つの『課程標準』の比較が描き出す授業時間数の絶えざる変遷は、この模索の産物である。しかし、調整の対象となったのは、「英語」、「数学」、「自然科学」および芸能学科の諸教科であり、本書が研究対象とする「公民と道徳」は、「国文」、「歴史」、「地理」と並んで、常に削減されることなく、一定の授業時間数を確保しつづけた。ここにおいて、「国文」とは、国府が中国大陸から台湾に持ち込んだ「国家語」としての標準中国語であり、歴史は「中国」史、地理は「中国」の地理を意味している。これらの教科の授業時間が約30年にわたり削減を免れたことは、国府にとって、教育によって学生を「中国」人として社会化するという課題が国家発展に匹敵する重要性を持っていたことを示唆している。

　カリキュラム構成の比較から得られるもう一つの示唆は、各教科の配列に関連するものである。巻末の参考資料6は、1962年改定の『中学課程標準』が定める初級中学の科目と時間数を表すものである。ここでの「公民」は、

68年『暫行課程標準』以降の「公民と道徳」の前身であるが、その授業時間数は、68年『暫行課程標準』から85年『課程標準』を通じて保たれたのと同じ12時間である〔3年間6学期を通じて週2時間ずつ教えられる〕。九年国民教育の開始で公民教育の授業時間数が増減することはなかったが、教科の配列には変化が見られた。1962年の『中学課程標準』では、「国文」、「外国語(英語)」、「公民」、「歴史」、「地理」、「数学」となっていた教科の配列は、68年『暫行課程標準』に至って、「公民と道徳」を筆頭とするものに改められた。このことは、「公民と道徳」という教科が相対的に重視されていることの表れであるが、この「公民と道徳」を筆頭とする教科の配列は、85年の第3次改定まで崩れることはなかった。変化が生じたのは、94年の第4次改定であり、「公民と道徳」は「歴史」および「地理」と一緒に「社会学科」の範疇に収められた。94年の改定で、制定以来変化することがなかった「公民と道徳」、「歴史」、「地理」の授業時間数に変更が生じたということは、すでに述べたが、同様に教科の編成の面でも、第4次改定は明確な転換点となったのである。

2 各時期の『課程標準』の「目標」にみる台湾教育の本質的特徴

次に、各時期の『課程標準』が設定する国民中学の「目標」を比較し、そこに通底する特徴を抽出してみたい。

参考資料の7から10は、1962年から85年に制改定された『課程標準』が規定する国民（初級）中学の教育目標を訳出したものだが、その比較から次のようなことが読み取れる。

第一に、1968年の大規模な教育改革にもかかわらず、それ以前と以後、つまり、62年の『中学課程標準』と68年『暫行課程標準』の目標は、明らかに地続きであり、その表現と論理には高い相似性が認められる。それはまた、72年『課程標準』にも継承されており、68年と72年の『課程標準』の目標は、ほぼ完全な相似をなしている。

第二に、83年『課程標準』では、記述の形式が大きく変化し、国民中学の3年間で身につけ〔させ〕るべき能力が箇条書きで具体的に提示されるように

なった。しかし、外見上の大きな隔たりにもかかわらず83年『課程標準』は、「健全な国民の育成」を教育の第一義的目標としている点で、それ以前のものと変わりがない。つまり、言葉は変わっても、論理は一貫しているのである。この教育による国民の育成という中心思想は、既に指摘した通り、1994年の『国民中学課程標準』の第4次改定、その後の九年一貫のカリキュラム改革を越えて、今日に受け継がれている。

　1962年の『中学課程標準』には見られず、68年以降の『国民中学課程標準』で繰り返し現れるものとして「愛国」の概念がある。吉澤誠一郎の議論によれば、「中国〔語〕」における「愛国主義」とは、「『中国』という国（または、それに相当するもの）に強い帰属意識を感じ、その将来を憂え、危機にどう対処するのか」という、20世紀初頭の「中国」での議論と運動を出発点とするものである[5]。したがって、1962年当時にこの言葉がなかったわけではないが、68年に至って国民中学の教育目標に明示的な形で盛り込まれた。「愛国」の概念は、1994年の『国民中学課程標準』の第4次改定を越え、現行の『国民中小学九年一貫課程綱要』にも受け継がれている。しかし、ここで留意すべきは、今日のカリキュラムにおいて「郷土」および「国際」の概念との並列で語られる「愛国」の概念は、本来、「民族の文化」ないし「民族意識」の概念と共にあったということだ。ここでの「民族」とは、とりもなおさず中華民族を意味するものである。権威主義体制下における「愛国」の教育とは、"Learning to be Chinese"〔「中国」人になるために学ぶ〕の過程、即ち、学生を「中国」人として社会化する過程であった。そして、この「愛国」と「民族」という二つの概念の表裏一体は、「課程標準総綱」が定める課程の全体的目標のみならず、各教科、とりわけ国民化の過程と密接に関係する「公民と道徳」、「国文」、「歴史」、「地理」等の「課程標準」においても、常に目標として強調されていたのである。

　「公民と道徳課程標準」における「愛国」と「民族」については、次節で検討するが、ここでは、「公民と道徳」同様、国民化の過程で要諦をなす「国文」、「歴史」、「地理」、「音楽」、「美術」の五つの教科の「課程標準」が、その目標のなかで「愛国」と「民族」をどのように語っているのか、要点を整理してお

きたい。

3 各教科の「課程標準」にみる「愛国」と「民族」

(1)「国文」

上述のように、戦後国府が「中国」から台湾に移植した標準中国語の教育としての「国文」は、国民中学の教育課程で、最も多く授業時間を割いて教えられる教科である。国民中学3年間のすべての学期で、1週あたり6時間という時間配分は、94年改定『課程標準』で5時間に削減されたが、本章で論じる四つの『国民中学課程標準』では、週6時間という数字が保たれていた。

1968年の『国民中学暫行課程標準』の一部をなす「国民中学国文暫行課程標準」では、10の教育目標が設定されているが、その筆頭は、「学生が国文の学習を通じて、国民小学の教育を引き継ぎ、倫理の観念、民主の風土および科学の精神を養成し、愛国の思想をかき立て、中華民族の文化を発揚することができるよう指導する」[6]というもので、技術的な目標に先立って、国文教育の思想・理念が語られている。

1972年の第1次改定で「国文課程標準」の目標部分の修正は、一文字のみにとどまり、上記の表現は手つかずのまま保持された[7]。

1983年の第2次改定では、10項目の目標が5項目に整理された。しかし、その筆頭は、「学生が国文の学習を通じて、国民小学の教育を引き継ぎ、生活経験を増進し、思弁の能力を啓発し、倫理の観念を養成し、愛国の思想をかき立てるとともに、中華民族の文化を発揚できるように指導する」[8]というものであり、従来の路線を踏襲して「愛国」と「中華民族」の概念を強調している。1985年の第3次改定カリキュラムの目標も、これと完全に同一のものである[9]。

「国文」の教育目標における「愛国」と「民族」の共存は、1994年の第4次改定「国文課程標準」にも認められる。その表現は、「中華文化を体得し、民族精神を深く植えつけ、倫理、民主、科学の観念を育成し、愛郷と愛国の思想をかき立てる」[10]というものである。ここにおいて「愛国」の概念は、従来

の「国文課程標準」には見られない「愛郷」という概念と結びつけられているが、この「愛郷」という概念は、1990年代の教育改革の特徴である教育の「本土化」の産物である。〔1990年代の教育の「本土化」のなかで、「国語」教育のオールターナティブとしての母語教育が発展し、『国民中小学九年一貫課程暫行綱要』で、義務教育の課程に必修化された経緯、および言語教育とナショナル・アイデンティティの問題については、第5章で後述する。〕

(2)「歴史」

ここでいう「歴史」とは、「中国」の歴史を意味している。1968年および72年の「国民中学歴史〔暫行〕課程標準」が掲げる歴史教育の目標は完全に同一のものとなっている。そこには「愛国」という言葉が含まれていないが、ここでいう「歴史」が「中華民族の歴史」であることが強調されている。例えば、「中華民族の発展変化および歴代の境域の変遷を学生にはっきりと理解させる」、「建国以来の悠久で文化的にも燦爛たる史実から、学生に民族の伝統精神を認識させ、それによって学生が国家復興の責任を自覚するよう啓発する」[11]ことが歴史教育の目標とされているのである。これらは「愛国」の言葉を含むものではないが、その志向は多分に「愛国」的なものである。

1983年と85年の「歴史課程標準」では、上述の二点に加え、「学生が国民小学の社会で学んだ基礎に基づいて、わが国の政治、社会、経済、文化の発展をさらにはっきり理解し、それによって国家を愛し、民族を愛するという情操と団結協力の精神を増強できるようにする」[12]ことが目標となった。国家を愛する情操と民族を愛する情操が同一線上に位置づけられたのである。

しかし、1994年の第4次改定「歴史課程標準」に至り、歴史教育の目標は、次のように大幅に改められた。「愛国」と「民族」という「常套句」が両方とも姿を消したのである。このことは、即座に歴史教育の脱「愛国」、脱「民族」を意味するものではないが、ここにおいて歴史教育の目標は、より抽象性の際立つものへと変化している[13]。

参考　1994年改定「歴史課程標準」における教育目標
一．学生が歴史知識の本質を理解するよう導く。
二．学生が歴史に対して興味を持ち、主体的に学習できるように導く。
三．学生が国家創建の艱難辛苦および個人の責任をはっきりと認識するよう導く。
四．学生が広い心を持ち、世界観を備えた国民となるように育てる。

(3)「地理」

　1968年の「暫行課程標準」以来、「地理」のカリキュラムは、常に「愛国」の概念を教育目標に掲げてきた。「暫行課程標準」の段階では、第三の目標として、「広大な領土と多くの人々という事実から、学生の愛国の観念をかき立て、地理を学習する能力と興味を養成する」[14]ことがすでに述べられていたが、1972年の第1次改定「地理課程標準」に至って、「愛国」が教育目標の筆頭に位置づけられた。その内容は、「わが国の地理的概況を学生に理解させ、領土が広大で、物産が豊富であり、人口も多いという事実から、学生が愛国の観念をかき立てられるようにする」[15]というものであり、この表現は、ほぼそのままの形で、1983年および85年の「地理課程標準」に引き継がれた[16]。

　また、1983年の第2次改定「地理課程標準」から、第四の目標として、「台湾地区の建設の成果が三民主義による中国統一の地理的基礎であることを学生にはっきりと理解させることによって、復国建国の自信を強化する」[17]という項目が追加されているが、これもまた地理教育の「愛国」的性格に連なるものである。

(4)「音楽」および「美術」

　「愛国」と「民族」が達成すべき教育の目標とされたのは、公民、国語、歴史、地理等、いわゆる文科系の教科だけではない。「芸能学科」に分類される「音楽」、「美術」もまた、その「課程標準」のなかで、目標としての「愛国」と「民族」に言及してきた。

　「音楽」では、1968年の「暫行課程標準」以来、最も周辺的な項目としてで

はあるが、「愛国」が教育目標に織り込まれてきた。例えば、1968年の「音楽暫行課程標準」では、5項目の目標の最後で「忠勇愛国の情操を養成する」ことが謳われているが[18]、この「忠勇愛国の情操」という表現は、1985年の「課程標準」に至るまで、一貫して使用されている。

また、「音楽暫行課程標準」は、実施方法の規定において、「音楽」の授業で扱う楽曲は「わが国と世界の名歌民謡および民族の精神を発揚しうるような歌曲を主と」し、歌詞の内容は「高尚で芸術性に富むもの、青年の向上を鼓舞するもの、民族精神を発揚するもの、愛国の思想に富むもの」であるべきとしている[19]。ここでも、やはり「愛国」と「民族」が強く表れている。

一方、「美術課程標準」では、1972年の第1次改定版から「学生がわが国の芸術の優良な伝統を知るよう激励・指導し、民族精神の意識を強化し、それを大いに発揚する志向を持たせるようにする」ことが教育目標に盛り込まれている[20]。

第2節　権威主義体制下における公民教育のカリキュラムと「国家認同(ナショナル・アイデンティティ)」

本節と次節では、四つの『国民中学課程標準』の共通の特徴である強い国民化の志向が「公民と道徳」の「課程標準」と教科書に、どのような形で現れているのかを考察する。ここで『課程標準』の改定と「統編本」教科書の改訂の対応関係について、説明しておきたい。

前節で指摘したように、68年『暫行課程標準』から85年『課程標準』に至るまで、「公民と道徳」は、3年間6学期を通じて週2時間ずつ教えられていた。学期ごとに1冊、計6冊の教科書を学習する計算である。94年『課程標準』では、「公民と道徳」の授業時間は三分の二に削減され、第2学年と第3学年でのみ教えられることになり〔週あたりの時間数は変更なし〕、教科書も4冊になった。しかし、『課程標準』の制定・公布と実施にはタイムラグがあるため、85年『課程標準』に準拠する『公民と道徳』教科書は、図3-2が示すとおり、96年度入学の学生が3年生になる98年度まで使用されていた。また、72年『課程標準』準拠の教科書は、1985年の改定を前に改編が行われ、1979年度から

第3章　権威主義体制下における公民教育の「中国」化

学年	国民中学第1学年		国民中学第2学年		国民中学第3学年		
学期	上学期	下学期	上学期	下学期	上学期	下学期	
冊数	第1冊	第2冊	第3冊	第4冊	第5冊	第6冊	
1968年	初版	初版					
1969年	再版	再版	初版	初版			
1970年	三版	三版	再版	再版	初版	初版	
1971年	四版	四版	三版	三版	再版	再版	
1972年	五版	五版	四版	四版	三版	三版	①
1973年	初版	初版	五版	五版	四版	四版	
1974年	再版	再版	初版	初版	五版	五版	
1975年	三版	三版	再版	再版	初版	初版	
1976年	四版	四版	三版	三版	再版	再版	
1977年	五版	五版	四版	四版	三版	三版	②
1978年	六版	六版	五版	五版	四版	四版	
1979年	初版	初版	六版	六版	五版	五版	
1980年	再版	再版	初版	初版	六版	六版	
1981年	三版	三版	再版	再版	初版	初版	
1982年	四版	四版	三版	三版	再版	再版	
1983年	五版	五版	四版	四版	三版	三版	③
1984年	試用本	試用本	五版	五版	四版	四版	
1985年	修訂本	修訂本	試用本	試用本	五版	五版	
1986年	正式本初版	正式本初版	修訂本	修訂本	試用本	試用本	
1987年	再版	再版	正式本初版	正式本初版	修訂本	修訂本	
1988年	三版	三版	再版	再版	正式本初版	正式本初版	④
1989年	初版	初版	三版	三版	再版	再版	
1990年	再版	再版	初版	初版	三版	三版	
1991年	三版	三版	再版	再版	初版	初版	
1992年	四版	四版	三版	三版	再版	再版	
1993年	五版	五版	四版	四版	三版	三版	
1994年	六版	六版	五版	五版	四版	四版	⑤
1995年	七版	七版	六版	六版	五版	五版	
1996年	八版	八版	七版	七版	六版	六版	
1997年			八版	八版	七版	七版	
1998年					八版	八版	

①…1968年制定『国民中学暫定課程標準』準拠
②…1972年改訂『国民中学課程標準』準拠
③…1972年改訂『国民中学課程標準』準拠（改編本）
④…1983年改訂『国民中学課程標準』準拠
⑤…1985年改訂『国民中学課程標準』準拠

図3-2　『国民中学課程標準』の改定と『公民と道徳』教科書の改訂の対応関係

出典）著者作成。

は改編本の使用が開始されている。

　図3-2が示すとおり、「統編本」の教科書においては、毎年「版」の更新が行われるが、この場合の「版」の変更は、原則として大きな内容の修正をともなわない。したがって、図3-2でいえば、①から⑤の各期間においては、それぞれでほぼ完全に同一の教科書が使用されているのである。つまり、68年『暫行課程標準』から85年『課程標準』までの四つの『課程標準』に対して、五種類の国定教科書が編纂されていたことになる。

　本章の記述の目的は、「統編本」の『公民と道徳』教科書が表象するナショナル・アイデンティティがいかに変わり、いかに変わらなかったのか、その「変化」と「不変」を考察することにあるが、ここでは前提として、教科書編纂の拠りどころとなる「公民と道徳課程標準」が各時期においていかなる教育目標と教材綱要〔章節の編成、教えるべき項目を定める〕を提示していたのか、四つの「課程標準」を比較し、その異同を明らかにしておきたい。

1　各時期の「公民と道徳課程標準」における教育目標

　68年『暫行課程標準』の一部をなす「公民と道徳暫行課程標準」が掲げる公民教育の目標は、1962年改定の『中学課程標準』における「初級中学公民課程標準」の目標をほぼ完全に踏襲するものだが、二つの点で相違が見られる[21]。

　第一に、**表3-1**にある五つの目標のうち、一～三と五については、1962年の「公民課程標準」にその原形が認められるが、四は新たに追加されたものである。これは「公民」から「公民と道徳」となって、公民教育に道徳教育の要素が加味されたためだが、既に述べたように、ここにみられる「健全な国民の養成」という目標は、時代を越えて通底する台湾教育の中心思想である。

　第二に、「四維八徳」[22]を中心とする道徳の観念〔1962年版では「信念」〕という表現は、1962年版と68年版の両者に共通するものだが、後者では、さらに「中華民族の固有の美徳の発揚する」ことが上乗せされており、民族主義的傾向が一層顕著なものになっている。

表3-1　各課程標準にみる公民教育の目標の変遷

1968年「公民と道徳暫行課程標準」 1972年「公民と道徳課程標準」	1983年「公民と道徳課程標準」 1985年「公民と道徳課程標準」
一．四維八徳を中心とする道徳の観念を育成し、善良な品性を陶冶し、中華民族の固有の美徳を発揚する。	一．倫理、民主、科学を中心とする公民教育を実施し、さらに中華文化復興の基礎を打ち立てる。
二．自らを修め人と仲良くする、家庭を切り盛りし社会生活を営む、人を助け物を大切にする等の生活の規範を実践するよう指導することによって、優良な生活習慣を養成する。	二．自らを修め人と仲良くする、社会生活を営む、相互に協力する、人を助け物を大切にする等の倫理的規範を実践するよう指導することによって、現代の公民としての道徳の観念と良好な生活習慣を養成する。
三．ヒューマニズムの自覚をかき立て、民主の信念を養い、民族意識を増強し、国家の観念と大同の精神を発揚する。	三．ヒューマニズムの自覚をかき立て、民主法治の観念を養い、民族意識を増進し、国家の尊厳を守る。
四．公民としての道徳を強化し、青年心得を実践することによって、実生活のなかから健全な国民を養成する。	四．科学の知識と能力を強化し、経済建設の能力を育成し、中華の優良な文化を発揚することによって、世界の大同を促進する。
五．個人、家庭、学校、社会、国家および世界の基本知識を教え込む。	

出典）教育部中等教育司編『国民中学暫行課程標準』、13頁、教育部中等教育司編、前掲『国民中学課程標準』〔1972年改定版〕、13頁、教育部国民教育司編『国民中学課程標準』〔1983年改定版〕、33頁、教育部国民教育司編『国民中学課程標準』〔1985年改定版〕、33頁。

　1962年と68年の公民教育カリキュラムの比較から明らかなのは、九年国民教育という教育制度の大規模な変革があり、教科の名称と位置づけにも変化があったにもかかわらず、両者の教育目標が高い連続性を示しているということである。国民化の意図が明確化され、中華民族の概念への言及が増加してはいるが、両者の相違は、この間の教育改革の規模の大きさに見合ったものではない。そして、68年に示された公民教育の目標の基本線は結局、本質的な変化をともなうことなく、85年のカリキュラムにまで継承されたのである。

　第2章で述べたように、1968年の九年国民教育の開始は、従来の方針を大きく転換し、急転直下で決定された。それゆえ、『国民中学暫行課程標準』の制定の過程もまた拙速さを否めないものとなったが、それだけに72年のカリキュラム改定は、重要な意味を持っていた。しかし、表3-1が示すとおり、この第1次改定で、「公民と道徳課程標準」の掲げる目標は、結局、一字として変化することがなかった。『暫行課程標準』が確立した枠組みがそのまま踏襲されたのである。

1983年の第2次改定カリキュラムでは、目標の数が4項目に絞られ、「法治」、「科学」、「経済建設」等の新たな概念が盛り込まれたが、68年および72年のカリキュラムと83年および85年のカリキュラムを見比べた場合、やはり連続性が目につく。公民教育とは何のためかという最も本質的な部分で、両者は認識を共有している。

2 生活規条〔生活のきまり〕

　1968年から85年の『国民中学課程標準』では、「愛国」と「民族」という二つの概念が表裏をなし、教育の国民化志向の強さを表してきた。これは四つのカリキュラムに共通の特徴であり、課程の全体的目標と各教科のカリキュラムの双方に、この二つの概念が盛り込まれていたが、**表3-2**から明らかな

表3-2　各時期の「公民と道徳課程標準」の「生活規条」にみる「愛国」の具体的内容

	項目	実践の条目			訓練主旨
		第1学年	第2学年	第3学年	
1968年 1972年	忠勇	1. 国家元首を尊敬する 2. 国を守る軍人を尊敬する 3. 学校と団体を愛護する 4. 過ちを認め悔い改めるよう努める 5. 侮辱に対して理に拠って抗議する	1. 国家に対して功績のある人を敬う 2. 民族の力を信頼する 3. 国産品を愛用し、土地の物産を広く宣伝する 4. 公道を主張し、正義を護る 5. 艱難辛苦を避けず、強暴な勢力を畏れない	1. 国家の政策を擁護する 2. 国家の裏切る悪者に反対する 3. 正当な民衆運動に参加する 4. 国家の恥辱を深く心に留め、志を立てて強さを求める 5. 自ら独立を求め、他人に頼らない	愛国
1983年 1985年		1. 国家元首を尊敬する 2. 国を守る軍人を尊敬する 3. 学校と団体を愛護する 4. 潔く過ちを認め、悔い改めるよう努める 5. 侮辱を受けたときには、理に拠って抗議する	1. 国家に対して功績のある人を敬う 2. 国家を裏切る悪者に反対する 3. 国産品と土地の物産を愛用する 4. 公理を追求し、正義を護る 5. 艱難辛苦を避けず、危機を克服する	1. 憲法を遵守し、国家の政策を擁護する 2. 三民主義による中国の統一を堅く信じる 3. 愛国の活動に参加する 4. 国恥を忘れず、志を立てて強さを求める 5. 自立するよう自ら努め、己を立て人を立てる	

出典）教育部中等教育司編、前掲『国民中学暫行課程標準』、20頁、教育部中等教育司編、前掲『国民中学課程標準』〔1972年改定版〕、20頁、教育部国民教育司編、前掲『国民中学課程標準』〔1983年改定版〕、38-39頁、教育部国民教育司編、前掲『国民中学課程標準』〔1985年改定版〕、38-39頁。

とおり、「公民と道徳課程標準」では、いずれの時期においても、「愛国」の二文字が教育目標のなかに明文化されてはいない。しかし、「公民と道徳課程標準」では、目標・時間数・教材大綱・評価方法のほかに、「生活規条」〔生活のきまり〕というものが定められ、そのなかで「愛国」の「方法」が具体的な項目として提示されている。

「生活規条」とは、「忠勇」、「孝順」〔長上に孝行すること〕、「仁愛」、「信義」、「和平」、「礼節」、「服従」、「勤倹」〔勤勉と倹約〕、「整潔」〔整理と清潔〕、「助人」〔人を助けること〕、「学問」、「有恒」〔物事を継続すること〕の12の項目について、各学年で何を教え、何を学ぶべきか、その実践の条目と訓練の主旨を示すものである。このうち「忠勇」の項目は、「愛国」を主旨としている。ここで提示される実践の条目は、教科書が教える「愛国」の基礎となるものであるため、若干長くなるが、各時期の「生活規条」が掲げる実践の条目についてまとめておきたい。なお、1972年の「公民と道徳課程標準」の「生活規条」は、68年の「暫行課程標準」と、85年改定版は83年改定版と完全に同内容となっている。

「生活規条」が規定する15の条目は、「公民と道徳」が教えるべき「愛国」とは何かを具体的に示す指針である。即ち、「愛国」について、どの学年で、何を教えるべきかを示すものであり、それゆえ、われわれが『公民と道徳』教科書の国家観・国民観を知るうえで重要な拠りどころともなる。「生活規条」は、12の項目について、15の実践すべき条目を挙げている。1968年と72年、83年と85年がそれぞれ同一内容となっているが、68年／72年と83年／85年を比較しても、顕著な差異は認められない。このような傾向は、他の11の項目にも共通しており、「目標」と同様、「生活規条」の面でも、1968年から85年の『国民中学課程標準』のもとでの公民教育は、高い一貫性を示しているのである。

一方、「公民と道徳」の授業時間数が三分の二に削減された94年『課程標準』では、「公民と道徳課程標準」の「生活規条」が大幅に簡素化されている。つまり、85年『課程標準』までは、12の項目のそれぞれで、学年ごとに五つの実践の条目とその訓練の主旨が明示されていたが、94年改定版「公民と道徳

課程標準」では、「誠実」、「愛国」、「守法」〔法の遵守〕、「仁愛」、「高悌」〔親や兄によく仕えること〕、「礼節」、「勤倹」、「正義」、「公徳」、「負責」、「合作〔協力〕」、「尊重」の12の徳目につき、第2・第3学年共通の実践の条目を五つずつ提示する形になった。このうち、「愛国」の徳目に関する実践の条目は、(1)わが国の憲法を遵守し、国家の政策を擁護する、(2)国民としての職責を全うする、(3)中国人であることを誇りとする、(4)偉大な国民としての風格を表現する、(5)中華文化を愛護するというものであり[23]、従来の「生活規条」の要点を踏襲しているものの、その装いは一新されている。

3 教材綱要

各教科の「課程標準」が規定する教材綱要〔1968年版と72年版では、「教材大綱」〕は、教科書編纂の拠り所として重要な意味を持つものである。四つの『国民中学課程標準』を比較すると、1983年の改定を境に教科書の構成が変化していることがわかる。**表3–3**は、「課程標準」が規定する教科書の題目だが、1968年版と72年版に準拠する教科書では、個人＜家庭＜学校＜社会＜国家＜世界と大小の異なる共同体のなかでいかに生きるべきか、自己形成と社会化の方法を教えていたのに対し、83年版と85年版に準拠する教科書では、教育・社会・法律・政治・経済・文化とテーマごとに編纂がなされている。

また、1968年の「公民と道徳暫行課程標準」と72年の「公民と道徳課程標

表3–3　各時期の「公民と道徳課程標準」の教材大綱（綱要）が規定する教科書の構成

	1968年／1972年	1983年／1985年
第1冊	健全な個人	完全な教育
第2冊	美しく満ち足りた家庭	調和した社会
第3冊	完全な学校	公正な法律
第4冊	進歩する社会	民主的な政治
第5冊	富強の国家	富裕な経済
第6冊	平和な世界	協和的な文化

出典）教育部中等教育司編、前掲『国民中学暫行課程標準』、13-19頁、教育部中等教育司編、前掲『国民中学課程標準』〔1972年改定版〕、13-19頁、教育部国民教育司編、前掲『国民中学課程標準』〔1983年改定版〕、38-39頁、教育部国民教育司編、前掲『国民中学課程標準』〔1985年改定版〕、38-39頁。

準」の教材大綱は、全体的構成〔6冊の教科書の各冊の題目〕の点では同内容だが、各教科書における「講習綱要」〔教えるべき項目。教科書の章節編成の根拠となる〕と「生活規範の実践活動の例」〔学習内容を生活規範として実践する活動の例〕には若干の相違が見られ、それが教科書の章立てに反映されている。本書の目的に最も合致する第5冊「富強の国家—いかにしてよき国民となるか」の「講習綱要」と「生活規範の実践活動の例」を例にとれば、以下の相違が見られる。

表3-4　1968年および1972年「公民と道徳課程標準」にみる教材大綱の異同

1968年「公民と道徳暫行課程標準」	1972年「公民と道徳課程標準」
一．講習内容	一．講習内容
1. わが国の建国の基本原則	1. 国家と国民
2. 憲法を遵守し国策を体得する	2. わが国の建国の基本原則
3. 政権の行使と統治権の運用	3. 憲法、法律と国策
4. 中央政府の組織	4. 政権の行使と統治権の運用
5. 地方政府の組織	5. 中央政府
6. 国家の愛護と元首への敬慕	6. 国家を愛護し元首を敬慕する
7. 同胞の愛護と軍人への敬愛	7. 同胞を愛護と軍人への敬愛
8. 国民の経済建設の促進	8. 経済発展
9. 国防建設の擁護	9. 外交と国防
10. 中華文化の復興と大陸での失地回復	10. 中華文化の復興と大陸での失地回復
二．生活規範の実践活動の例	二．生活規範の実践活動の例
1. いかにして国家を愛護し、領袖を敬慕するか（講演コンテスト）	1. いかにして国家を愛護し領袖を敬慕するか（講演コンテスト）
2. 自由と服従のどちらが重要か（弁論会）	2. いかにして荘敬自強〔まじめで慎み深く、自立的であること〕を実践するか（討論会）
3. いかにして中華文化を復興するか（グループ討論）	3. いかにして中華文化を復興するか（グループ討論）
4. いかにして正々堂々たる、国家のために栄光を勝ち取る国民となるか（討論会）	4. いかにして民族精神を発揚するか（グループ討論）
5. いかにして正々堂々たる、国家のために栄光を勝ち取る国民となるか（討論会）	

出典）教育部中等教育司編、前掲『国民中学暫行課程標準』、13-19頁、教育部中等教育司編、前掲『国民中学課程標準』〔1972年改定版〕、13-19頁。

　以上、本節では、目標・「生活規条」・教材綱要の三点から、1968年から85年に制改定された四つの「公民と道徳課程標準」を比較してきた。いずれの面においても、1968年版と72年版の変化は微小なものであり、一字一句として修正を伴わない部分も多々あった。1983年の第2次改定は一つの転換点であったが、その転換もまた、公民教育の本質にまでおよぶものではなかった。転換らしい転換が生じたのは、次章で論じる1994年の第4次改定におい

てであり、本章が論じる四つのカリキュラムでは、一貫性と同質性がより強い特徴となって表れている。一方で、この一貫性と同質性は、1962年の『中学課程標準』に遡ることができるものでもある。

いずれにせよ、「課程標準」は、あくまで大綱である。「愛国」と「民族」という言葉でナショナル・アイデンティティの教育の重要性を強調しているが、限られた紙数のなかで、体系的な国家観・国民観を提示するには至っていない。公民教育が表象するナショナル・アイデンティティについて理解を得るためには、教科書の記述を具に分析する必要がある。

第3節　権威主義体制下の公民教科書にみる国家観・国民観

本節では、1968年から85年に制改定された『国民中学課程標準』に準拠する5種類・30冊の「統編本」の『公民と道徳』教科書について、その国家観および国民観を分析する。これらの教科書がナショナル・アイデンティティについて、何を、どのように教えていたのか、実際の記述を引きながら、その特徴を把握する。

前節で述べたように、この四つの『課程標準』に準拠する『公民と道徳』教科書は6冊組みで、学期ごとに1冊の教科書が教えられることになっていた。1968年版と72年版の『課程標準』に準拠する教科書では、個人＜家庭＜学校＜社会＜国家＜世界という形で、小から大へ、共同体のなかでいかに生きるべきかを教える構成になっていたが、83年版と85年版の『課程標準』に基づく教科書は、教育・社会・法律・政治・経済・文化の六つのテーマについて、公民として身につけるべき価値と規範を教えるものであった。

表象するナショナル・アイデンティティという視点から、5種類・30冊の『公民と道徳』教科書を通観することによって明らかになるのは、その国家観と国民観の基本線が些かもぶれていないということである。つまり、「国家」、「国民」、「民族」といった概念に関する重要な説明は、教科書のなかでの位置の変更を伴いつつも、本質的修正を経ることなく、教科書から教科書へと受け継がれている。

表3-5　本章で参照・引用する『公民と道徳』の版について

	1968年	1972年	1972年改編本	1983年	1985年
第1冊	初版 1968年8月	初版 1973年8月	初版 1979年8月	試用本 1984年8月	改編本初版 1989年8月
第2冊	初版 1968年12月	初版 1974年1月	初版 1980年1月	試用本 1985年1月	改編本初版 1990年1月
第3冊	初版 1969年8月	初版 1974年8月	初版 1980年8月	試用本 1985年8月	改編本初版 1990年8月
第4冊	初版 1970年2月	初版 1975年1月	初版 1981年1月	試用本 1986年1月	改編本初版 1991年1月
第5冊	初版 1970年8月	初版 1975年8月	初版 1981年8月	試用本 1986年8月	改編本初版 1991年8月
第6冊	初版 1971年1月	初版 1976年1月	初版 1982年1月	試用本 1987年1月	改編本初版 1992年1月

　この時期の教科書に通底する国家観・国民観の特徴は、端的に表現すれば、中華民族と中華文化の優位性を求心力として、学生を正々堂々たる「中国」人として社会化、国民化するというものである。

　以下、(1)国民化と教育、(2)徳目としての「愛国」、(3)国家－国民－民族、(4)中華文化の優位性、(5)中国〔中華人民共和国〕との関係という五つの観点から「統編本」の『公民と道徳』教科書の国家観・国民観に迫ってみたい。68年『暫行課程標準』準拠の教科書を基点として、その内容が以後の教科書にどのように受け継がれていったのか、何が変わり、何が変わらなかったのかを明らかにしていく。

　なお、著者が本章で参照・引用している『公民と道徳』教科書の版と発行年は、**表3-5**のとおりである。引用の際には、混乱を避けるため、〔準拠する『課程標準』の制定・改定年、教科書の冊数：頁数〕と表記する。例えば、1968年の『国民中学暫行課程標準』準拠の教科書の第1冊の第1頁から引用する場合、〔1968年、第1冊：1頁〕と表記する。各時期の教科書の章立てについては、巻末の参考資料11および12を参照されたい。

1　学校教育と国民化

　本章で扱う各時期の『公民と道徳』教科書に共通の特徴として、国民化の

過程における学校教育の役割を肯定的なものと認識し、その重要性を説いている点が挙げられる。

68年『暫行課程標準』準拠の教科書の第3冊〔「完全な学校——いかにして良き学生となるか」〕では、第1章で、教育を受けなければならない理由と学校で教育を受ける理由を教えているが、国民中学の教育の重要性について、次のように説明している。

「とりわけ私たちが現在受けている国民中学の教育は、〔国民〕小学の基礎訓練を引き継ぎ、私たちの心身を発達させることを目的とする一方で、私たちが専門的な技術を学んだり、継続的に進学したりする基礎を打ちたて、同時に忠勇愛国の健全な国民を養成するものである。私たちが卒業後に、専門的な技術を習得することができるかどうか、良い学校に入学することができるかどうか、将来成人となったあとに、国家と社会に貢献することができるかどうかは、私たちの現在の学校生活と密接にかかわっているのである。したがって、中学生はこの時期に受ける教育を重視しなければならず、優美な特性を培い、豊富な学識を追求し、健康な身体を鍛え、民主的な態度を学び、徳育・知育・体育・群育〔協調性の教育〕の各側面で、良好な基礎を持たなければならないのである。起居動作を活発な学生として恥ずべきところのないものとし、将来的には正々堂々たる中国人にならなければならない。」〔1968年、第3冊、2-3頁〕

ここで提示されているのは、教育とは「忠勇愛国の健全な国民を養成する」ための過程であるとの教育観であり、「忠勇愛国の健全な国民」とは、「正々堂々たる『中国』人」と同義である。

同様に、「健全な個人——いかにして良き少年となるか」と題する第1冊でも、冒頭で「公民と道徳」という教科の意義について説明しているが、これもまた、教育の持つ国民化の機能に関連するものである。

「公民と道徳という教科の範囲は広く、内容も多い。端的に言えば、この教科が要求しているのは、私たちがいかに自らを鍛え、各種の団体生活にいかに参加するのかということであり、自己を鍛え、団体生活に参加するうえで、備えるべき知識である。目的は私たちが家庭における良き子弟、学

校における良き学生、社会における良き成員、国家における良き国民となれるようにすることである。」〔1968年、第1冊：1頁〕

　つまり、68年『暫行課程標準』準拠の『公民と道徳』教科書では、教育が国民化の過程で重要な役割を果たすこと、「公民と道徳」が本質的に政治社会化のための教育であることを示している。このような教育観は、『公民と道徳』教科書の本質的特徴であり、その後の教科書に受け継がれていった。
　72年『課程標準』準拠の教科書とその改編本では、教育の国民化の機能について直接的な言及は見られないが、第3冊〔「完全な学校——いかにして良き学生となるか」〕の最終章となる第12章「いかにして模範的な学生となるか」で、「救国」をキーワードとして、次のように述べている。

　　「勉学は救国を忘れてはならず、救国は勉学を忘れてはならない。勉学と救国の目的を一つに結合することは、模範的な学生の最高の理想である。良き学生になることの目的は、良き公民となるために準備することである。したがって、学生諸君は学校において、常に新聞・雑誌を閲読し、多くの側面で国情に留意し、随時国事に関心を払わなければならない。諸君は年が若く、直接的に国に報いることはまだ不可能だが、国家の未来の主人なのであるから、救国の理想を確立し、国家の求めに応じて自己を充実させ、国家の将来における良き公民となれるようにしなければならない。」〔1972年、第3冊：68頁、1972年（改編本）、第3冊：74-75頁〕

　この「勉学」と「救国」の結合という理想は、83年『課程標準』および85年『課程標準』準拠の教科書では、さらに明確な形で表れている。これらの教科書では、第1冊「完全な教育」の第12章「いかにして良き学生となるか」のなかで、良き学生は「崇高な理想と愛国の情操を持たなければならない」〔1983年、第1冊、104頁、1985年、第1冊、80頁〕としたうえで、「勉学」と「救国」の結合という理想に触れている。83年『課程標準』準拠の教科書の表現は、72年『課程標準』準拠〔改編本を含む〕の教科書と完全に同一のものとなっているが、85年『課程標準』準拠の教科書では、「随時国事に関心を払わなければならない」に続く部分が「さらに、個人の前途と国家の前途は不可分であり、

個人の命運と民族の命運は不可分であることを理解しなければならない。『国家があなたに何をしてくれるかを問うのではなく、自分が国家のために何ができるかを問わなければならない』。一生懸命に勉強し、自己を充実させて、将来国家のために力を発揮できるようにしなければならない」となっており、国家主義と民族主義の傾向が一層顕著なものとなっている。

また、この時期の教科書では、教育と国家の関係について、以下のような記述も見られ、「国家発展のための教育」、「国民化のための教育」という教育観がさらに強調されている。

「教育は立国の根本であり、国力の源泉でもある。対外的に言えば、私たちは民族の生存を追求し、敵の侵略に抵抗し、自主独立の国家を確立するために、教育の力に依拠して、愛国の精神を発揚することによって、国力を発展させ、国家と人民を守らねばならないのである。対内的に言えば、私たちは政治が民主的で民生が豊かな国家を確立しなければならない。また、教育の力によって、国民の遵法的行為と自治の能力を訓練するとともに、各種の生産と建設を行う人材を養うことにある。」〔1983年、第1冊：3頁、1985年、第1冊：3頁〕

「今日わが国は九年国民教育を実施している。それは二つの段階に分かれる。6年間の国民小学教育と3年間の国民中学教育である。私たちが国家を富強のものとするならば、国民が健全でなければならず、健全な国民が備えるべき第一の条件は、基本教育を受けるということなのである。国民教育の年限が長いほど、国民の資質がより高まり、国家と社会に奉仕する能力がより多いということを表しているのである。」〔1983年、第1冊、12頁、1985年、第1冊：11頁〕

2 「愛国」の徳目

前節で述べたように「公民と道徳課程標準」では、教育目標と教材綱要のほかに、「生活規条」〔生活のきまり〕という12項目の徳目を国民中学の3年間でどのように教えるかの指針を定めている。「忠勇愛国」の概念は、その一環をなすものとして、常に教科書で取り上げられている、68年『暫行課程標

準』準拠の教科書では、第3冊「完全な学校─いかにして良き学生となるか」の第11章から第13章が「青年守則」〔青年心得〕の理解と実践の説明に割かれており、「忠勇愛国」は、その筆頭で言及されている。

「忠とは何か？ 勇とは何か？ なぜ忠勇愛国が基本となるのだろうか？ 国のために誠心誠意力を出すことを忠といい、国家のために自らの生命を犠牲とすることを惜しまないことを勇という。真に愛国的な人は、平時においては力の及ぶかぎり国に奉仕し、国家が危機に陥ったときには、進んで自己の生命を犠牲として、国家を防衛する責任を果たす。この種の忠誠心と勇気があってこそ、勇往邁進することができるのであり、それが成功しないときには、一身を犠牲にするようでなければならない。国家の利益のため徹底的に奮闘するからこそ、忠勇が愛国の基本となるのである。忠勇はわが国の固有の美徳であり、忠勇にまつわる話はきわめて多い。例えば、岳飛が金の軍に抵抗したこと、文天祥が元に抵抗したこと、史可法による清への抵抗、これらはすべてわが身を擲って国に報い、死してのちやむという精神を発揮しているのである。国父は国民革命に力を尽くした。まず腐敗した清朝政府に反対し、次いで北洋軍閥と帝国主義に反対し、40年の間、どれだけの困難を経験し、どれだけの危険に遭ったかわからない。しかし、国父は困難をかえりみず、一意専心に、国家の復興のために奮闘したのであり、実に忠勇の最良の模範といえる。忠勇は愛国の基本であるが、私たちは学生として、日常生活のうえで、忠勇の二文字に注意しなければならない。例えば、私たちが国家元首を尊敬すること、国を防衛する軍人を尊敬すること、国家の恥辱を忘れないこと、志を立てて強さを求めること、国家を裏切る悪者に反対すること等は、いずれも忠勇なのである。」〔1968年、第3冊、66頁。〕

72年『課程標準』準拠の教科書〔再編本を含む〕で12の徳目の説明は、大幅に簡略化されたが〔1972年、第3冊：37頁、1972年（再編本）、第3冊：40-41頁〕、グループ・ディスカッションという新たな試みのなかで、題材として取りあげられている〔1972年、第3冊：39-44頁、1972年（再編本）、第3冊：43-50〕。つまり、ここにおいては、「忠勇愛国」を含む12の徳目の意味を教師が一方的に説明するのではなく、討論を通じて学生に主体的に考えさせるアプローチが採ら

れているのである。

　83年『課程標準』と85年『課程標準』準拠の教科書では、12の徳目に関する詳細な説明が復活しているが、その「忠勇」の説明は、次のようなものであり、1968年版の説明と比べて、若干簡素化されているが、本質的な部分においては、決定的な差異が認められない。

　　「忠とは一人の人が全身全霊で国家のために事をなすことである。勇とは個人の利害を顧みず、国家の利益のため、自らの命も惜しまないということである。真に愛国的な人とは、平時においては誠心誠意国家に奉仕し、国家が危機に陥った時には、己の生命を犠牲にして、国家防衛の責任を尽くすのである。一人ひとりがこのような忠心と勇気を表現するならば、国家はどのようなことも成功できるのであり、国家がどのような危機に陥っても解決することができるのである。それゆえに、忠勇は愛国の基本なのである。」〔1983年版、第1冊、64頁、1985年、第1冊、50頁〕

　さらに、83年『課程標準』準拠の教科書では、「忠勇」の実践方法として、国旗と国歌を尊敬する、国家元首を尊敬する、国家を防衛する軍人を敬愛する、国歌の恥辱を忘れず雪辱の志を立てる、国家の裏切り者を打倒する、国産品を愛用する、国語を話す等の具体的行為が例示されている。

　以上から明らかなように、本章で扱う教科書では、「愛国」の徳目が常に取り上げられているが、そこでは国家のために自己を犠牲にすることが美徳とみなされる。上で引用した85年『課程標準』準拠の教科書の記述は、1996年8月発行の改編本八版にも、ほぼそのままのかたちで引き継がれている。民主化から数年を経てなお、このような内容が教えられていたことは注目に値する。83年『課程標準』準拠の『公民と道徳』教科書と85年『課程標準』準拠の『公民と道徳』教科書の大きな相違は、政治を主題とする第4冊において民主政治に関する章が従来筆頭に教えられていた「国家と国民」の章に先行して教えられるようになったことで、このことは民主政治の発展という現実を反映した動きといえる。しかし、『公民と道徳』教科書が教える個人と国家のあるべき関係性は、1990年代半ばに至るまで、権威主義体制時代か

ら変化することはなかったのである。

　このような『公民と道徳』教科書における「不変」は、国家、国民、民族という概念の定義や三者の関係性に関する説明にも共通するものである。

3　国家—国民—民族

　国家、国民、民族という三つの概念については、すでに述べたように、「国家と国民」と題する一章が68年『暫行課程標準』準拠の教科書以来、教授される学年・学期の異動を伴いながらも、一貫して教科書に盛り込まれてきた。72年『課程標準』準拠の教科書では、国家と国民のあるべき関係を論じたうえで、中華民族の概念を説明するという形式が確立したが、この方式は85年『課程標準』準拠の教科書にまで受け継がれていった。つまり、三つの概念を不可分一体のものとする説明が定式化していたのである。

　定式化以前の68年『暫行課程標準』準拠の教科書では、第1冊の第3章が「国民と国家」の章であったが、その内容は、国家の三つの基本任務〔人民の生活の需要を満たす、内部の秩序を維持する、外国の侵略に抵抗する〕に触れたあとで、国民にとっては国家が、国家にとっては国民が不可欠であることを説明し、国家に対してどのように忠誠を尽くすかを説くものであった。

　つまり、68年『暫行課程標準』準拠の教科書は、以後の教科書と異なり、「国家と国民」の章で、国家と中華民族の不可分な関係を語っていないわけだが、このことは、その時期の教科書が中華民族の概念を軽視していることを示すものではない。中華民族の概念の含意は、第5冊の第2章「わが国の基本原則——三民主義」のなかで明確に説明されており、その説明は以後の教科書における説明の雛形になっている。また、中華民族の概念は、教科書の至るところで強調されており、『公民と道徳』教科書では、その最初から一貫して、中華民族主義の「国家認同」観が強調されてきたのである。この点について、若干長くなるが、72年『課程標準』と85年『課程標準』に準拠する教科書の「国家と国民」の章を比較する。なお、両者とも、「国家と国民の関係」に関する説明の前に、国家の構成要件〔人民・土地・政府・主権〕に関する説明を置いている。

巻末の参考資料13は、72年『課程標準』準拠と85年『課程標準』準拠の『公民と道徳』教科書の「国民と国家の関係」および「わが国の民族」について語った部分である。ここには、『公民と道徳』教科書の国家観・国民観の要点が結晶化されている。つまり、国民と国家の不可分な関係、国家の「大我」が個人の「小我」に優先すること、「中国」の悠久の歴史と物質的な豊かさ、燦爛たる文化を擁し、多くの宗族を包含する中華民族のイメージ、中国共産党統治下の中華民族の「同胞」の苦境といった要素が、両者には共通して含まれているのである。ここにおいて、中華民族の概念は国家と同義であり、非常に情緒的なトーンで語られる。このことは、次章で論じる94年『課程標準』準拠の『公民と道徳』教科書が主に制度の面から国家を語っているのとは対照をなしている。

4 中華文化の概念

国家の概念と一体をなす中華民族の概念は、その意味で政治的共同体の概念といえるが、それは一方で、文化的共同体の性格を併せ持っている。上記の「国家と国民」の章でも、「燦爛たる文化」が中華民族の特徴に数えられているが、中華文化の概念は、『公民と道徳』教科書の中心的内容の一つであり、83年『課程標準』以降の教科書では、そのテーマが1冊をなしている。教科書1冊を割いて文化について専門的に教えるという方式は、94年『課程標準』準拠の教科書に引き継がれたが、次章で論じるように、この教科書では、中華文化の概念に多大かつ本質的な変容が生じている。

長い歴史と燦爛たる内容を持つ中華文化の概念は、二つの目標と結び付けられている。一つは世界の「大同」、つまり、世界中の人々が平等に共存し、利益を等しく分かち合い、真に平和な状態を達成するということである。83年『課程標準』準拠と85年『課程標準』準拠の教科書では、「協和的な文化」と題する第6冊のなかで、1章を割いてこの理想が語られている。例えば、85年『課程標準』準拠の教科書では、次のように述べている。

第3章　権威主義体制下における公民教育の「中国」化　135

　　「中華文化の究極的目標は世界の大同である。仁義を尊び、平和を愛好し、徳をもって人に服することを追求し、強権による侵略に反対し、国際正義の擁護を堅持し、全人類の福祉と平和を求めるだけではなく、世界各国が大小、強弱とは関係なく、一律平等となって、同様の権利を享受し、同様の義務を負うことを希望する。したがって、この不安定な世界情勢のなかで期待されているのは、中華文化の力によって人々を発揚し、人類のために共同で幸福を求め、万世のための太平を開き、進んで世界大同という最高の境地に到達することである。」〔1985年、第6冊：70頁〕

　中華文化の道徳的教化の力によって世界を大同に導くという理想は、それ以前の教科書、即ち、83年『課程標準』準拠の教科書までは、もう一つの理想との結びつきにおいて語られていた。「中国」の統一である。「中国」の統一は、中華文化が達成すべき目標であり、83年『課程標準』準拠の教科書の第6冊「協和的文化」には、「中華文化と中国の統一」の1章が設けられている〔85年『課程標準』準拠の教科書では、この章が削られている〕。

　「中華文化と中国の統一」という章が独立的に存在したのは、83年『課程標準』準拠の教科書においてのみだが、それ以前の教科書でも、〔中華〕文化と「中国」の統一というテーマは、内容に織り込まれていた。例えば、68年『暫行課程標準』準拠の教科書では、第1冊の第11章「芸術の趣味」のなかで、「芸術の趣味と反共抗ソ」なる項目が設けられている。

　　「反共抗ソの現在において、私たちはとりわけ芸術の趣味を養わなければならない。『ソ連帝国主義と共匪がわが中国〔国府を指す〕を滅ぼそうとしている、その最初の一手は、同胞を奴隷牛馬となし、残虐で強暴な事物によって、児童と青年を教育し、世間に羞恥というものがあるということを知らない状態に陥れ、さらにはいかなる芸術の鑑賞と愛好もないような状態に貶めていることである。……今日私たちの反共抗ソの戦いのなかで、民族文化を防衛し、文化の復興を画策するためには、仁愛の徳性を擁護し、わが民族の審美の心情を養わなければならないのである。』したがって、私たちは優美の特性を養わなければならないだけでなく、仁愛をもってソ連の帝国主義と共匪の悪行に打ち勝たなければならず、さらに芸術の趣味を養

うことによって、芸術的修養を重視し、各個人の胸襟を開き、人生の美の側面において表現を行い、各個人が人生の喜びを感じられるようにしなければならない。人と人との関係が美しいものであるならば、ソ連の帝国主義と共匪の醜悪な悪行に打ち勝つことができるだろう。芸術の趣味は、良き少年が備えるべき条件の一つであり、したがって、学生諸君が優美の特性と科学の修養を持つほか、自己の楽しみとして、例えば唱歌、絵画、ピアノ演奏など、1～2種類の芸術を極力鑑賞・研究するならば、感情を調整し、生活の力を高め、心身の両面で、妥当な発達を得ることができるのである。」
〔1968年、第1冊、80-81頁〕

　ここでは、芸術的な趣味を持つという個人の文化的陶冶の範疇に属する行為までもが、「中国」の統一という政治的目標と関連づけられている。中華文化の発揚、文化的素養の向上といった行為が個人の問題ではなく、「反共復国」という国策に繋がるものと認識されているのであり、それゆえにこそ、中華文化の復興が公民教育の主要な目標として強調されてきたのである。
　『公民と道徳』教科書が教える中華文化は、物質的というより、精神的な概念である。83年および85年『課程標準』準拠の教科書の第6冊には、「中国と西欧の文化的比較」の章が設けられているが〔第4章〕、そこで挙げられている中華文化の特徴は、(1)王道精神の重視〔平和を愛好し、隣国に友好的で、力ではなく徳をもって人に服する〕、(2)倫理と道徳の追求、(3)民本思想の尊重の三点である〔1983年版、第6冊：19-20頁、1985年版、第6冊：39-40頁〕。つまり、『公民と道徳』教科書において、文化とは、「中国」の道徳を意味している。その構成要素は、端的に言えば、各時期のカリキュラムの目標にも織り込まれている「四維八徳」であり、「生活規条」が掲げる12の徳目であるが、何より重要なのは孫文が提唱した三民主義である。83年『課程標準』準拠の教科書の「中華文化と中国の統一」の章では、まず中華文化と三民主義の関係が説明され、次いで台湾における三民主義の実践の成果が示されたうえで、中華文化による「中国」の統一が説かれている〔1983年版、第6冊：87-92頁〕。国府にとって、中国共産党を打倒して、「中国」を統一することは、失った領土を回復するという意味では政治的使命だが、中華文化を破壊から擁護するという意味で

は文化的使命であった。

しかし、「中国」の統一を中華文化の使命とみなす言説は、85年『課程標準』準拠の教科書では後退をみせている。「中華文化と中国の統一」の章が削除されたことは、その最も象徴的な変化といえるが、この時期の『公民と道徳』教科書では、文化面のみならず、全篇を通じて、中国を語るトーンが抑制的になっている。

5 中国との関係

85年『課程標準』準拠の教科書の特徴は、中国〔中華人民共和国〕を語るトーンが従来の教科書に比べ抑制的になっている点である。72年『課程標準』準拠と85年『課程標準』準拠の教科書の「国家と国民」の項目は、多くの要点を共有しているが、前者にみられる「共匪は大陸で道理を無視し、異分子を虐殺し、人民を奴隷化し、文化を打ち壊し、大陸の同胞を苦難に満ちた生活に陥れた」という情緒的な筆致は、後者には見られない。逆に、後者では、「40年余りにわたり台湾・澎湖・金門・馬祖という復興の基地において、三民主義を実行し、各種の国家建設に従事し、経済の自由化、政治の民主化、文化の中国化を推進して、すでに実り多い成果を獲得し、人々は安穏に生活することができ、衣食に事足りて、中共と強烈な対比をなしている」という部分が示すように、戦後国府が台湾で推進した政治的・経済的・文化的建設の成功を喧伝することによって、学生に自信を持たせるという方向に重心が移っている。

85年『課程標準』準拠の『公民と道徳』教科書において中国に対するスタンスが軟化していることを示す実例は、上記の以外にもいくつかあるが、83年『課程標準』準拠の教科書の次のような表現が削除されたことも、その一つといえるだろう。「生活規条」の「仁愛」の徳目について論じた部分である。

> 「今日中国共産党は、大陸で闘争を煽りたて、同胞を惨殺し、人民が安心して生活できないような状況を作り出している。彼らには仁愛の心がまった

くない。私たちの反共救国は、当然人を助けるためのものであり、人を助けるのは人を愛するがゆえである。したがって、私たちが反共救国によって大陸で苦しんでいる同胞を救い出さなければならないのは、『仁愛』という固有の道徳を擁護するためなのである。」〔1983年、第1冊：71頁〕

　中国に対するスタンスの転換は、換言すれば、「中国」の統一という目的に対する拘りが希薄化していることの表れともいえる。これは現実の政府の政策が台湾として国際社会で生存空間を拡大する方向にシフトしつつあったことと符合するものである。

本章の小結

　本章では、1968年制定の『国民中学暫行課程標準』から85年の第3次改定『国民中学課程標準』までの四つの『課程標準』とそれに準拠する30冊の『公民と道徳』の「続編本」教科書を国家観・国民観の変化と不変という観点から考察してきたが、この作業から得られた知見は、次のようなものである。

　四つのカリキュラムの比較から明らかになったのは、授業時間数の変遷からみて、「公民と道徳」をはじめ、「国文」、「歴史」、「地理」等、国民化の過程と密接に関連する教科の位置づけが常に一定不変であったということだ。「国文」36時間、「公民と道徳」12時間、「歴史」・「地理」各10時間という必修教科としての授業時間数は、終始揺らぐことはなかったが、これは「英語」や「自然科学」および芸能学科の諸教科の必修としての授業時間数が選択科目との兼ね合いで、常に流動的であったことと対照的である。

　各時間のカリキュラムの比較から得られたもう一つの知見は、「愛国」と「〔中華〕民族」という表裏をなす二つの概念が「公民と道徳」を含む各教科、およびカリキュラム全体を通じて、時代を越えて強調され続けてきたということである。

　一方、30冊の「統編本」教科書の比較から明らかになるのは、5回の改訂を経てなお、国家観・国民観の点では、本質的な変化が認められず、連続性が前面に出ているということである。上述の中国に対するスタンスの問題だ

けでなく、国家元首に対する個人崇拝の度合いなど、いくつかの点で変化がみられるものの、教育による国民化の肯定、「愛国」の徳目の強調、国家の「大我」が個人の「小我」に優先するという観念、民族および国民と国家の不可分な関係、中華文化の概念の道徳的性質と中華民族の概念との親和性の高さ等、国家観・国民観の根幹にかかわる部分についていえば、この時期の教科書は、変化よりも不変によって特徴づけられている。一方、1994年の第4次改定『国民中学課程標準』準拠の教科書では、これらの根幹に触れる部分で変化が見られたのだが、その点について、次章で詳細に論じてみたい。

1 教育部編『国民中学課程標準』〔1994年改定版〕台北市、1995年、761頁。
2 羊憶蓉『教育與国家発展―台湾経験』台北市：桂冠、1994年の第2章「教育與経済発展」の第2節「人力発展計画之下的台湾教育」〔44-59頁〕を参照のこと。
3 教育部統計處「主要統計表 5.各級学校学生人数―按公私立別分」、http://www.edu.tw/files/site_content/b0013/seriesdata.xls〔アクセス日：2008年6月26日〕。
4 同前。
5 吉澤誠一郎『愛国主義の創成―ナショナリズムから近代中国をみる』岩波書店、2003年、13頁。
6 教育部中等教育司編、前掲『国民中学暫行課程標準』、39頁。
7 教育部中等教育司編、前掲『国民中学課程標準』〔1972年改定版〕、43頁。
8 教育部国民教育司編、前掲『国民中学課程標準』〔1983年改定版〕、57頁。
9 教育部国民教育司編『国民中学課程標準』〔1985年改定版〕、57頁。
10 教育部編、前掲『国民中学課程標準』〔1994年改定版〕、15頁。
11 教育部中等教育司編、前掲『国民中学暫行課程標準』、89頁、教育部中等教育司編、前掲『国民中学課程標準』〔1972年改定版〕、99頁。なお、この二つの「歴史課程標準」では、4項目の目標が掲げられており、前者は第一、後者は第三の目標である。
12 教育部国民教育司編、前掲『国民中学課程標準』〔1983年改定版〕、91頁、教育部国民教育司編『国民中学課程標準』〔1985年改定版〕、95頁。この目標は、全4項目中の2番目に挙げられている。
13 教育部編、前掲『国民中学課程標準』〔1994年改定版〕、217頁。

14 教育部中等教育司編、前掲『国民中学暫行課程標準』、95頁。
15 教育部中等教育司編、前掲『国民中学課程標準』〔1972年改定版〕、107頁。
16 教育部国民教育司編、前掲『国民中学課程標準』〔1983年改定版〕、105頁、教育部国民教育司編『国民中学課程標準』〔1985年改定版〕、109頁。
17 同前。
18 教育部中等教育司編、前掲『国民中学暫行課程標準』、145頁。
19 同前、153頁。
20 教育部中等教育司編、前掲『国民中学課程標準』〔1972年改定版〕、191頁。
21 1962年改定『中学課程標準』の「初級中学公民課程標準」の目標は、一.四維八徳を中心とする道徳の信念を打ちたてることによって、健全な人格を発達させる、二.自らを修め人と仲良くする、家庭を切り盛りし社会生活を営む、人を助け物を大切にする等の生活の規範を実践し、習慣化するよう指導する、三.個人、家庭、学校、社会、国家および世界の基本知識を教え込む、四.ヒューマニズムの自覚をかき立て、民主の信念を養うとともに、民族意識、国家の観念および大同の精神を増強する、というものであった。教育部中等教育司編、前掲『中学課程標準』、57頁。
22 四維とは、礼・義・廉・恥、八徳とは、忠・孝・仁・愛・信・義・和・平を指すものであり、いずれも「中国」の伝統的な徳目である。
23 教育部編、前掲『国民中学課程標準』〔1994年改定版〕、206-210頁。

第4章　民主化・自由化時代の教育改革と公民教育

　本章では、1994年に改定公布された『国民中学課程標準』のもとでの公民教育について、その国家観と国民観を考察する。1968年に『国民中学暫行課程標準』が制定されて以来、四度目の改定であり、前年には国民小学、翌年には高級中学の『課程標準』が改定されている。つまり、台湾では、1993年から95年にかけて、初等教育と中等教育のナショナル・カリキュラムが全面的に改定されたのである。改定カリキュラムは、1996年から段階的に実施に移され、94年に改定された『国民中学課程標準』は、97年から適用が開始された。
　ここでは、1994年改定『国民中学課程標準』〔以下、94年『課程標準』と略記〕とそれに準拠する『公民と道徳』教科書を分析するが、特に1章を割いて論じるのは、この時の改定で公民教育に特筆すべき変化がもたらされたためである。これまで国民中学全学年で教えられていたものが、第二および第三学年でのみ教えられることになり、授業時間数が削減されたこともあるが、内容面、とりわけ表象するナショナル・アイデンティティに本質的ともいうべき変化がみられた。つまり、「公民と道徳」が教えるナショナル・アイデンティティは、94年『課程標準』のもとで、以前とは決定的に異なる特徴を持つに至ったわけだが、このような変化がなぜ生じたかを理解するためには、時代背景に目を向ける必要があるだろう。
　戒厳令解除後の台湾では、民主化・自由化と期を同じくして教育改革が動き始めたが、『国民中学課程標準』の第4次改定が行われた1994年は、今日に至る教育改革の潮流が不可逆のものとなった決定的な年であった。したがって、ここでは、1994年を起点とする教育改革について巨視的に論じた

うえで、94年『課程標準』に基づく公民教育が表象するナショナル・アイデンティティの「新しさ」について、実証的に明らかにしていきたい。

第1節　1994年の二つの出来事と脱権威主義の教育改革

　再選をねらう民進党の陳水扁―呂秀蓮ペアと国親連盟〔国民党・親民党の野党連合〕が推す連戦―宋楚瑜によって争われた2004年の台湾総統選挙では、教育改革が争点の一つとなった。この時、キーワードとなったのが、「十年教改」〔十年の教育改革〕という言葉である。2004年の投票を前に、2003年には、この言葉が定着していたことからすれば、その起点は1994年ということになる。1994年が教育改革の「元年」とみなされるのは、この年に「四一〇教改大遊行」〔4・10教育改革大デモ〕と「行政院教育改革審議委員会」の成立という、二つの重要な出来事が重なったためである。前者は「民」の運動であり、後者は「官」の政策であるという点では対照的だが、両者の問題意識には相通じる部分が少なからずある。この二つの出来事は、新時代の教育改革の始まりを告げるものであり、その後の流れを方向づけた。それらが指し示す改革の精神は、同時期に進行した初等・中等教育のカリキュラム改定にも通底しており、公民教育の表象するナショナル・アイデンティティの変化に影響を与える要因であった。

1　「四一〇教改大遊行」

　1994年4月10日、数万人におよぶ市民が台北市内に集結、教育改革を求めて大規模なデモを敢行した。いわゆる「四一〇教改大遊行」である。戒厳令解除後、力を蓄えてきた民間教育改革運動の一つの決算というべきこの出来事が示したのは、上意下達の一方的な教育政策の決定はもはや困難であり、民主化・自由化時代の教育改革は、「官」と「民」、「国家」と「社会」の相互作用のなかでしか進行しえないという事実であった[1]。デモには、文教団体、社会運動団体、学生団体、女性団体、学術団体、宗教団体、出版界、商

業界、保護者団体、地域組織、医学界、メディア界、文学界、法律界、労働組合、校友会、政治団体等が参加したが、このことは教育改革が国民的関心事であったことを物語っている。郭為藩・教育部長が民衆の呼びかけに応じてデモの現場に姿を現すことはなかったが、野党各党の立法委員が顔を揃えたことは、この出来事が少なからぬ政治的インパクトを持っていたことを表している。

　台湾大学教授の黄武雄を指導者とする「四一〇教育改造全民大結合運動」〔大デモはこの運動の一部分に過ぎない〕は、「威権政治」・「専制文化」・「粗廉主義」という三つの要素が台湾教育の「病因」であるという基本認識を持つものであった[2]。

　第一の要素である「威権政治」とは、政治における権威主義を指している。権威主義的統治が教育に「管理主義」をもたらし、不正常な状態に陥らせているという認識である。管理主義とは、教育を通じて人々の思想と言行を統制し、学生を同一規格の公民に仕立て上げるという思想である。

　第二の要素である「専制文化」〔専制の文化〕は、管理主義と相まって過度の進学主義を蔓延させた原因とみなされる。政府が教育を経済発展という目標に従属させ、マンパワー計画に即して教育の二分化〔普通教育と職業教育〕を推し進め、上意下達的に学校の量を制限したことで「狭き門」が形成されたという認識である。「聯考」という統一入試制度の競争圧力のもとで、進学が教育の第一の目標となり、五育〔徳・知・体・群・美〕の均衡的発展が不可能になっていることが批判されている。

　第三の要素である「粗廉主義」とは、国防と経済に偏重した国家発展のあり方によって、教育に対する投資、即ち、国家予算の配分が不当に低く抑えられてきたという認識である。このことは教育のマスプロ化をもたらし、1クラス50人、1学校100クラスという状況が生み出されたが、こうした「大班大校」〔大人数のクラスと大きな学校〕は、教育の原理に反するものであった。

　これら三つの要素の相互作用によって病的な状態に陥っている台湾の教育を救うための処方として、「四一〇教育改造運動」は、以下のような「四大アピール」を提起した。

第一のアピールは、「小班小校」〔少人数制クラスと学校小規模化〕の実現というもので、管理主義と粗廉主義の解消に向けたものであった。

第二のアピールは、高級中学と大学の広範な設置であり、これは進学主義の解消に向けたものであった。

第三のアピールは、教育の「現代化」の推進である。ここでの教育の「現代化」とは、教員と教材の多元化、小・中学校教育の地域化〔地域による監督と保護者の参与〕、学校の設置・運営の民間開放、先住民・障害者・女性・労働者・農民の主体性の教育、個性的な発達の重視、管理主義の除去、無条件就学ローンの大量提供等を含むものである。

第四のアピールは、教育基本法の制定であり、これは権威主義に向けたものであった。

「四一〇教育改造運動」の盛り上がりが示したのは、政府はもはや教育改革を求める市民の声を無視することができないという事実であった。1994年6月に開催された第7次全国教育会議の提案を受けて、直ちに「行政院教育改革審議委員会〔教改会〕」を組織したことは、教育改革に向かう政府の不退転の決意を示すものであった。

2 「行政院教育改革審議委員会」と『教育改革総諮議報告書』

1994年9月21日、社会の高い関心のなかで、「行政院教育改革審議委員会」の第1回会合が開かれた。ノーベル賞学者で中央研究院の院長を務める李遠哲を召集人〔座長〕に、政務委員〔無任所大臣〕の張京育を副座長〔副召集人〕に迎え、31名の有識者からなる同委員会は、教育改革に関する行政院〔内閣〕の諮問機関として、日本の臨時教育審議会をモデルとして組織されたものであった。委員には、閣僚〔孫震・国防部長等〕を含む中央政府関係者、地方政府の首長〔游錫堃・宜蘭県長等〕、学者〔中央研究院院士、大学教授〕、大学の学長および小・中・高校の校長、メディア関係者、芸術家、企業家など、各界を代表する人物が顔を揃えた[3]。そのなかには、後に教育部長を務めることになる林清江〔中正大学長〕、黄栄村〔台湾大学心理系教授〕が含まれていたほか、

野党・民進党の政治家も、名を連ねていた〔游錫堃、余陳月瑛・元高雄県長〕。
　教改会は、約2年間で34回の会議を重ね、4度の中間報告〔『教育改革諮議報告書』〕を出し、ニューズレター『教改通訊』を27号発行した[4]。1996年12月には最終答申となる『教育改革総諮議報告書』を発表したが、同報告書は、その後の教育改革のグランドデザインというべき性格を持つものであった。
　『教育改革総諮議報告書』は、教育の「現代化」が追求すべきものとして、人本主義化〔ヒューマニズム化〕、民主化、多元化、科学技術化、国際化の五つの方向性を示したが、これらは従来の教育の弊害を反省し、内外の環境の変化を反映するものであった[5]。
　教育の人本主義化とは、全人的な教育である。学習者の健全な思想、情操と知能を育み、その潜在能力を十分に発展させるとともに、自己実現を図るというもので、従来の教育の知育偏重に対する反省に根ざしている。
　教育の民主化とは、教育の自主性を確立し、自由選択の機会を増やすということである。国民の社会に対する責任感、遵法の精神および選択の能力を向上させるという意味だが、これらは民主主義の前提である市民社会を生きるうえで必要な資質である。
　教育の多元化とは、社会におけるマイノリティや弱者を尊重することであり、各個人の才能や個性を伸ばす教育を提供することである。これまでの教育の高度の一元化・同質化志向を解消し、個人の発達の多様なあり方を肯定しようとするものである。
　教育の科学技術化とは、科学技術の知識を普及させ、科学的精神を広めるということである。科学的な精神とは、問題解決の能力のことであり、これは進学主義が蔓延させた知識の詰め込みとは異なる資質・能力観である。
　教育の国際化とは、二面的な方向性である。異なる文化やエスニックな伝統を理解し、賞美し、尊重するという方向性が一方にあり、本土文化の長所を発揮することによって、本土に対する慈愛を確立するという方向性が他方にある。
　このような方向性を持つ教育改革は、五つの理念に支えられている。(1)教育の規制緩和、(2)学生一人一人をしっかりと育てる個性・才能重視の教育の

発展、(3)進学ルートの流れをよくすること、(4)教育の質の向上、(5)生涯学習社会の確立である。とりわけ重要なのは、教育の規制緩和であり、教育システムの不当な管制を取り除くだけでなく、誤った観念と習慣による束縛を脱するという意味を持っている。その目的は、40年におよぶ権威主義的統治が生み出した弊害を除去し、硬直化した教育の刷新を図ることであり、そうした問題意識は、そのほかの理念にも共通するものである。このような基本認識に基づいて、『教育改革総諮議報告書』は、特に優先すべき8項目の推進目標について、短期・中期・長期の具体的達成目標を提案している〔表4-1参照〕。

表4-1　教育改革の優先推進項目

教育改革の重点的項目	完成までの期間		
	短期的に完成	中期的に完成	長期的に完成
一．教育に関する法令の改定と教育行政体制の検討	1.「教育基本法」の制定 2.「教育部組織法」の改定 3.「私立学校法」の改定 4.「原住民教育法」の制定	1. 各校種の人事会計制度の修正 2.「学校教育法」の制定 3.「親職教育法」の制定 4.「大学法」の改定	1.「教師法」の改定
二．小・中学校教育の改革	1. カリキュラム、教材と教育・学習の革新 2. 国民教育における少人数クラス制の実施 3. 国民教育に対する国家の経費支出の比率を先進国の基準に合わせるよう促進する 4. 教師の専門的資質を高め、教育に対する熱意を啓発するプランを研究する 5. 適性教育〔個性を伸ばす教育〕のための学校環境づくり	1. 補習教育システムの確立 2. 高級中学の受け入れキャパシティの拡大 3. 教育評価制度の確立 4. 国家レベルの教育研究機関の成立	1. 総合高級中学〔コンプリヘンシブスクール〕を主とする学区制の確立
三．幼児教育の普及と障害児教育の発展	1. 満5歳の幼児の入園需要の80％を満たし、幼児が各種の教育・保育機関で一定品質の幼児教育を受けられるようにする 2. 特殊学校の設立は、少人数制クラス、小規模の学校を原則とし、地位化の発展を目指す 3. 学校の特殊クラスの普及に力を入れる	1. 無料の幼児教育を段階的に実施・普及するとともに、その品質を保障する 2. 0-6歳の幼児に対する無料の心身の健康診断を実施する 3. 保護者、教育・保育機関、社会的資源を結合し、幼児の発展に有利なサポート・ネットワークシステムを構築する 4. 障害児教育の教師の供給量を拡充する	1. 義務教育段階の障害児の特殊教育への就学率を普通児童の就学率の95％水準に引き上げる

四．技術・職業教育の多元化・精緻化の促進	1. 技術・職業学校の普通高校に対する人数比率を下げる 2. 多元的で弾力的な技術・職業教育制度の実現 3. 多元的な技術教師の審査システムを確立する	1. 技術・職業学校の学生の基礎学力を強化する 2. 高等教育段階の技術・職業学校の学生の教養教育を強化する	1. 職業資格の社会的信用の向上
五．高等教育の改革	1. 教育部に高等教育の審議委員会を設ける 2. 公立大学に理事会を設ける	1. 高等教育の評価制度を確立する 2. 学費に関する制限を緩和し、奨学金と教育ローンを増加する	1. 公立大学の法人化 2. 特色を備えた高等教育学府の発展
六．多元的入学方案の実施	1. 大学レベルでの多元的入試制度の推進 2. 高校レベルでの多元的入試制度の推進		1. 高等教育学府への入学を〔試験によらない〕申請を主とする制度にする
七．民間による学校設立の推進	1. 民間による小・中学校の設立の推進 2. 私立学校の校務の制度化、人事と財務の透明化を強化する	1. 各レベルの政府に「私立学校審議委員会」を設立する 2. 私立学校への補助を大幅に増加し、学生に対する直接的補助を段階的に調整する	
八．生涯学習社会の確立	1. 生涯学習の理念を広める 2. 生涯学習の推進、協調と統合・整理に関して専門的に責任を負う機関を中央と地方に設置する	1. 正規、非正規および非正式の教育システムを統合・整理するとともに、非正規および非正式教育システムでの学習成果を承認するためのメカニズムを確立する 2. 全体的なリカレント教育制度を制定し、推進する 3. 現代的な図書館および情報システムを普遍的に設置する 4. コミュニティ・カレッジの増設	

出典）行政院教育改革審議委員会編『教育改革総諮議報告書』台北市：行政院研究発展考核委員会、1997年、74-76に基づき著者作成。

　『教育改革総諮議報告書』が描き出す教育改革の青写真は、1998年に教育部が策定した「教育改革行動方案」によって実現への拠りどころを得た。教改会の後を受けて教育部に成立した「行政院教育改革推進委員会」が取りまとめた同方案は、12の改革項目に5年間〔1998年～2003年〕で1,571億台湾ドルの予算を配分する行動計画であった[6]。12の改革項目とは、(1)国民教育の健全化、(2)幼児教育の普及、(3)教員養成と教員の研修制度の健全化、(4)技術・

職業教育の多元化と精緻化、(5)高等教育の卓越した発展の追求、(6)生涯教育と情報・ネットワーク教育の推進、(7)家庭教育の推進と発展、(8)障害児教育の強化、(9)原住民教育の強化、(10)進学ルートの流れの適正化、(11)学生指導の新たな体制を確立すること、(12)教育経費の充実と教育研究の強化である。

「四一〇教改大遊行」と教改会の成立という二つの出来事は、新たな時代の教育改革の始まりを象徴するものであった。両者の意図と主張は完全に一致しているわけではないが、広い意味で脱権威主義の名のもとに一括しうるだろう。両者の主眼は、権威主義体制下で築かれた教育システムの構造的欠陥を打破することにあった。過度な一元的かつ集権的な教育システムのあり方が、多くの教育問題の根本にあるとみなされたためである。

3 脱権威主義の教育改革の「その後」

1994年の『国民中学課程標準』の第4次改定は、こうした時代の空気のなかで行われた。1996年の『教育改革総諮議報告書』とは時間が前後するが、教改会の委員の一部は、『国民中学課程標準』の改定委員を兼務していたのであり[7]、その意味で、両者の問題意識には共通する部分も多かった。1994年の『国民中学課程標準』の改定については、次節で詳細に検討するが、その前に脱権威主義改革の「その後」について、簡単に触れておきたい。〔なお、1994年以来の教育改革の具体的な動きについては、**表4-2**を参照。〕

本節の冒頭で述べたように、1994年に決定的な潮流となった脱権威主義の教育改革は、10年の年月を経て、厳しい批判に直面することになった。2004年の総統選挙で教育改革が争点となったことはすでに指摘したが、その選挙戦と時を同じくして、2003年には、民間教育改革運動が再び盛り上がりをみせた。1994年の高潮を第1次とし、この年の諸々の運動を第2次教育改革運動と呼ぶこともあるが、黄光國〔台湾大学心理系教授〕を発起人とする「重建教育連線〔教育再建連合戦線〕」による運動は、とりわけ大きな衝撃をともなうものであった。同組織は、2003年7月20日に記者会見を開いて成立を宣言し、「重建教育宣言」と題する改革提言を発表した[8]。一般に「教改

表4-2 教育改革の主な動き（1994年〜2003年）

年月	主な出来事
1994年4月	「四一〇教改大遊行」〔「410教育改革大デモ」〕
1994年5月	小・中学校のカリキュラム改定で郷土教育が強化される →国民小学で「郷土教学活動」、国民中学で「認識台湾」が必修化
1994年6月	「第7次全国教育会議」
1994年9月	「行政院教育改革審議委員会」成立
1995年2月	「教育白書」公布 →教育の発展報告を素描。進学によるストレスの緩和、資源の合理的分配、教育自由化の指導、教育の質的向上、人文精神の発揚を目標に掲げる
1995年7月	「教師法」公布
1995年8月	「全国教師会」〔全国レベルの教員組合〕成立
1996年9月	国民小学の全教科で検定教科書の使用開始
1996年12月	『教育改革総諮議報告書』発表
1997年9月	「九二七搶救教科文行動」〔教育・科学・文化を救え927アピール〕 →1997年7月の第4次憲法修正によって、教育・科学・文化予算に対する15％の下限保障〔全予算に占める割合〕が削除されたことへの抗議活動
1998年5月	「教育改革行動方案」発表
1998年9月	小・中学校で「小班小校」制が実施
1999年6月	「教育基本法」が立法院を通過
2001年3月	「国中基本学力測験」〔国民中学段階基本学力テスト〕が初めて実施 →「聯考」〔統一入試制度〕に代わる新テスト。入試多元化の時代へ。
2001年9月	小・中学校で九年一貫の新カリキュラムが実施 →細分化した学科を七つの学習領域に統合、教師の自主権の拡大、国民小学第5学年から英語教育が必修化
	多元的高校入試の実施 →学力のみによらない多元的な入学試験制度の確立
2002年9月	多元的大学入試の実施
	数万人の教師による大規模街頭デモ

出典）『聯合報』ウェブサイト「2004年総統大選 UDN 選挙学院」の「教改大事記」
(http://udn.com/PE2004/topic/200310363229240.shtml) に基づき著者作成。

萬言書」と呼ばれる提言は、13の項目にわたって現行の教育改革を批判し、(1)10年の教育改革を検討し政策的混乱を収束すること、(2)教育政策の決定を透明化し専門知識を尊重すること、(3)「弱い」〔主に経済的に恵まれないことを指す〕学生に配慮し社会正義を維持すること、(4)質の高い教育を追求し学習を楽しいものとすることを訴えた。

「重建教育宣言」が社会の高い関心を集めたのは、100名を超える学者・文化人がこれに連署していたためである。教育部は、この宣言が公式に発表された記者会見の同日に、13項目の批判に対する回答を示したが[9]、この批判

を当局が重く受けとめざるをえなかったのは、その主たる担い手が世論を
リードする知識人であったためだけではない。重建教育連線の運動が新し
かったのは、「十年教改」の前提そのものに対する問題提起を含むものであっ
たためである[10]。例えば、この宣言は、現行の教育改革が「能力を重視し知
識を軽視している」ことを批判したが、上述のように、能力を重視する資質
観は、知育偏重の詰め込み式教育に対するアンチテーゼとして、脱権威主義
の教育改革の哲学的基礎というべきものであった。しかし、重建教育連線の
「新しさ」は、同時期の民間教育改革運動に広く共有されていたわけではな
かった。同時期に活発的な動きを見せた民間教育改革団体に、「快楽学習教
改連線〔楽学連〕」があり、重建教育連線の指導者である黄光國との間で話し
合いの機会がもたれたが、明確な共同戦線を築くには至らず、両者は「分進
合撃」〔別々に侵攻し、共に敵を撃つ〕というスタンスを保持することになった。
「『第2次教育改革』が成功をおさめようとするならば、理念のうえで李遠哲
が指導した『第1次教育改革』とは徹底して一線を画するべきである」[11]と考
える黄光國が、教改会の座長であった李遠哲を訪問し、「四一〇教育改造運動」
の指導者であった黄武雄を「精神的領袖」とする楽学連の路線を不徹底なも
のとみなしたためであろう。

　1994年から10年を経て、台湾社会に生まれた教育改革に対する反省と批
判は、広範な射程におよぶものであったが、その論点の一つ一つを吟味し、
教育改革の成否を判断することは、本書の本意ではない。その重要な考証は、
稿を改めて論ずべきものであろう。ここで必要なことは、本書の主題である
台湾における教育とナショナル・アイデンティティの問題を考察するうえで
有用な示唆を汲み上げることであり、その意味では、二つの点が重要である。

　第一に、「四一〇教育改造運動」が教育における管理主義を批判し、『教育
改革総諮議報告書』が規制緩和を理念としていたにもかかわらず、教育シス
テムの一元性・集権性は、さほど揺らいではいないという事実である。

　『課程標準』—国定教科書—「聯考」の「三位一体」の事例が端的に示して
いるように、権威主義の教育システムでは、制度と制度の相互作用によって、
高度の一元性・集権性が生み出されていたのであり、絡み合った結び目を解

きほぐすことは、容易なことではない。

　また、教育システムの高度の一元性・集権性という問題は、国家の制度・政策の問題であると同時に、社会的な観念の問題でもあり、それゆえ、その根本的解決は、一層困難なものとなっている。つまり、政府が多元化・分権化の理念を政策として十分に展開できていないだけではなく、教育を一元的・集権的なものに押し留める力が社会の側にも働いているということである。

　その顕著な例が教科書制度および試験制度改革が生み出した矛盾に対する反応である。多元化を基調とする近年の教科書制度および試験制度の根本的な目的は、行き過ぎた進学主義を是正し、教育の正常化を図るものである。前者は国定制から検定制に向かう動きであり、後者は「聯考」という高校・大学の統一入試制度を廃止し、複線的な進学ルートを確立するものであったが、学生の学業負担を却って増大させるという皮肉な結果をもたらすこととなった。かつての国定教科書─「聯考」の組み合わせは、教育システムに過度の一元化と集権化をもたらす最大の要因であったが、一方で、ある種の「わかりやすさ」を体現するものでもあった。入学試験の出題の拠りどころが非常に明確であったためである。しかし、教科書制度が「一綱多本」〔一つのガイドラインと多くの教科書〕の検定制に移行する一方で、「聯考」の廃止にともなって導入された国民中学と高級中学の「基本学力測験」〔基本学力テスト〕が「聯考」の実質的代替物になるという状況が生じたことによって、学生の学業負担はさらに増大した。進学のための試験の圧力が解消されないまま教科書の種類が増えたため、学生と保護者は、自分ないし子どもの学校で採択されているものとは異なる教科書から「基本学力測験」の問題が出題されるのではないかという不安に絶えずさらされることになったためである。このような不安感は、一部の人々をして、かつての一元性・多元性の裏側にあるわかりやすさに回帰させている。2004年総統選挙の選挙戦で、国親連合側は、国立編訳館による国定教科書の復活という政策案を打ち出したが、これは社会の側にある回帰願望を見越したものといえるだろう。

　第二の点は、2005年になって李遠哲がそのことを理由に社会に対して謝罪をしたように、「十年教改」が結局、行き過ぎた進学主義の問題を解決し

えなかったということである。2005年10月13日、李遠哲は、立法院で李敖〔作家／立法委員・無党籍〕の質問に対し、「私のしたことには、誤っている部分があった。例えば、学生の進学の圧力を緩和することができず、却って深刻化させてしまった」[12]と述べ、この問題の解決を目指したはずの「十年教改」が結果として事態の複雑化・深刻化を招いたことを認めたのである。

　高校・大学レベルでの入試制度の多元化によって「聯考」が廃止され、試験によらない進学ルートが拡充しつつあるが、中心は依然、「基本学力測験」という試験の成績に基づくルートである。そして、「基本学力測験」が「聯考」の代替物として機能しているために、進学競争の現実は一向に改善せず、「一綱多本」の教科書制度改革によって、却って負担が増大しているという認識さえ生まれている。

　過剰な進学主義の問題は、戦後の早い段階ですでに顕在化しており、1968年の九年国民教育政策においては、主要な背景要因であった。1968年の九年国民教育政策と「十年教改」という、相反するベクトルを持つ二つの教育改革は、いずれもこの問題に決定的な解決をもたらすことができなかった。進学主義の問題の解決が容易でないのは、この問題が教育システムの高度の一元化・集権化の問題と同様に、単なる制度的・政策的問題ではなく、社会的観念の問題でもあるからである。「いい高校」、「いい大学」に進学することが将来の成功を約束するという認識が社会を覆っているかぎり、苛烈な進学競争は、制度がいかに変わっても続いていくだろう。

　教育システムの高度な一元性・集権性と行き過ぎた進学主義の蔓延という二つの問題は、教育の近代的性質を強化する。前者は言うまでもなく、後者もまた、国家のイデオロギー装置として国民化に資するという教育のあり方に拍車をかけるのである。進学主義とは、「学校知」の物差しで自己を計量することを人々が自ら欲するという意味であり、社会の学校化を促す論理である。その論理は普遍的・均質的な学校制度を前提とするものだが、このような学校制度は、集権的な国家によってのみ維持されうるものである。進学主義が教育の国民化志向を強化するのは、まさにこうした筋道によってである。

　台湾における教育とナショナル・アイデンティティの問題を考察する本書

にとっての重要な示唆は、「国民化のための教育」という思想を支える制度と観念が脱権威主義の教育改革を経てなお、その「強さ」を保ち続けているということである。

第2節 『国民中学課程標準』第4次改定と公民教育

　台湾では、1993年から95年にかけて、初等・中等教育のカリキュラムが改定された。1994年の『国民中学課程標準』の改定は85年以来10年ぶり、1993年の『国民小学課程標準』の改定は75年以来、約20年ぶりであった[13]。

　九年国民教育の開始にあわせて1968年に制定された『国民中学暫行課程標準』は、72年、83年、85年に改定されたが、これら3回の改定に比べて、94年の改定がとりわけ重要な意味を持つのは、それが民主化・自由化が実現し、教育改革が本格的に始動して以来、初めての改定であったためである。

　1993年改定『国民小学課程標準』は96年度から、94年改定『国民中学課程標準』は97年度から実施が開始されたが、実施後ほどなく国民教育カリキュラムの改定のプロセスが再度動き出し、90年代末には、国民教育9年間のカリキュラムを一貫化する『国民中小学九年一貫課程暫行課程綱要』が制定された[14]。これにより、1993年から94年に改定された国民教育の『課程標準』は、結果として、最後の『課程標準』となったのである。1990年代半ばの『課程標準』の改定は、『九年一貫課程綱要』というまったく新しいカリキュラムに向かう跳躍のための助走となるものであった。

　以下、94年『課程標準』の経緯、特徴、および公民教育〔「公民與道徳課程標準」〕の変化について論じる。

1　1994年『国民中学課程標準』第4次改定の経緯と方向性

　1994年に完成する『国民中学課程標準』の改定のプロセスは、1989年8月に教育部が「国民中学課程標準修訂〔改定〕委員会」を成立させ、同年9月13日に、第1回全体委員会議を開催して改定の原則と重点を討議したことから

始まった。その後、「国民中学課程標準総綱〔総則〕修訂小組」〔1989年8月〕、「国民中学各科課程標準修訂工作推動委員会」〔91年7月〕、「国民中学各科課程標準修訂小組」〔同年9月〕、「国民中学課程標準編輯審査小組」〔1992年7月〕と修訂委員会の下にサブ・グループが次々と組織され、「21世紀の健全な国民を育成する」という中心思想のもとで、改定作業を進められることとなった。〔「小組」は「グループ」の意味。各委員会および小組の関係は、**表4-3**を参照。〕

表4-3 『国民中学課程標準』第4次改定の組織図

```
              教 育 部
                 │
    国民中学課程標準修訂委員会
         │             │
国民中学課程標準    国民中学各科課程標準
 編輯審査小組      修訂工作推動小組
         │             │
   総綱修訂小組    各科課程標準研(修)訂小組
```

理化組	生物組	地理組	歴史組	公民與道徳組	認識台湾地理組	認識台湾歴史組	認識台湾社会組	数学組	英語組	国文組	地球科学組	健康教育組	家政與生活科技	電脳組	必修
団体活動組	輔導活動組	郷土芸術活動組	童軍教育組	美術組					音楽組	体育組					
									音楽組	体育組	理化組	地球科学組	数学組	英語組	国文組	選択

出典）教育部編『国民中学課程標準』〔1994年改訂版〕台北市：教育部、1995年、807頁に基づき著者作成。

第4章　民主化・自由化時代の教育改革と公民教育　155

　改定作業は、日本の『学習指導要領』の総則に相当する「国民中学課程標準総綱」から始まり、次いで各教科の「課程標準」の改定へと進んでいった。国民中学教育の全体的なデザイン〔全体的目標、科目と時間数、実施通則〕を定める「国民中学課程標準総綱」の改定の過程は、以下のような内容を含むものであった[15]。

---

1. **全体委員会議の招集**

・改定の重点、作業の進度を検討。総綱草案を審議。
・1989年9月13日の第1回会議を皮切りに計6回招集。
・第1回会議では、五つの基本原則が設定される。
・第5回会議〔1993年6月28日〕では、総綱草案の部分的な見直しが行われる。
　→第1学年の社会学科に「認識台湾」（社会篇・歴史篇・地理篇）を新設
　　「電脳〔コンピュータ〕」と「郷土芸術活動」の2教科〔必修〕を新設

2. **総綱修訂小組委員会議の招集**

・国内外の関連する研究、実験報告、データの収集。
・改定の原則と方向を確定することで、総綱の目標、科目と時間数、実施通則などを検討するうえでの拠り所とする。
・総綱草案の完成までに都合26回招集。

3. **アンケート調査の実施**

・郭生玉〔台湾師範大学教育心理とカウセリング学科教授〕に「国民中学課程標準修訂意見調査研究」と題する調査を委託。6千名以上の学者専門家、教育行政関係者、民意代表、教育団体関係者、学生の父母、国民中学教育の関係者と学生などから、現行のカリキュラムと将来の改定に関する意見を集める。

4. **公聴会の開催**

・4会場×3段階の公聴会を開催し、各界から広く意見を集める。

5. **合同会議の招集**

・並行的に改定中の国民小学および高級中学の課程標準総綱修訂委員会と合同会議を行い、教育課程の縦の繋がりについて検討。

6. **内外の専門的研究への従事**

一方、「国民中学課程標準総綱」を下敷きとしてなされる各教科の「課程標準」の改定は、以下のように進められた[16]。

> **1. 各教科の課程標準の改定作業の推進に関する会議の招集**
> 〈第一段階〉
> ・1991年7月、「国民中学各科課程標準修訂工作推動小組」成立。各教科〔必修〕の「課程標準」の改定作業の全体的計画を策定。
> ・1992年9月30日、「研商国民中学各選修科目課程標準修訂工作推動事宜〔国民中学の各選択科目の課程標準改定作業の推進に関する研究開発について〕」を招集。各選択科目の「課程標準」の改定において責任を負う単位を決定。
> 〈第二段階〉
> ・総綱草案の部分的修正〔1993年6月28日〕に合わせて、「研商八十三年度推動国民中小学課程標準修訂工作事宜〔1994年度国民中学・国民小学の課程標準改定作業の推進に関する研究開発について〕」を招集。新たに増加した教科あるいはその他の教科の「課程標準」の見直しにおいて責任を負う単位を決定する。
> **2. 各科課程標準修訂小組の召集人〔座長〕と推動小組の合同会議の開催**
> ・各学科の課程標準の書式、合同会議の招集の時期などについて検討。
> **3. 各科課程標準修訂小組委員会議の開催**
> ・各学科のカリキュラムの関連資料の収集、各学科の改定の原則と方向の検討と立案、各学科の教育目標、教材綱要、実施方法の起草等。
> **4. 各学科の課程標準の改定に関する座談会およびアンケート調査の実施**
> ・各学科の修訂小組が課程綱要草案の検討・立案と前後して、北部・中部・南部・東部で座談会を開催し、各界の改定草案に対する意見を集める。
> ・一部の教科の修訂小組では、アンケート調査を実施し、広く意見を集めた。
> **5. 相互に関連する学科の座長と執筆者による合同会議の招集〔計6回〕**
> ・「国文」、「公民と道徳」、「歴史」、「地理」、「家政與生活科技〔家政と生活の科学技術〕や「認識台湾」（社会篇・歴史篇・地理篇）「公民と道徳」、「歴史」、「地理」等、関連する学科を組み合わせて、合同会議を招集した。
> **6. 各校種〔小・中・高〕の各学科の修訂小組の座長による合同会議の招集**
> ・国民小学と国民中学の合同会議を1回、国民小学・国民中学・高級中学の合同会議を2回開催。

第4章 民主化・自由化時代の教育改革と公民教育

> 7. 全体委員会議の招集
> ・2回開催。

『国民中学課程標準』の「総綱」と各学科の「課程綱要」は、以上のようなプロセスを経て改定され、1994年10月に公布、97年度より適用が開始された。改定は、「21世紀の健全な国民を育成すること」を最高の目標＝中心思想とし、「未来化」、「国際化」、「統整化」、「生活化」、「人性化」、「弾性化」の六つの基本理念に根ざすものであった。それぞれの基本理念の含意は、次のようなものである[17]。

1.	未来化	学生の要求を中心に据え、その将来の発展を考慮し、先見性のある理念を持つことによって、カリキュラムを合理的に企画する。
2.	国際化	情報化時代において、「地球村〔グローバル・ヴィレッジ〕」や「国際社区〔国際社会〕」の意識が次第に形成されているなかで、次世代の学生が「国際社会の生活」に適応し、参与することができるように、世界に対する関心を持たせる。
3.	統整化〔統合と整理〕	各学年および各学科のカリキュラムの繋がりを重視し、重複や矛盾を拝するとともに、生活を中心に据えることによって、人文と科学技術、正式のカリキュラムと潜在的カリキュラムなど、両方を配慮することによって、学習の効果を高める。
4.	生活化	カリキュラムの内容を学生の生活と結びつけ、単なる知識の暗記にならないようにする。
5.	人性化〔人間化〕	知育偏重、情操教育の不足という過去の状況を正常化する。学生が中心であることを強調し、人文的陶冶を重視する。教材の分量をしぼり、授業時間を少なくすることで、学生の潜在能力の発展と自己実現を助ける。
6.	弾性化〔柔軟化〕	過去のカリキュラムにおける硬直を改め、学校の運営と教師の教育における専業的自主権を尊重することによって、適材適所の教育を可能とし、学生の独立した思考と潜在能力の発達を可能とする。

1990年代前半の国民教育のカリキュラムの改定は、このような構想のもとで行われた。ここで重視されているのは、(1)学生本位の姿勢、(2)全人的な発展の促進、(3)生活に根ざした教育、(4)カリキュラムの縦〔学年・校種間〕と横〔教科間〕の繋がりの整理と統合を進めることであり、こうした方向性は、1990年代末の「九年一貫」のカリキュラム改革にも受け継がれた。『国民中小学九年一貫課程綱要』が掲げる基本理念、カリキュラムの目標と「10大基本能力」〔**表4-4**参照〕は、ある意味で、1993年改定『国民小学課程標準』および94年改定『国民中学課程標準』が示した方向性をさらに発展させ、先鋭化させたものであった。世紀を跨いで進められた国民教育カリキュラムの大規模な改革の方向性は、1993年と94年の「過渡期の改定」で、すでに決定づけられていたのである。

　二つのカリキュラム改革がきわめて近い傾向性を示しているのは、両者が共通する時代背景を持っているためである。国内においては、民主化・自由化とそれに付随する様々な社会変容が存在し、グローバル化と情報化の波が世界を覆っていくという状況は、両者の共通の背景要因である。1994年改定『国民中学課程標準』が理念として提示する新概念、例えば、「地球村」、「国際社区」、「学校と教師の専業的自主権」といった概念は、こうした時代性を反映するものである。

　1994年改定の『国民中学課程標準』と現行の『国民中小学九年一貫課程綱要』が掲げる理念と目標を比較することによって、前者が打ち出した新たな機軸が後者に受け継がれ、さらなる発展を遂げていることが見て取れる。両者に共通する「新しさ」は、急速に変化する国内外の環境に対応するためのものであり、過去の教育システムの過度に一元的かつ集権的なあり方やその硬直性、不合理性に対する反省を出発点とするものである。例えば、「知識」よりも「能力」や「態度」を重視していることは、ナショナル・カリキュラムと国定教科書、「聯考」という「三位一体」の制度によって極度に一元化された「知識」を上から一方的に詰め込むという、かつての教育方式を批判するものにほかならない。同様に、カリキュラムの柔軟性を高めることで、学校と教師が専業的自主権を発揮しうる空間を拡大していくという努力は、教育におけ

表4-4　1994年改定『国民中学課程標準』と2003年改定『国民中小学九年一貫課程綱要』における理念・目標の比較

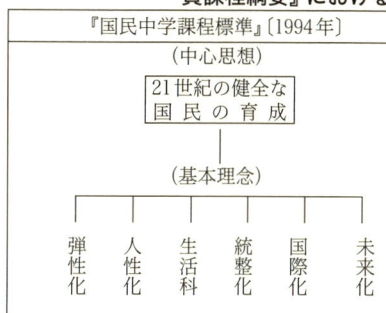

『国民中学課程標準』〔1994年〕	『国民中小学九年一貫課程綱要』〔正式版、2003年〕
（中心思想） 21世紀の健全な国民の育成 （基本理念） 弾性化　人性化　生活科　統整化　国際化　未来化 総綱が掲げる目標 国民中学の教育は、国民小学の教育を引き継ぎ、生活教育、品性と道徳の教育および民主と法治の教育を中心として、徳・智・体・群・美の五育が均衡的に発達した楽観的かつ積極的な青少年と健全な国民を養成することを目的とする。 1. 自己と他者を尊重し、勤勉で、責任感を持つ態度を育成し、民族意識と家族愛、郷土愛と愛国の情操を陶冶し、礼儀をわきまえ正義を重んじるという美徳を養成する。 2. 創造力、論理的思考と価値判断の能力を啓発し、問題を解決し社会の変遷に適応する能力を知識と能力を増進するとともに、生涯学習の態度を養成する。 3. 強健な心身と堅忍な意志力を鍛え、正当な余暇活動を営む知識と能力を養い、心身の成熟と健康を増進する。 4. 助け合いと協力、民主と法治の精神を培い、集団と自己の関係の調和を増進し、民胞物與〔人類と万物に対する普遍的な愛〕の思いやりを涵養する。 5. 審美と創作の能力を増進し、生命を愛し自然環境を保護するという態度を養い、生活における意義と趣味を増進する。	基本理念 人本主義的な思いやり、統合と整理の能力、民主の素養、郷土意識と国際意識を備え、生涯を通じて学びうる健全な国民の育成 1. 人本主義的思いやり 　自己の理解、他者や異なる文化の尊重 2. 統合と整理の能力 　理性と感性の調和、知識と行動の合一、人文と科学技術の整合 3. 民主の素養 　自己表現、独立した思考、他者との意思疎通、差異に対する寛容性、団結と協力、社会への奉仕、責任感と法の遵守 4. 郷土意識と国際意識 　郷土愛・愛国心・世界観 5. 生涯学習 　主体的な探求、問題解決の能力、情報と言語の運用 カリキュラムの目標 1. 自己理解の増進、個人の潜在能力の発展 2. 鑑賞、表現、審美、創作の能力の養成 3. 生涯設計と生涯学習の能力の向上 4. 表現、意思疎通、分かち合いの知識と能力を養う 5. 他者の尊重と社会への思いやりを発展させ、団結と協力を増進する 6. 文化の学習と国際理解を増進する 7. 企画、組織と実践の知識・能力の増進 8. 科学技術と情報を運用する能力 9. 主体的な探索と研究の精神の啓発 10. 独立した思考と問題解決能力の養成 十大基本能力 1. 自己の理解と潜在能力の発展 2. 鑑賞、表現と新しいものを生み出す力 3. 生涯設計と生涯学習 4. 表現、意思疎通と分かち合い 5. 尊重、思いやりと団結協力 6. 文化の学習と国際理解 7. 企画、組織と実践 8. 科学技術と情報の運用 9. 主体的な探索と研究 10. 独立した思考と問題解決

出典）教育部、前掲『国民中学課程標準』〔1994年改定版〕、1頁、799-801頁、および教育部『国民中小学九年一貫課程綱要（正式版）』教育部、2003年に基づき著者作成。

る分権化というべきものである。

　しかし、環境の変遷に即した「新しさ」を打ち出す一方で、94年『課程標準』は、教育と「国家」および「国民」の関係という点で、伝統的性質を色濃く残している。つまり、94年『課程標準』は、国民の育成を公教育の最も主要な役割と考えている点で、過去の『課程標準』を踏襲している。そして、教育における「国民化」志向の強さは、その後の『国民中小学九年一貫課程綱要』においても揺らいではおらず、すべての新概念は結局、「国民化」という目的に続いているのである。

　以上、『国民教育課程標準』の改定の経緯とその全体的特徴について論じてきたわけだが、次に、このカリキュラム改定によって公民教育の位置づけと内容がいかに変化したのか、「公民と教育課程標準」について、その要点を明らかにしたい。

2　1994年改定「公民と道徳課程標準」

　1994年の『国民中学課程標準』の改定によって、「公民と道徳」の位置づけは、二つの点で変化した。

　第一に、第1学年に社会・歴史・地理の三篇からなる新教科「認識台湾」〔「台湾を知る」という意味を表す〕が新設されたことによって、従来の「公民と道徳」「歴史」「地理」の授業時間が削減されたことがある。1968年の『国民中学暫行課程標準』以来、「公民と道徳」は、国民中学の全学年で週2時間ずつ教えられていたが〔「歴史」および「地理」も同様〕、「認識台湾」の新設によって、第2-3学年でのみ教えられることとなったのである〔週あたりの時間数は2時間のまま〕。

　第二に、「課程標準総綱」で示される科目表における位置づけの変化がある。これまで、「公民と道徳」は、科目表のなかで、すべての教科の筆頭に配されていたが、94年改定『課程標準』では、「認識台湾」の三篇と「歴史」、「地理」とともに、「社会学科」のカテゴリに収められた。

　しかし、これらの変化は、かならずしも国民中学の教育における公民教育

第4章　民主化・自由化時代の教育改革と公民教育　161

の「後退」を表すものではない。『国民中学課程標準』の巻末には、改定経過に関する詳細な説明が付されているが、今回の改定の特色の一つに「民主・法治の教育と公民教育の重視」が挙げられている[18]。〔だが、ここにおける「公民」ないし「公民教育」の概念は、次節で詳述するように、新たな含意を多分に含むものである。〕

　1994年改定「公民與道徳課程標準」が掲げる目標と教材綱要は、次のとおりである。次節で詳述するように、授業時間の削減によって教科書の冊数が6冊から4冊に変更されたが、4点の目標は、それぞれ教科書の各冊に対応している。

(1) 目　標

1. 学生の道徳観念を養い、日常生活のなかで良好に行為する適応能力を持てるようにする。
2. 学生の法律と政治に対する基本認識を啓発し、民主と法治の観念を養成するとともに、国民の権利と義務に対して、正確な理解と実践の能力を持てるようにする。
3. 学生の社会と経済に対する基本認識を強化し、社会に関心を払うという情操と正確な経済観念を養成し、社会および経済の建設に参与する能力を持てるようにする。
4. 学生の中華文化と国際文化に対する基本認識と興味を増進し、わが国の優良な文化を発揚する能力を持てるようにするとともに、異なる文化を尊重する態度を養成する。[19]

　目標の部分では、目だった新概念が導入されているわけではないが、『課程標準』全体に一貫する特色である「能力」と「態度」の養成が目的化されていることが見て取れる。

　このような「課程綱要」に準拠して編纂された『公民と道徳』教科書はいかなる特徴を持つものであるのか、以下次節において、教科書の国家観および国民観について詳しく検討する。

表4-5 1994年改定「公民と道徳課程標準」における教材綱要

1. 学校と社会生活〔第2学年上学期〕	2. 法律と政治生活〔第2学年下学期〕
1. 校内の倫理 2. 校訓、校規と学校生活 3. 校内の安全と校内の美化 4. 家庭の倫理と社会道徳 5. 両性教育と集団―自己関係 6. 生活の規範と国民の儀礼 7. 社会組織と社会活動 8. 社会安全と社会福祉 9. 社会の変遷と現代の生活	1. 民主と政治 2. わが国の建国の原則と中華民国憲法 3. 人民の権利と義務 4. 少年の法律的常識 5. 少年の法律的責任と感化の教育 6. 司法システムと訴訟の手続き 7. 中央民意機構と政府 8. 地方自治と政府 9. 政党政治と選挙 10. 民主政治と民主の素養
3. 経済生活〔第3学年上学期〕	4. 文化生活〔第3学年下学期〕
1. 経済と生活 2. 国民所得 3. 投資と貯蓄 4. 産業と貿易 5. 貨幣と銀行 6. 政府の収入と支出 7. 職業道徳と企業の社会的責任 8. 消費と消費者保護 9. 公害の防止と環境保護 10. 正確な財産観	1. 文化と生活 2. 芸術の趣味と美育 3. 余暇生活と文化の創造 4. 宗教の効能と宗教生活 5. マスメディアと文化の発展 6. 国民外交と国際的儀礼 7. 中華文化と中国の統一 8. 文化交流と世界の大同

出典）教育部編、前掲『国民中学課程標準』〔1994年改定版〕、200-205頁に基づき著者作成。

第3節 「最後」の『公民と道徳』教科書にみる「国家認同」

　前節で述べたように、1994年改定の『国民中学課程標準』では、「公民と道徳」の授業時間が6時間から4時間に削減された。これにより教科書の冊数も、全6冊から全4冊に変更となった。国民中学3学年の全学期〔6学期〕で週2時間ずつ教えられてきたものが、週あたりの時間数はそのままに、第2学年と第3学年でのみ教えられるようになったためである。

　変更後の構成は、第1冊『学校と社会生活』、第2冊『法律と政治生活』、第3冊『経済生活』、第4冊『文化生活』というもので、85年『課程標準』に準拠する『公民と道徳』教科書の第1冊〔『完全な教育』〕と第2冊〔『調和した社会』〕、第3冊〔『公正な法律』〕と第4冊〔『民主の政治』〕が、それぞれ1冊にまとめられたかたちである。全冊のタイトルに「生活」という言葉が織り込まれているのは、「生活を中心とし、学生に学習と生活経験を結合させることで、学ん

だことを実際に役立てるという目的を達成する」という編集の主旨を反映したものである。

表4-6は各冊の構成を示すものである。1〜3冊は10課、4冊のみ8課となっているのは、最終第3学年の下学期で使用されるためである。教科書の各項目と前節で言及した「公民と道徳課程標準」の教材綱要と比較すると、二つの点が特に注目される。

第一に、教材綱要が「法律と政治生活」の内容として挙げていた「わが国の基本原則と中華民国憲法」に相当する項目が教科書には含まれていない。「わが国の基本原則」とは、具体的には「国父」孫文が提唱した三民主義を意味するものであり、1968年制定の『国民中学暫行課程標準』準拠の教科書以来、『公民と道徳』教科書のなかで常に1章を割いて教えられてきたものである。しかし、94年『課程標準』に準拠する4冊の教科書では、全体を通じて三民主義に対する言及が見られない。無論、これによって、台湾の公教育か

表4-6　1994年改定『国民中学課程標準』準拠『公民と道徳』教科書の構成

第1冊　学校と社会生活	第2冊　法律と政治生活
第1課　公民と社会	第1課　国家
第2課　権利の観念と責任感	第2課　政府
第3課　家庭生活	第3課　政党と利益団体
第4課　学校生活	第4課　選挙と政治参加
第5課　学生自治	第5課　現代の国民が持つべき民主の素養
第6課　両性関係と倫理	第6課　法律とは何か
第7課　衝突の処理	第7課　人民の基本的権利
第8課　社会参加	第8課　法律上の義務と責任
第9課　社会における団体生活	第9課　権利の救済
第10課　社会変遷	第10課　現代の少年の基本的な法律の常識
第3冊　経済生活	第4冊　文化生活
第1課　経済と生活	第1課　文化と生活
第2課　消費と貯蓄	第2課　美感と生活
第3課　生産と投資	第3課　仕事、余暇と文化生活
第4課　交易と貿易	第4課　宗教の効能と宗教生活
第5課　市場と貨幣	第5課　国民外交と国民の儀礼
第6課　就業と創業	第6課　メディアを知る
第7課　個人と家庭の経済	第7課　文化の伝承と発揚
第8課　環境資源の保護育成	第8課　情報化時代の国際文化交流
第9課　政府の職能	
第10課　経済生活のサイクル	

出典）国立編訳館編『公民與道徳教科書』台北市：国立編訳館に基づき著者作成。なお、ここで依拠した各冊の版と出版年は、第1冊が正式本再版二刷〔2001年8月〕、第2冊が正式本再版二刷〔2002年1月〕、第3冊が正式本初版3刷〔2002年8月〕、第4冊が正式本初版〔2001年8月〕である。

ら三民主義が完全に姿を消したわけではない。同時期の国民中学『歴史』教科書〔第2冊〕では、「孫文と中華民国の建国」に引き続き1節が割かれており[20]、翌1995年の『高級中学課程標準』の改定でも、「三民主義」は必修教科として留保された[21]。だが、それでもなお、義務教育の必修教科である「公民と道徳」の教科書から三民主義が消えたことは、教育の脱「中国」化という点で、きわめて象徴的である。三民主義とは、まさに「中国」化教育の核心をなすものであり、国民中学の「公民と道徳」は、すべての国民が三民主義を学ぶ入口としての役割を伝統的に担ってきたからである。

第二に、教材綱要では「中華文化と中国の統一」となっていた「文化生活」の項目が、実際の教科書では「文化の伝承と発揚」となっている。この点も同様に、脱「中国」化の意味を持つものである。この章では、「わが国の文化」として中華文化が教えられているが、その概念の含意は、従来教育されてきたものとは著しく異なるものとなっている。また、中華文化を世界に発揚していくべきことが強調されているが、これまでの『公民と道徳』教科書のように中華文化の発揚が「中国」の統一という政治的目標に結び付けられることはなく、全体を通して見ても、教科書は「中国」の統一を謳ってはいない。

1994年に改定された「公民と道徳課程標準」の教材綱要とそれに準拠して1998年から99年にかけて編纂された教科書の項目の比較から明らかになるのは、後者が前者に比べて、脱「中国」的な性格を持っているということである。このことは、94年『課程標準』準拠の4冊の『公民と道徳』教科書が表象するナショナル・アイデンティティの一端をうかがわせる。以下、国家観と国民観の観点から、この時期の『公民と道徳』教科書の特徴を論じてみたい。

1 「中華民族」・「中華文化」概念の変質

国家観および国民観という点から4冊の『公民と道徳』教科書を通観するとき、まず注意を引くのは、「中華民族」の概念が大きな変質を遂げていることである。

前章でみてきたように、中華民族の概念は、権威主義体制下の公民教育の

核心をなすものであり、中華民族の価値と規範を教え、中華民族としての「われわれ意識」を学生に共有させることこそ、公民教育の最も主要な役割であると考えられてきたのである。しかし、94年改定『課程標準』に準拠する4冊の『公民と道徳』教科書では、中心的目標としての中華民族の含意に本質的な変化が生じている。

それ以前の教科書における中華民族の概念は、まさに政治的な概念であり、それは常に「国家」の概念と一体のものとして教えられてきた。しかし、この時期の教科書において、中華民族の概念は、政治を扱う第2冊『法律と政治生活』では一切言及されず、第4冊『文化生活』のなかでのみ語られている。つまり、これまで文化的かつ政治的な概念として教育されてきた中華民族の概念は、ここにおいて、専ら文化的な概念として扱われることになったのである。

『文化生活』の教科書は、「中華文化は中華民族が発展し奮闘する歴史のなかで累積してきた智慧の結晶である」[22]と語り、「わが国」の文化である「中華文化」の特質を理解し、それを広く世界に発揚していくことが「一刻の猶予も許されないわたしたちの責任」[23]であることを説いている。しかし、ここで語られる中華文化の含意は、従来のそれとは著しく異なるものとなっている。教科書が中華文化の特質に挙げる「国家に対して忠誠を語る」、「友人に対して信義を重んじる」、「美しい音楽を尊び、芸術を愛する」といった特徴は、言葉のうえでは、それまで教えられてきたものと同じように見える。しかし、その説明に用いられる記号は、明らかに変化している。端的に言えば、これまでの教育で語られることのなかった台湾の土着的価値が、中華文化の構成要素として、「中国」的な要素と同列に教えられているのである。

例えば、中華民族の民族精神の発露を物語る史実として、宋代における岳飛〔「中国」を代表する民族的英雄の一人〕の金への抵抗と台湾における原住民の抗日運動が並列され、芸術を愛するという文化的特質を表現する事例として、李天禄の布袋劇〔台湾の伝統的人形劇、李天禄（1910-98）はその代表的人物〕が挙げられている。こうした新しい中華文化観は、「文化の伝承と発揚」の章の冒頭に掲げられた、次のような会話のスケッチに象徴的に集約されている。

若干長くなるが引用しておきたい。なお、会話のシチュエーションは、両親の仕事の関係でパリに移住した台湾人の少年・孫大維が3人の外国人クラスメート、父親と中華文化とは何かを語り合うというものである。

「異国に身を置く孫大維は、逃れ難い寂しさを紛らわすため、いつも故郷台湾の農村の歌を口ずさんでいた。外国人のクラスメートたちは、東方の歌を耳にするたび、興味を感じるとともに、物珍しさを覚えるらしく、いつも中華文化に関する問題を尋ねては、孫大維を困らせるのであった。以下は、クラスメートたちの考えである。

Aさん:「大維君、中国はよく礼儀の国、古い文明を持つ国だと言われるけど、それっていったいどういう意味？」
Bさん:「私が思うに、君たちの中華文化とは、孔子の思想のことだと思うよ！」
Cさん:「いや！ 私の考えだと、台北の街角で食べられる水餃子や蚵仔煎〔カキのオムレツ〕、肉羹湯〔肉つみれのスープ〕の美味こそ、中華文化だと思うな。」

お父さんは、大維の困惑した顔を見て、笑いながら言った。『中華文化は広く豊かで、包容力の強い文化だ。それは歴史的に継承されてきたものであり、異なる地域と種族の生活の特質を反映するとともに、各時代の努力と創造の結晶を表現するものでもある。わたしたちが台湾で生まれ育ってきた過程から中華文化をみるならば、わたしたちは伝統文化の影響を受けるとともに、本土文化の新しい活力を生み育んできたこと、そして原住民の文化を賞美する術を身につけてきたことがわかるだろう。これはわたしたちが中華文化について持つべき基本認識だ』。」[24]

ここでは、「孔子の思想」と「水餃子や蚵仔煎、肉羹湯」の両方を包含する概念としての中華文化のイメージが提示されているが、このような語りは、前章で論じた権威主義体制下の公民教育の中華文化観とは著しい対照をなすものである。これまでの教育が教えてきたのは、「孔子の思想」のような伝統的な中華文化の精髄であり、ともすれば中華文化の絶対性を揺るがしかねない台湾の土着的価値は敬遠されてきたのである。しかし、「台湾に生まれ

育った中国人は伝統的な中華文化の強い影響を受ける一方、本土の活力を表現する文化の含意を創造してきた」[25]という語りが如実に示すように、1990年代末の『公民と道徳』教科書では、「本土」というキーワードのもとで、中華文化概念の大胆な再解釈が試みられている。

> 「現在、台湾の本土文化には、マライ・ポリネシア語系の原住民の文化のほか、早期に移住してきた『閩南』、『客家』および台湾の光復〔祖国復帰＝第二次世界大戦の終結を指す〕後に台湾にやって来た大陸の各省および少数民族の文化がある。台湾が提示している文化的様相は、すでに中華文化の縮図となっているのである。」[26]

上に引用した教科書の一部は、多様なエスニック文化の集合体としての「本土文化」が中華文化の縮図であることを述べている。「閩南」と「客家」は、いずれも漢民族のサブ・グループだが、こうした記号は、かつての公民教育が中華民族や中華文化を語る際には、およそ用いられることがなかったものである。かつての公民教育が中華民族のエスニックな多元性を語るために用いてきたのは、漢・満・蒙・蔵〔チベット〕・回〔ムスリム〕からなる「五族」の概念であった。台湾の現実から乖離したエスニック関係を持ち出すことで、閩南／客家、本省人／外省人、漢民族／原住民という現に台湾社会に存在するエスニック関係の多重性を遮蔽してきたのである[27]。

中華文化の概念の再編は、他文化との関係という面にも影響をあたえている。戦後台湾の公民教育は、中華文化を広く世界に広めることを、常に国民の責任として教えてきたが、ここにおいて、そのスタンスには明らかな変化が生じている。つまり、かつての教科書が中華文化の優位性を世界に広めていくという、啓蒙的なアプローチを採っていたのに対し、1990年代末の『公民と道徳』教科書は、中華文化の長所を広く世界に喧伝すると同時に、他文化の優れた点を学ぶべきことを教えている。この点について、教師の授業用参考書である「教師手冊」は、「西洋文化と協力する度量を培うこと」を「文化の伝承と発揚」の章の教育目標に掲げている[28]。具体的な活動の例として、「中外文化的差異（文化比較）」〔中国と外国の文化的差異（文化の比較）〕という活

動が提案されている。語法、呼称、飲食、衣類、宴会、礼儀、建築等、さまざまな点で「中国」と西洋の文化的差異について討論するという活動だが、その教育的意図は、文化的な差異を知り、さらには人類の文化的多元性を尊重し、賞美することができるようにするというものである。換言すれば、異なる文化に対する寛容性の教育ともいえるものだが、これまでの公民教育は、中華文化の絶対性を強調するあまり、こうした視点を欠く傾向を持っていた。

　中華民族および中華文化の概念の変質は、この時期の『公民と道徳』教科書の最も顕著な特徴である。この二つの概念の変化は、教科書の国家観および国民観のあり方に決定的な影響を与えている。

2 「国家」概念の変容

　この時期の『公民と道徳』教科書において、これまで一体のものとして教えられてきた「国家」と「民族」という二つの概念が切り離されたことは、すでに述べた。このことは、中華民族の概念のみならず、国家の概念を変質させるものでもあった。

　国家と民族を不可分一体のものとみなす従来の『公民と道徳』教科書の語りは、感情的色彩の濃いものであり、国家の制度的機能の説明よりも、国家への愛を涵養することに重きを置くものであった。換言すれば、国家の概念の主観的かつ抽象的な側面が前面に出ていたのである。

　「愛国」の強調は、時代を越えて今日に通底する台湾の公民教育の基本的特徴である。1990年代末の『公民と道徳』教科書もまた例外ではなく、第2冊『法律と政治生活』に対応する教師手冊では、「国家」と題する章の教育学習の目標として、「愛国の精神を発揮し、良き国民となること」が掲げられている[29]。しかし、この時期の『公民と道徳』教科書が国家を論じるトーンは、全体としては制度的・機能的側面を重視する客観的かつ具体的なものに傾いている。

　これまでの教科書では、国家の構成要件などとともに、民族と国家の関係の不可分性が常に教えられてきたが、1990年代末の教科書では、民族の概

念のかわりに民主の意義と要素が国家の構成要件、目的、重要性、政治体制と国体とともに教えられている。第2冊『法律と政治生活』の教科書は、政府の意義と効能、中央および地方政府の組織と職権〔第2課〕、政党の意義、効能、政党政治の基本原則、主要政党と利益団体〔第3課〕、政治参加の意義、重要性と方法〔第4課〕といった民主政治の基本認識を身につけさせることに重点を置いている。また、現代の国民が備えるべき民主の素養として、(1)尊重と寛容、(2)和平と理性、(3)多数に従い、少数を尊重すること、(4)熱心に政治に参加することを挙げ、国民の一人一人が国家の主人たることを教えているのである〔第5課〕。

「民主」の概念は、1990年代末の『公民と道徳』教科書において初めて登場したものではなく、権威主義体制下の教科書でも教えられてきた。しかし、台湾の現実の政治体制が民主主義に移行したことで、「民主」の概念は、まさに「われわれのもの」として、当事者意識をもって教えられることとなったのである。

3 「公民」概念の再定義

「民主」の概念と同様に、これまでにも教えられていたものの、1990年代末の教科書のなかで、新たな含意を持つに至った概念に「公民」の概念がある。現実の政治が民主主義に移行したことで、その制度を根本から支え、定着させるものとして、西欧的な公民観が強調されるようになっている。

> 「専制的君主の時代においては、国家の権力は君主の手にあって、個人は一切の権力を持つことがなかった。ただ君主に隷属する臣民のみがあり、公民は存在しなかったのである。しかし、現代においては、すべての個人が国家の主人であり、あらゆる権利は、憲法による保障を受けている。このような国家の主権を擁する国民を公民と呼ぶ。」[30]

「専制的君主の時代」が何を指すのかは明らかにされていないが、ここでの公民観は、現実を反映して民主的なものとなっている。そして、このよう

な民主的な公民の概念は、西欧の歴史とともに発展してきたものであり、「中国」は伝統的にこうした「公」の観念を欠いてきたことが問題として指摘されているのである。

> 「伝統中国は常に帝王が統治する国家であり、人民は統治される対象にすぎず、政治に参加する権利を持たなかった。さらに、わが国の伝統社会は小農経済を主として人々は自給自足し、生活圏も小さかったため、公共施設の類に対する要求も弱かった。こうした環境のもとで、いわゆる公務は一般の人々の生活から遠く離れたところにあり、『公』の観念が形成され難かった。人々の関心の対象は、往々にして関係の親密な家族や親族、あるいはよく知る隣近所や友だちに限られたのであった。」[31]

「公」の観念の未発達という「中国」の伝統は克服されるべきものとされ、民主主義の時代に相応しい公民的資質を身につけるべきことが強調されているのである。現代の公民が持つべき資質とは、他者との関係で言えば、尊重と寛容であり、社会との関係で言えば、公務への積極的参与、公徳と公益の重視と正義の追求であり、自然環境との関係で言えば、地球を愛護し自然を大切にするということである[32]。

つまり、国家や社会との関係において形成的な役割を果たしうる、能動的かつ主体的な公民像ないし国民像が打ち出されているわけだが、前時代の受動的な公民像、国民像と対照をなしている。

4 「認同」（アイデンティティ）の概念の導入

国家観および国民観という点から1990年代末の『公民と道徳』教科書を通観した場合、中華民族、国家、公民といった概念の含意の変容とともに注目されるのは、「認同」〔アイデンティティ〕の概念が初めて導入され、それが多重的なイメージとともに打ち出されているということである。

「認同」という新概念が提起されているのは、第4冊『文化生活』の最終章である「情報化時代の国際文化交流」のなかでのことで、政治的な概念とい

うよりは、むしろ文化的な概念として用いられている。

> 「わたしたちはみな、多重的な文化の影響を受けているかもしれない。これらの文化は、ちょうど大小の異なる同心円のようなもので、わたしたちを取り囲んでいる。例えば、族群〔エスニック・グループ〕という点でいえば、わたしはアミ族であるかもしれない。これが最も核心的な円である。しかし、台湾で生まれ育ったわたしは、台湾人でもあり、これが次に大きな円である。さらに中華民族とアジアという、さらに大きな二つの円が存在するのである。これらの同心円をどのように描くにせよ、国際文化交流を語ろうとするならば、わたしたちは先ず自分が誰であるかを知らなければならない。自己卑下に陥ることなく、尊大にもならないことで、交流の前に自分を見失うことがなくなるのである。」[33]

このアミ族＜台湾人＜中華民族＜アジア人というアイデンティティの同心円は、「台湾人は『中国』人である」という従来の教科書の語りとは、対極をなすものである。この多重的なアイデンティティの概念は、明らかに教育の「本土化」という時代の趨勢の影響を受けている。次章では、脱権威主義の教育改革の主要なベクトルとしての「本土化」の問題を検討するが、その前に、本章における議論の要点をまとめておきたい。

本章の小結

本章では、1994年を起点として今日に至る教育改革がいかなる特徴を持ち、国民中学のカリキュラムと公民教育にいかなる影響をあたえてきたのかを議論してきた。

戒厳令解除後に胎動し始めた教育改革は、「四一〇教育改造運動」と「行政院教育改革審議委員会」の成立という1994年の二つの出来事を契機として、不可逆の潮流となった。以後、不断の流れとして今日におよぶ教育改革の本質は、本書が第2章および第3章で論じたような教育システムの権威主義的性質を解消することにあった。積年の問題である行き過ぎた進学主義を始め、多くの教育問題の原因がそこにあるとみなされたためである。

しかし、教育改革の10年の節目であり、翌年に総統選挙を控えた2003年に議論されたように、脱権威主義の教育改革は、多額の経費を支出し、10年という時間をかけてなお、少なからぬ教育問題に根本的解決をもたらすことができず、事態をさらに複雑化・深刻化する場合さえあった。ここで、ナショナル・アイデンティティと教育という観点からみて重要であったのは、教育システムの高度の一元性・集権性と行き過ぎた進学主義の蔓延という教育の歴史的特徴が今なお、本質的には変化していないという点である。この二つの特徴は、権威主義的教育システムのなかで定着したものだが、国民化のための教育という思想を強化する働きを持っているためである。

1993年から95年にかけておこなわれた初等・中等教育のカリキュラムの改定は、この脱権威主義という時代の趨勢を受けたものであった。内外の環境変化に対応するために、少なからぬ新概念が導入され、「公民と道徳」のカリキュラムと教科書にも、大きな変化がもたらされた。国民化のための教育という中心思想が揺らぐことはなかったが、「国家」と「国民」を語る言葉のきわめて本質的な部分、即ち、「中華民族」や「中華文化」といった概念の含意に大胆な再解釈がほどこされた。

このような再解釈を可能としたのは、「本土化」と呼ばれる教育の変化である。次章では、脱権威主義の教育改革のもう一つの主要なベクトルでもある「本土化」をめぐる諸問題について、詳細に検討を加えていきたい。

1 民間教育改革運動の展開について詳しくは、薛曉華『台湾民間教育改革運動―国家與社會的分析』台北市：前衛、1996年を参照。
2 この運動の理念とビジョンを体系化したものとして、四一〇教育改造聯盟『民間教育改造藍図：朝向社會正義的結構性改革』台北市：時報文化、1996年を参照。以下、基本認識と「四大アピール」の説明部分は、同書に拠った.
3 1994年の成立から1996年に『総諮議報告書』が発表されるまでの間に、教改会の構成には、いくつかの異動があった。成立当初の委員のうち、林懐民〔舞踏家・作家〕、張光直〔中央研究院院士〕、劉源俊〔東呉大学物理系教授〕の3名が辞職し、

教育学者として陳伯璋、黄炳煌、簡茂發の3名が加わったほか、数名の入れ替えがあった。
4 教改会の中間答申や最終答申である『教育改革総諮議報告書』、その他の関連資料は、次のウェブサイトで閲覧が可能。http://www.sinica.edu.tw/info/edu-reform/
5 行政院教育改革審議委員会編『教育改革総諮議報告書』台北市：行政院研究発展考核委員会、1997年、摘2頁。
6 「教育改革行動方案」の全文は、教育部のウェブサイトで全文を参照することができる．http://www.edu.tw/content.aspx?site_content_sn=1383（アクセス日：2008年6月26日）
7 教改会の委員のうち、『国民中学課程標準』の改定委員を兼務していたのは、周麗玉、陳伯璋、黄炳煌、楊国賜、簡茂発の5名である。
8 「重建教育宣言」の原文は、黄光國『教改錯在哪裡？我的陽謀』台北県中和市：INK印刻、2003年に収録されている。
9 著者が確認したところによれば、2003年7月20日に発表された回答の全文は、少なくとも2007年9月23日の時点では教育部のサイトで参照することができたが、2008年6月26日に再度確認したところ、すでに削除されていた。
10 「重建教育連線」は、街頭デモの方式を採らず、インターネットを通じて賛同者を募るなど、運動の方法の面でも新しさを持つものであった。なお、同団体の公式ウェブサイトは、すでに閉鎖されている。
11 黄光國、前掲、34頁。なお、同書の32-34頁には、二つの運動が別々の路線を歩むに至る経緯が記されている。
12 『中国時報』2005年10月14日付。
13 九年国民教育の開始にあわせて1968年に制定された『国民小学暫行課程標準』は、7年後の75年に改定された。この時、「暫行」の二文字が外れ『国民小学課程標準』となったが、結局、その後は93年まで改定がなされなかった。
14 現行の『国民中小学九年一貫課程綱要』に結実するカリキュラムの改定は、1997年4月の「国民中小学課程発展専案小組」の成立から始まった。1998年に「国民中小学九年一貫課程総綱綱要」が発表され、その後、各学習領域〔この新しいカリキュラムでは、従来の「教科」に替わって「学習領域」の概念が導入された〕の「課程綱要」が発表され、『国民中小学九年一貫課程暫行綱要』が完成した。『国民中小学九年一貫課程暫行綱要』は、2001年度から段階的に実施に移され、2003年には「暫行」の二文字が外れ正式版に移行した。
15 教育部編『国民中学課程標準』〔1994年改定版〕台北市：教育部、1995年、820-822頁。

16 同前、824-827頁。
17 同前、799-801頁。
18 同前、828頁。「民主・法治の教育と公民教育の重視」は、10の特色のうちの第二点として挙げられている。そのほかに特色とされているのは、生活教育と品性・道徳教育の強化、郷土教育の実施の定着、教養教育の理念の重視、芸術教育の内容の充実、職業陶冶の効能の強化、未来の社会の需要の反映、課程の割り当てにおける性的区別の撤廃、学生間における個別的差異の尊重、カリキュラムの配置における学校の柔軟性と自主性の増加の9点である。
19 同前、199頁。
20 国立編訳館編『国民中学歴史教科書【第2冊】』台北市：国立編訳館、2002年（正式本三版）、57-65頁。
21 教育部編、『高級中学課程標準』〔1995年改定版〕台北市：教育部、1996年。
22 国立編訳館編『公民與道徳教科書【第4冊】―文化生活』台北市：国立編訳館、2000年1月（初版）、60頁。
23 同前、63頁。
24 同前、60頁。
25 同前、61頁。
26 同前、61頁。
27 歴史のなかで段階的に構造化された台湾社会のマルチ・エスニックな様相を表現する「多重性」という概念については、若林正丈『台湾―変容し躊躇するアイデンティティ』ちくま新書、2001年、173-194頁に拠った。
28 国立編訳館編『公民與道徳教師手冊【第4冊】―文化生活』台北市：国立編訳館、2001年1月（正式本初版）、149頁。
29 国立編訳館編『国民中学公民與道徳教師手冊第二冊』台北市：国立編訳館、2002年1月（再版）、19頁。
30 国立編訳館編『公民與道徳教科書【第1冊】―学校與社会生活』台北市：国立編訳館、1998年8月（初版）、4頁。
31 同前、5頁。
32 同前、6-9頁。
33 国立編訳館、前掲『公民與道徳教科書【第4冊】―文化生活』、73頁。

第5章　台湾における教育の「本土化」と「国家認同」(ナショナル・アイデンティティ)

　前章で論じたように、1990年代の公民教育は、表象するナショナル・アイデンティティという点で、それ以前の公民教育とは異なる特色を持っていた。例えば、「台北の街角の水餃子、蚵仔煎、肉羹湯の美味」という台湾土着の庶民文化の象徴と「孔子の思想」という「中国」の伝統文化の精髄を等しく包含する中華文化のイメージ[1]は、それ以前の公民教育のなかでは成立しえなかったものである。同様に、アミ族＜台湾人＜中華民族＜アジア人という大小の異なるアイデンティティの同心円という発想も、学生を「中国」人として社会化することを第一義的目標とするかつての公民教育のなかでは、生まれえなかったものであろう[2]。多重的なアイデンティティという発想は、絶対的なものであるべき中華民族のアイデンティティを相対化する可能性を含むためである。

　「中国」人としてのアイデンティティを国民に共有させることが公民教育の主な目的であることに変わりはないが、教育される「中国」人の概念は、1990年代に至って、大きな質的変化を遂げている。民主化・自由化した社会では、現実と乖離した国家観・国民観を上意下達的に教育することは、もはや不可能であるためだ。国定教科書の内容であっても、現実による修正を免れないのである。

　1990年代の公民教育に変化を促しているのは、「本土化」と呼ばれる現実である。序章で述べたように、1970年代に外交危機を、80年代に民主主義への移行を経験した台湾では、90年代に至って、台湾は「中国」の一部ではなく、主体性を持つ共同体であるという言説が現実味を持ち始めた。「台湾化」

としての「本土化」は、人間生活の各側面におよぶ広範な過程であるが、教育の「本土化」は、その中核をなしている。

教育の「本土化」は、いわば教育されるナショナル・アイデンティティの再定義というべき動きであり、民主化・自由化後の教育改革の主要なベクトルをなしている。本章では、この教育の「本土化」の問題に考察を加えるが、それは以下の三つの論点を含んでいる。

第一の論点は、「本土化」の概念の含意に関するものである。この概念がいかなる特徴を持つものであるのかを、まず明らかにしておく必要があるだろう。

第二の論点は、「本土化」の実践に関するものである。1997年から2001年まで国民中学で必修教科として教えられていた「認識台湾」のカリキュラムと教科書を題材とし、その国家観および国民観に迫ってみたい。「認識台湾」とは、「台湾を知る」という意味であり、公民教育・歴史教育・地理教育の要素を含むものだが、その名が示すとおり、「本土化」の象徴的な所産である。

第三の論点は、「本土化」をめぐる論争に関するものである。序章で述べたように、台湾における教育の「本土化」は、台湾においてのみならず、台湾海峡を跨ぐかたちで論争を喚起している。ここでは、『認識台湾』教科書をめぐる論争を始めとする、台湾社会および中台間の論争について、その政治化のメカニズムを明らかにする。

第1節　教育の「本土化」とは何か？

1 「本土化」概念の定義

本来、中国語の本土化という言葉は、英語の "localization" ないし "indigenization" に相当するものである。台湾の教育学者・黄政傑は、教育の本土化の概念を「本土を教育の中心とすることであり、教育に関する一切の措置を、本土の状況と需要に合わせ、本土と関連づけ、本土の文化を通して選択・応用することによって、本土において役立つものとすること」[3]と定義づけているが、この

包括的な定義は、本土化という言葉の本来的意味に即したものといえる。つまり、教育先進国の経験を無批判に「借用」〔borrowing〕し、またそれに過度に「依存」〔dependence〕するという教育の歴史的傾向を克服し[4]、台湾という場所に根ざした教育理念を打ち立てることを意味している。

　この意味での教育の本土化は、実践者としての教師と理論家としての教育学者の双方に求められている課題である。1999年に出版された『教育科学的国際化與本土化』は、教育史・教育哲学・教育社会学・教育行政学・比較教育学・ジェンダーと教育、教育心理学の各側面から論じたものだが、ここから本土化が教育学の全体的問題であることがわかる[5]。同書の巻頭には、楊國樞〔心理学〕による「社会科学研究の本土化と国際化」と題する論文が収録されているが、「心理学とその他の社会科学が用いる理念、概念、工具、方法および理論発展等の問題の多くは、いずれも一種の西欧化、とりわけ『アメリカ化』(Americanized) した概念と理論に陥りやすいものである」[6]との指摘は、問題の所在を鋭く衝いている。

　しかし、脱西欧化としての本土化は、台湾に限ったものではない。マクガヴァン〔Seana McGovern〕が論じているように、「知」〔knowledge〕の本土化〔indigenization〕という問題は、「後発国」の教育と研究に普遍的に存在するものである[7]。

　各教育段階で量的拡大を達成した台湾にとって、この広義の本土化が必要であることは言うまでもない。借り物の言葉ではなく、自前の言葉で教育を語りうるか否かが、まさに問われているのである。しかし、このような問題認識は、それほど広範に共有されているわけではない。今日の台湾において本土化という言葉は、より限定的な意味を担っており、多くの人々の目は、その台湾固有の問題としての「本土化」に向かっているためである。本書が論じるのは、この狭義の教育の「本土化」についてである。

　2005年に出版された『教育新辞書』は、二つの教育専門誌〔『教育研究月刊』、『教育資料與研究』〕に連載された教育用語の解説をまとめたものだが、同書における「本土化教育」〔localized education＝本土化された教育〕の項目は、この概念の両義性をよく表している。

「本土化教育の重視は、歴史に根源を持つものである。一つは、西欧の社会科学研究の知識の体系および理論的枠組みに対する国内の社会科学者の反省と批判に由来するものであり、それによって本国に見合った知識の体系および理論的枠組みを打ちたてようとする、その力が社会科学研究の本土化の興隆を引き起こしているのである。もう一つは、過去の国内の小・中学校の教科書がいずれも愛国、倫理、大中国の方向性を持ち、台湾本土の文学、歴史と地理の紹介を軽視してきたことによって、『学生は故郷から出て、故郷のことを知らない』という残念な事態を招き、学界および政界の人々の大きな批判を引き起こしていたことである。前者は、1980年代に一部の学者が唱導し始めたもので、研究の本土化を切り拓く先鋒と言うべきものであった。しかし、その要求は依然、学術研究の面に限られたものであり、その本土化は台湾を主体とするものではなかったため、本土化教育に対する影響は、比較的限られたものであった。後者は、政府が戒厳令を解除したあとで、次第に高まりをみせたものである。政界および学界の一部の人々が『大中国化』の教育思想を除去すべきことを不断に呼びかけ、台湾の主体性を持った教育を確立することを鼓吹してきた結果、1990年代以降、小・中学校の教科書は『台湾郷土』の分量を増やし始め、本土化教育が一層の重視を受けるようになった。」[8]

今日「後発国」の教育が共通して直面している広義の本土化は、ここでいう「前者」に相当するものだが、それは教育の理論と方法に関するものだけに、専門的な性格を持っている。したがって、それを自らの課題として受けとめるのは、教育学者や教師のように、職業として教育に携わる人々に限られる。一方、台湾固有の問題である狭義の「本土化」、つまり、ここでいう「後者」は、教育の内容にかかわるものであり、一般の人々も当事者意識を感じやすい部分がある。したがって、今日の台湾では、狭義の「本土化」の問題がより大きな広がりをもって議論されているのである。

狭義の教育の「本土化」とは、端的に言えば、「教材の本土化とは、即ち、台湾化である。台湾の学生は台湾で生活している以上、台湾のことについて最もはっきりと知るべきだ」[9]という立場である。つまり、権威主義体制下の教育が「中国」性〔Chineseness〕を強調するあまりに軽視され、時に抑圧される

ことさえあった台湾の土着的知識〔indigenous knowledge〕の価値を教育の領域で再評価することである。さらに厳密に定義するならば、「権威主義体制下の教育において軽視されていた台湾の歴史・地理・社会・言語・芸術を公教育の内容に取り入れていくこと」[10]と言うことが可能であろう。

1990年代に教育改革のベクトルになった「本土化」は、世紀を越えて今日に至る不断の過程となっている。例えば、教育部が2005年にまとめた4年間〔2005-2008年〕の施政方針である『2005-2008教育施政主軸 創意台湾、全球布局―培育各人其才新国民』では、現代的国民の育成、グローバルな視野の拡大、社会的関心の強化とともに、台湾主体性の確立が政策の主軸に掲げられている[11]。つまり、「本土化」は、すでに10年以上にわたって教育改革を方向づけ、教育される国家観、国民観のあり方に影響をあたえてきたわけだが、それによって教育されるナショナル・アイデンティティが完全に転換したわけではなく、その帰趨も未だ明らかではない。今日台湾の学校教育では、台湾に関する内容が増加する一方で、「中国」の歴史・地理・文化が依然、「われわれ」のものとして教えられている。

しかし、それでもなお、本書が「本土化」が持つ可能性に着目するのは、「本土化」の次のような特徴がこの動きが一過性のものではなく、台湾教育の本質的変化であることを暗示しているためである。

2　「本土化」の三つの特徴

第一の特徴は、この変化が政策的なものであるということだ。「本土化」という現象は、その出発点においては、「地方」と「民間」を担い手とするものであったが、社会における台湾意識の高まりや国民党自体の「台湾化」を背景に、李登輝政権下で政策に取り込まれ、体制化していった。1990年代に発展した母語教育は、「本土化教育」の一環をなすものだが、その発展の軌跡は、「本土化」の政策化・体制化という過程を体現している。

戦後の台湾では、「国語」の絶対性と至上性を貫徹するために、エスニックな地域語は、学校教育の現場から厳しく排除されてきた[12]。地域語が「国語」

を相対化することによって、政権の正統性の源泉である「中国」ナショナリズムの絶対性を損なうとみなされたためだ。「国語」の教育は「中国」化教育の根幹をなすものであり、政府の「国語」重視の姿勢は、1990年代においても揺らぐことはなかった。1994年改定の『国民中学課程標準』に至って、国民中学各学年の「国文」の授業時間は、これまでの週6時間から週5時間に減少したが、最も多く教えられる教科であることに変わりはなく、「国文」の「課程標準」では、「身をもって中華文化を理解し、民族の精神を深く植えつけ、倫理、民主、科学の観念を養い、愛郷愛国の思想を啓発すること」[13]が教育目標の筆頭に据えられていたのである。

しかし、戒厳令解除後に台湾意識が高まるにつれて、これまでタブーとされてきた母語教育を求める声が次第に高まっていった。1990年6月に宜蘭県で開催された「第一次本土語言教育問題学術検討会」は、母語教育の初期における重要な達成であるが、それはまた「本土化」が当初地方によって主導されていたことを示す一例でもあった。この会議では、当時野党であった民主進歩党籍の6名の県長〔台北県、宜蘭県、新竹県、彰化県、高雄県、屏東県〕と1名の無党籍の市長〔彰化市〕が一堂に会したが、それは「教育部による制止に抵抗し、各県市でいわゆる『バイリンガル教育』(主として閩南語であり、新竹では客家語であったが、原住民の言語はまだ含まれていなかった)を推進することに固執する」[14]という政治的意図を持つものであった。

このことからわかるように、1990年当時の母語教育の担い手は、野党系の首長を擁する地方政府であり、その動きは中央政府の意向に反するものであった。しかし、母語教育の推進者は、1990年代を通じて地方政府から中央政府に移り、2001年から実施が開始された新カリキュラム『国民中小学九年一貫課程暫行綱要』によって、義務教育段階に郷土言語〔閩南語、客家語および原住民の諸言語〕の教育が必修化されたのである[15]。

母語教育がそうであったように、出発点においては地方および民間の「要求」であった教育の「本土化」は、李登輝政権のもとで体制化し、「政策」へと転じていった。決定的な転換点となったのは、1993年および94年の国民教育のカリキュラム改定であった。

1993年の『国民小学課程標準』の改定で国民小学の課程に「郷土教学活動」が導入され、翌年の『国民中学課程標準』の改定で国民中学の課程に「認識台湾」が導入されたことは、教育の「本土化」が体制化されたことを意味するものであった。『認識台湾（歴史篇）』の教科書編集委員を務めた呂実強〔中央研究院近代史研究所研究員〕の回想は、「認識台湾」の成立が政策的意図に基づくものであったことを示唆しているが、その要点はおよそ次のようなものである[16]。

　1994年10月に公布され、97年度から実施された『国民中学課程標準』の改定作業は、1989年8月の「国民中学課程標準修訂委員会」の成立に始まり、課程標準総綱の改定から各教科の課程標準の改定へと段階的に進行していった。当時、「国民中学歴史課程標準」の改定において問題となったのは、社会の求める台湾史の教育をいかに盛り込んでいくかということであった。

　最初に提出されたアイディアは、「本国歴史」〔「中国」史〕の6時間〔国民中学3年間の各学期で週1時間教えられる〕のうち1時間を台湾史に充て、「郷土歴史」の名称で単独の教科書を編纂するというものであった。この「郷土歴史」を国民中学第一学年の最初の学期に置くことで、歴史を学び始めた学生の理解が容易になるとともに、学習が「由近而遠」〔近くから遠くへ〕という原則に適ったものになることを考慮した案であった。しかし、この案は、最終的に「国民中学歴史課程標準」の改定委員会でコンセンサスを得られず、先行して改定された『課程標準』の総綱にも相当する項目がなかったため、実現には至らなかった。「国民中学歴史課程標準」改定委員会の結論は、教科書編纂の拠り所となる教材大綱で台湾史の比重を増やすという方針に一度は落ち着いたのである。

　しかし、この決定は、「国民中学歴史課程標準」の草案完成後、新たに教育部長となった郭為藩によって差し戻され、一転「認識台湾」という新教科が成立をみた。社会・歴史・地理の三篇からなる「認識台湾」の授業時間は、それぞれ「公民と道徳」、「歴史」、「地理」から三分の一に相当する時間数が充当され、第1学年の第1学期および第2学期において、各篇が週1時間教授されることとなった。結果的に、原案よりも多く台湾史が教えられることに

これが呂実強の回想する「認識台湾」の成立の経緯である。このことから「本土化」を象徴する「認識台湾」が中央政府の主導で政策的に生み出されたことが見て取れるだろう。郭為藩は、『国民中学課程標準』に先立って改定され、「郷土教学活動」を必修教科として盛り込むものとなった『国民小学課程標準』の公布〔1993年9月20日〕の際も、「課程のうえでは小さな一歩だが、教育政策のうえでは大きな一歩である」[17]と述べている。教育の「本土化」の政策性は、こうした発言からもうかがい知れる。

　第二の特徴は、この動きがローカルなものであると同時に、ナショナルなものでもあるということである。つまり、「本土化」という動きは、単なる郷土教育の強化ないし土着的知識の再評価にとどまらず、国民化の志向を併せ持っているのである。

　この点で興味深いのは、『認識台湾（歴史篇）』教科書の近・現代史部分の主筆者である呉文星が日本の媒体〔『台湾通信』〕によるインタビューで、「この教科書は台湾の『国史』であり、郷土史ではない」と明言していることである[18]。この発言は、台湾社会の利害関係から離れた場所でなされたものであるために、「本土化」の本質を却って直截的に浮き彫りにしている。政策としての「本土化」は、埋もれた価値を掘り起こすだけでなく、新たな価値を創り上げるという意味を持っており、教育されるナショナル・アイデンティティの再定義という側面を持っているのである。

　第三の特徴は、この動きが論争喚起的であるということである。国民化の政策としての「本土化」は、政治化の契機を常にはらんでいる。そのメカニズムについては、第3節で詳述するが、ここでは「本土化」をめぐる論争を考察するうえで認識しておくべき二つの点について、すでに述べたことの重複する部分もあるが指摘しておきたい。

　第一の点は、この論争がいわゆる教育専門家の間だけではなく、より広い裾野をもって展開されているということである。「本土化」をめぐる論争の発言者は、教育学者や評論家、現場の教師だけではない。さまざまな立場の人がこの問題について言及している。

第二の点は、この論争が台湾国内にとどまらず、台湾海峡を跨いで発生していること、即ち、中台関係の争点となっていることである。1997年の『認識台湾』教科書論争を端緒とする「本土化」めぐる一連の論争は、台湾社会のみならず、中台間にも緊張を生み続けてきた。

第2節　『認識台湾』教科書にみる「本土化教育」の国家観・国民観

前節で述べたとおり、政策としての「本土化」は、国民化の志向を持ち、ナショナル・アイデンティティの再定義を試みるものであった。本節では、1997年から2001年まで、国民中学で必修教科として教えられていた「認識台湾」に焦点をあて、そのカリキュラムと教科書が表象する国家観・国民観を分析することによって、「本土化教育」が提示する新たなナショナル・アイデンティティがいかなるものであるのかを明らかにしてみたい。

「台湾を知る」という意味の名称を持つこの教科は、教育の「本土化」の所産であるが、象徴的な名称が示すとおり、そこには「本土化」の理念が結晶化されていた。

「認識台湾」は、社会・歴史・地理の三篇によって構成され、それぞれにカリキュラム大綱としての「課程標準」が制定されていた。ここでは、「課程標準」の国家観・国民観をまず分析し、次いで教科書の分析へと進む。前者は1994年に制定され、後者は1997年に発行されたものである。両者を比較することで、「本土化」の方向性が明確になるだろう。

1　「課程標準」にみる教科の特徴

「認識台湾」三篇の「課程標準」は、他教科の「課程標準」と同様、目標、時間配分、教材綱要〔教科書の章節編成〕、実施方法〔教材の編纂・選定の要領、教授方法、教具および関連する設備、評価の方法〕を規定している。

(1) 授業時間

「課程標準」によれば、「認識台湾」各篇は、国民中学第1学年の二つの学期を通じて、毎週1コマ〔45分間〕ずつ教授されることになっている。これは原則であり、社会篇は、隔週に2コマ、歴史篇と地理篇については、集中的に教授することも認められている。

前述のように、これらの授業時間は、既存の「公民と道徳」、「歴史」、「地理」の三つの教科の授業時間を転用することによって確保されたものである。従来、これらの三教科は、第1学年から教えられていたが、「認識台湾」が新設されたことで、第2・第3学年でのみ教えられることになった。このことは、「由近而遠」〔近くから遠くへ〕という課程設計の原則に即したものだが、「本土化」と「中国」化の関係をゼロサム的なものと捉える人々の不満を募らせる結果となった。

ここで重要な点が二つある。一つは、この教科が国民のほぼ全員が通過する国民中学の必修教科だということであり、もう一つは、この教科が公民教育、歴史教育、地理教育の入口にあって、「中国」化の教育に先立って教えられるということである。

(2) 教育目標

表5-1は、「認識台湾」三篇の教育目標である。共通する特徴として、台湾・澎湖・金門・馬祖を一つの主体ととらえ〔社会篇では、「生命共同体」という表現が見られる〕、それに対する認識を強化することを主要な目標に掲げていることが挙げられる。「認識台湾」は、これまでの教育が「中国」化を強調するあまり、半ば意図的に無視してきた「生活を取り巻く環境」に目を向けているが、さりとて郷土教育の枠には収まりきらないものである。つまり、「愛郷」と「愛国」を同時に掲げる「認識台湾」は、明確な国民化の志向を含んでいるのであり、台湾大のアイデンティティの確立を目指しているのである。

表5-1 「認識台湾」三篇の教育目標

社会篇	歴史篇	地理篇
一．台湾、澎湖、金門、馬祖の社会環境に対する認識を強化する。	一．各エスニック・グループの先人が台湾、澎湖、金門、馬祖を開発してきた史実を知り、先人の達成を受け継ぎ、さらなる発展の端緒を開くという使命感を強化するとともに、団結・協力の精神を養う。	一．台湾、澎湖、金門、馬祖の郷土の地理環境を知り、愛郷愛国の情操を養う。
二．多文化的な視野を拓き、愛郷さらには愛国の情操を養う。	二．自己の生活を取り巻く環境を知り、愛郷愛国の情操と世界観を備えた気持ちを養う。	二．台湾、澎湖、金門、馬祖の発展の条件およびそれが世界で占める地位を理解することによって、物事を巨視的に見るという素養を備えた国民を陶冶する。
三．心の広いヒューマニズムの素養を育み、生命共同体の共通認識を凝集する。	三．台湾、澎湖、金門、馬祖の文化的資産に対する理解を増進し、それらを愛しみ、守るという観念を養成する。	三．地理の概念と技能を理解し、地理のカリキュラムに関連する基本能力を育成する。
四．良好な社会生活の規範を実践する能力を促進する。		

出典）教育部編、前掲『国民中学課程標準』〔1994年改定版〕、133、147、155頁に基づき著者作成。

(3) 教材綱要

表5-2は、社会篇および歴史篇の教材綱要、即ち、教科書編纂のガイドラインである。

社会篇の教材綱要が列挙する項目は、いずれも公民教育の一般的な内容であり、特別に「本土的」なものではない。結果的に、教科書の段階では、「わたしたちはみな台湾人です」〔第1章第3節〕、「台湾精神」〔第6章第2節〕、「新しい台湾を造り出そう」〔第10章〕といった「本土的」項目が並ぶことになったが、教材綱要の段階では、その「本土性」は、さほど明示的なものではなかったことが見て取れる〔教科書の章節は、表5-3を参照〕。

一方、歴史篇の教材綱要は、日本統治時期と戦後に関する部分がより詳しくなっていることをのぞけば、教科書に近いものである。教材綱要の項目から明らかなのは、「認識台湾（歴史篇）」が「中国」史の教育とは異なる歴史観に根ざしているということである。

表5-2 「認識台湾」社会篇および歴史篇の教材綱要

社会篇	歴史篇
(一) ひととことば 　1. ひと 　2. ことば (二) 家庭と親族 　1. 家庭組織 　2. 親族関係 (三) 祝祭日と風俗習慣 　1. 祝祭日 　2. 風俗習慣 (四) 名勝旧跡と地方の文物 　1. 名勝旧跡 　2. 地方の文物 (五) 教育の概況 　1. 家庭教育 　2. 学校教育 　3. 社会教育 (六) 経済の概況 　1. 背景の概説 　2. 現在の概況 (七) 政治の概況 　1. 背景の概説 　2. 現在の概況 (八) 余暇生活 　1. 余暇生活の概況 　2. 改進に値する部分 (九) 宗教信仰 　1. 宗教の種類 　2. 宗教活動 (十) 重要な社会問題 　1. 家庭の問題 　2. 犯罪の問題 　3. 環境保護の問題	一．イントロダクション 二．遺跡の考古と原住民の部落社会 　1. 遺跡の考古 　2. 原住民の部落社会 三．国際競争時期 (オランダ、スペイン) 四．鄭成功一族による台湾統治の時期〔鄭氏治台時期〕(あるいは明鄭時期) 　1. 政治制度の設置と文化・教育の発展 　2. 開墾と貿易 五．清領時期前期 　1. 台湾統治政策 　2. 農業の開墾と商業 　3. 漢人社会の成立と発展 六．清領時代後期 　1. 開港と国際貿易 　2. 日本軍の台湾侵攻と台湾統治政策の改変 　3. 近代化の経営 　4. 台湾割譲反対と「台湾民主国」 七．日本の植民地統治〔日本植民統治〕 　1. 統治政策およびその変遷 　2. 植民地経済の発展 　3. 差別待遇と新式教育 　4. 抗日および政治的・文化的運動 八．台湾における中華民国〔中華民国在台湾〕 　1. 戦後初期の台湾の政局 　2. 戒厳令体制下の政治経済と社会 　3. 戒厳令解除後の多元的社会の発展 　4. 中国共産党の脅威のもとでの国防と外交

出典: 教育部編、前掲『国民中学課程標準』〔1994年改定版〕、134-137頁, 147-150頁に基づき著者作成。〔 〕内は中国語の原文。

　「認識台湾(歴史篇)」の教材綱要では、清朝が台湾を統治していた時代を「清領時代」、約50年間の日本の統治を「日本植民統治」としているが、中国の正統な政権である清朝の台湾統治に「占領」の意味を持つ「領」の字を当てることは、かつてなかったことである。逆に、日本の統治は、「不法占拠」の意味を持つ「拠」の字を用いて、「日拠」とするのが通例であった。

　「課程標準」は、教科の目標、時間配分、教材綱要のほかに、実施方法を定めているが、この点では、他教科と比較して特筆すべき点はあまりない。

しかし、「認識台湾(歴史篇)課程標準」の教材の編纂・選定の要領で、「教材で用いる年代は西暦を主とし、本国の歴史紀元〔皇帝の交代に準じて変化する「中国」の年号〕を添える。抗日戦争勝利後は、中華民国暦を用いる」[19]と規定していることは、留意すべき点である。「中国」の年号ではなく西暦を用いることは、「中国」による台湾統治を相対化する意味を持っているためである。オランダや日本の統治下の出来事を「中国」の年号で記述することで、「中国」による統治のみが正統なものであり、それ以外の国の統治は一時的な占拠状態に過ぎないとの立場が表現される。しかし、常に西暦を用いたならば、「中国」の統治は相対化され、オランダ、スペイン、日本の統治と同一線上に位置づけられるのである。

「課程標準」の分析から明らかになるのは、「認識台湾」という教科が「中国」を相対化することで、台湾の主体性を確立しようとしていることである。こうしたアプローチは、同時期の公民教育が本土的要素と「中国」的要素の融合を模索していたのに比べて、より急進的なものといえるだろう。このような「課程標準」に依拠する『認識台湾』教科書は、いかなる国家観と国民観を提示するものだったのか。次に、『認識台湾』教科書が表象するナショナル・アイデンティティについて、実際の記述を引きながら、見ていくこととする。

2 『認識台湾(社会篇)』および『認識台湾(歴史篇)』の構成

教科書が表象するナショナル・アイデンティティの考察の前に、社会篇および歴史篇の教科書の章節編成を確認しておきたい。ここで、社会篇と歴史篇のみに対象を絞るのは、この二篇が地理篇に比べ、より直接的にナショナル・アイデンティティの教育を意図しているためである。事実、教科書をめぐる論争のなかでも、批判言説の矛先となったのは、主としてこの二篇であり、地理篇については、論じられることが少なかった。

表5-3は、社会篇および歴史篇の教科書の章節編成を示すものであるが、実際の教科書の章立てと表5-2で示した「課程標準」段階の構想には相違が見られる。この傾向は社会篇において一層顕著であり、台湾大の「われわれ

表5-3 『認識台湾（歴史篇）』および『認識台湾（社会篇）』の章節編成

社会篇	歴史篇
第1章　わが土地、わが民 　第1節　わたしたちの舞台 　第2節　わたしたちの身分 　第3節　わたしたちはみな台湾人です	第1章　イントロダクション
第2章　わたしたちは孤独ではない 　第1節　わたしたちが誰であるのかを見てみよう 　第2節　わたしとともに行こう	第2章　前史時代 　第1節　文化の発展 　第2節　原住民の社会
第3章　生活のリズム 　第1節　わたしたちの一生 　第2節　忘れ難い日々	第3章　国際競争時期 　第1節　漢人と日本人の活動 　第2節　オランダ人とスペイン人の統治
第4章　宗教の世界 　第1節　神々の伝道 　第2節　信仰の真の意義	第4章　鄭成功一族の台湾統治時期〔鄭氏治台時期〕 　第1節　政治と文化・教育 　第2節　開墾・植民と貿易
第5章　学習のなかで成長する 　第1節　家庭は教室である 　第2節　生涯学生である	第5章　清領時代前期 　第1節　政治発展 　第2節　経済活動 　第3節　社会と文化・教育の発展
第6章　活力に満ちた文化 　第1節　文化資産 　第2節　台湾精神	第6章　清領時代後期 　第1節　開港と国際貿易 　第2節　日本軍の台湾侵攻と清朝の台湾統治政策の変化 　第3節　〔台湾〕省設置後の積極的な建設
第7章　貧窮と富裕 　第1節　経済発展 　第2節　豊かさのあと	第7章　日本植民統治時期の政治と経済 　第1節　台湾民主国と武装抗日 　第2節　政治と社会の抑制 　第3節　植民地経済の発展
第8章　民主の滋味 　第1節　わたしたちは主になることができる 　第2節　わたしたちは社会を変えられる	第8章　日本植民統治時期の教育、学術と社会 　第1節　教育と学術の発展 　第2節　社会の変遷 　第3節　社会運動
第9章　社会をさらに健康に 　第1節　家庭を楽園に 　第2節　再び監獄を人であふれさせないために 　第3節　清浄な環境を取り戻そう 　第4節　学習をもっと楽しく	第9章　台湾における中華民国〔中華民国在台湾〕の政治的変遷 　第1節　初期の政治 　第2節　中央政府台湾移転後の政治的発展 　第3節　外交と両岸関係
第10章　新しい台湾を造り出そう 　第1節　わたしたちの役割 　第2節　わたしたちの設計図	第10章　台湾における中華民国の経済、文化、教育と社会 　第1節　経済発展 　第2節　教育と文化 　第3節　社会の変遷
	第11章　未来の展望

出典）国立編訳館主編『認識台湾（歴史篇）』台北市：国立編訳館、1996年8月（試用本）、国立編訳館主編『認識台湾（社会篇）』台北市：国立編訳館、1996年8月（試用本）に基づき著者作成。

意識」を確立するという方向性がより明確なものとなっている。社会篇の教科書には、「わたしたち」の言葉を冠する項目が多くみられ、第1章第3節の表題〔「わたしたちは台湾人です」〕は、特に象徴的なものである。すでに述べたように、「認識台湾」は、郷土教育と国民化の教育の性質を併せ持つものであるが、「課程標準」と教科書の比較によって、両者を隔てる3年間で後者の性質が強まっていることが見て取れよう。

3 『認識台湾教科書』の特徴 (1)：「われわれ」語りの多様性

　国家観、国民観の観点から『認識台湾』教科書を通観するとき、全体を貫く特徴としてまず浮かび上がってくるのは、「わが国」、「わが民族」という表現を徹底して排除していることである。「わが国は〜」、「わが〔中華〕民族は〜」という語りは、従来の公民教科書と歴史教科書で常用されていたものだが、『認識台湾』教科書には、この記述が皆無である。これは、台湾〔人〕という集合体に明示的な国家性ないし民族性を持たせることを避けるためだが、だからといって、『認識台湾』教科書がナショナル・アイデンティティの教育に無自覚であると考えるのは短絡的である。すでに述べたように、「認識台湾」は、郷土教育であると同時に国民化の教育でもあり、「未来の展望」と題する歴史篇の最終章は、今後の教育について、「国民の郷土と国家に対するアイデンティティを養う」[20]ものであるべきだと明言しているのである。

　『認識台湾』教科書は、台湾・澎湖・金門・馬祖というまとまりの「われわれ意識」を涵養しようとするものである。「わが国」、「わが民族」という表現を避けながら、台湾大の「われわれ意識」を打ち立てるために、『認識台湾』教科書は、これまでの教科書にはない新たな概念を導入している。『認識台湾』教科書がいかなる言葉で「われわれ」を定義しているのかを知るために、若干長くはなるが、重要な概念を取り上げておきたい。

(1) 運命共同体

　「大陸からの撤退後、中華民国が実効統治する地域は、台湾、澎湖、金門、

馬祖である。〔それらは〕一体をなし、次第に国際的に『台湾』と呼び習わされるようになってきた。国連から退出したあと、政府は実質外交を推し進め、台湾、澎湖、金門、馬祖の名義で多くの世界経済機構に加入しており、台湾、澎湖、金門、馬祖は一つの実質的な運命共同体となっている。」[21]

(2) 「台湾意識」

「台湾は多くの族群〔エスニック・グループ〕によって構成される社会である。この種の多元族群〔マルチ・エスニック〕という現象は、潜在的な文化的感化および客観的な政治環境とあいまって、『台湾意識』を形成しているのである。」[22]

(3) 「台湾魂」、「台湾精神」

「有形の文化的資産のほかに、わたしたちは先人の生活方式および生活態度、即ち所謂『台湾魂』あるいは『台湾精神』というべきものを継承している。」[23]

(4) 「新しい台湾」

「『新しい台湾』がどのようなものとなるかは、あなたとわたしの手にかかっている。現世の浄土となるのか罪悪の淵となるのか、文明国に脱皮するのか浅薄で卑しい邦に堕するのかは、わたしたちが真の主宰者なのである。どんな神明もどんな英雄も、台湾の未来の命運を決することはできない。どんな宗教的預言者も、大企業の経営者も、文化的指導者も、政治的領袖も、一人で『新しい台湾』を造る責任を担うことはできないのである。社会のあらゆる成員が、分業協力し、ともに努力してこそ、台湾に斬新で美しい姿を賦与することができるのである。」[24]

(5) 「生命共同体」

「文化面では、コミュニティの文化建設を加速し、コミュニティの文化的品質を高め、各エスニック・グループの文化的特色を融合して、さらに豊かで多元的な内在的涵養を育むことによって、国民の『生命共同体』という意識を凝集する必要がある」[25]

これらの新たな概念は、台湾の名のもとに集合的アイデンティティを凝集しようとするものである。「国家」という言葉が「社会」や「共同体」に、「〔中華〕

民族」という言葉が複数の「族群」からなる「台湾人」という言葉に取って代わられてはいるが、そのナショナルな意図は明白である。

『認識台湾』教科書が表象する新しい国家観・国民観の含意は、以下に挙げる四つの特徴によって、さらに明確なものとなるだろう。

4 『認識台湾教科書』の特徴（2）：独自の歴史区分と用語法

『認識台湾』の教科書が「命運共同体」や「生命共同体」といった新たな概念を用いて表現しようとしているのは、主体としての台湾の自己像である。自己像の〔再〕定義とは、「われわれ」と「かれら」を分かつ境界を明確にすることである。それゆえ、その過程は、常に自己認識とともに他者認識の修正を促すが、「分断国家」である台湾が自己を独立した主体として再定義しようとすれば、歴史的概念としての「中国」および現実の政治的実体としての中国〔中華人民共和国〕との差異化という問題に直面せざるをえない。「中国」と異なることを示すことによって、台湾が台湾であるという同一性が証明されるためである。

『認識台湾』教科書の独自の歴史区分は、この差異化の意図を出発点とするものである。従来の歴史教育が王朝の交代で時代を画す「中国」の五千年の歴史を教えるものであったのに対し、『認識台湾（歴史篇）』が「われわれ」の歴史として教えているのは、四百年の外来政権の興亡の歴史である。

表5-4は、四百年の台湾史の時代区分を示すものである。漢民族、日本人、オランダ人、スペイン人といった勢力が台湾をめぐって角逐を始める17世紀を起点とし、「中国」での王朝の交代ではなく、外来政権の交代によって時代を画す『認識台湾』の時代区分は、従来の歴史教育とは異なる歴史観に根ざしたものである。この独自の歴史区分は、歴史を語る用語法にも影響をおよぼしている。

例えば、すでに触れたように『認識台湾（歴史篇）』では、清朝が台湾を統治した時期を「清領時代」という言葉で表現しているが、「中国」の正統な王朝である清朝の台湾統治について、「占領」の意味を表す「領」の字を用いる

表5-4 『認識台湾（歴史篇）』教科書の時代区分

	時代区分	鍵となる出来事
5000年前	前史時代	旧石器時代後期 新石器時代初期 新石器時代中期 新石器時代後期 金属器時代
1600年	国際競争時期	1600年頃、漢人と日本人がそれぞれ台湾で活動を始める。台湾の国際的地位が重要なものとなる。 1624年、オランダ人が台湾南部の占領を開始。 1626年、スペイン人が台湾北部の占領を開始。 1642年、スペイン人がオランダ人により台湾から駆逐される。
1662年	鄭氏治台時期	1662年、オランダ人が鄭成功に投降する。
1683年	清領時代前期	1683年、施琅が兵を率いて台湾を攻め、鄭克塽が清朝に投降する。 1684年、台湾府を設置、福建省に隷属する。
1858年	清領時代後期	1858年、清朝政府が台湾の対外通商を正式に開放する。 1874年、日本が台湾に出兵、沈葆楨が台湾に派遣され、台湾の建設が積極化する。
1895年	日本植民統治時期	1895年、清朝と日本が馬関条約〔下関条約〕に調印。台湾を日本に割譲する。
1945年	中華民国在台湾	1945年、日本は無条件投降を宣言、第二次世界大戦が終結し、台湾が日本の統治から離れる。 1949年、中華民国中央政府が台湾に移る。 1996年、李登輝が初の民選総統となる。

出典）国立編訳館編、前掲『認識台湾（歴史篇）』、3頁に基づき著者作成。

ことは、以前はありえなかったことである。一方、従来は「日據」〔「據」は「占拠」の意味を表す〕という言葉で表現していた日本の植民地統治については、「日本植民統治時期」（歴史篇）、「日治時期」（社会篇）という、中立的な表現が用いられている。また、歴史篇の教科書では、第二次世界大戦終結以前の記述に、西暦を使っているが、これも以前とは異なる方式である。〔戦後は中華民国暦を用いている。〕

「中国」史とは異なる歴史区分と用語法によって語られる台湾史は、「わが国」、「わが民族」という主語を徹底して避け、常に「台湾」ないし「わたしたち」を主語としているが、その歴史語りは、ナショナルな響きを持つものである。歴史篇の近現代史の主筆者である呉文星が「この教科書は台湾の『国史』であり、郷土史ではない」と明言していることは、すでに述べたとおりだが、彼はまた、台湾と「中国」は非常に早い時期から密接な関係を持ち、清朝時代には確かに「中国」の一部であったものの、終始「中国」の一部であった

わけではないとも語っている[26]。戦後教育の結果として台湾の人々が持つに至った「中国」意識は、あくまで文化的、民族的なものであり、近代的な国民としての「中国」人意識は皆無であるというのが彼の主張の要点である[27]。強調すべきは、「近代的な国民国家としての台湾」[28]であり、一つの体系を持った「国史」としての『認識台湾(歴史篇)』教科書が果たすべき最も重要な役割は、「国民の共通の『国民意識』を養うということ」[29]であるとの認識が教科書の歴史語りの深層に存在しているのである。

こうした歴史語りが志向する「中国」との差異化という方向性は、脱「中国」化という言葉に換言されるものである。「本土化」と脱「中国」化という二つの過程は、論理的には同義ではないが、今日の台湾では、この二つの過程が表裏をなすものとして進行している。脱「中国」化は『認識台湾』教科書の全体的なモチーフであり、次に挙げる海洋国家観の強調という特徴も、これに連なるものである。

5 『認識台湾教科書』の特徴(3):海洋国家観の強調

台湾という共同体の海洋国家的性格を強調することもまた、『認識台湾』教科書の顕著な特徴の一つである。歴史篇の教科書は「中国」、日本、オランダ、スペインといった勢力が海上貿易の要衝である台湾をめぐる国際競争を始めた17世紀を歴史の起点とし、その後の各時代における海上貿易のあり方を詳しく説明している。このことは、「台湾は島で、資源に限りがあるため、商業行為を通じて外の世界と有無相通じていなければならなかった。それゆえ台湾は終始国際貿易の拠点であり続けてきたのである。対外貿易の隆盛は、台湾の歴史のもう一つの特色である」[30]という基本認識に根ざしている。

また、社会篇の教科書では、台湾と「海」とのつながりが経済的なものにとどまらず、文化的・精神的なものでもあることが示されている。

「台湾は四方を海に囲まれ、海洋の開放性・包容性と海上活動の冒険性は、

台湾人の主な性格となっている。誰であれ海洋を征服できれば、島嶼に上陸することができるのである。このような開放的な地理環境は、台湾が多くの異なるエスニック・グループによる統治を経たにもかかわらず、わたしたちが各種の異なる文化伝統を受け入れることを容易にしてきたのである。千年来、台湾は大海が多くの川の流れを受け入れるように、各地から来るエスニック・グループ、物質と文明を不断に受け入れてきたのである。このような絶えざる外来文化の流入は、まさに台湾社会の活力の源泉であった」[31]

　教育が台湾の海洋国家的性格を強調する傾向は、今日に至って、さらに強化されている。上述のように、2005年に発表された教育施政の中期方針「2005-2008教育施政主軸」は、「四大綱領」の一つに「台湾主体性の確立」を挙げているが、そのなかでは、「台湾の海洋的な文化と特色に関する課程と教育・学習を強化」するとともに、「変化を志向する海洋的な国民意識を創造」し、「海洋国家の特色を展開」することが主張されている[32]。『認識台湾』から8年を経て、ついに「海洋国家」の言葉が用いられるに至ったことは、注目に値することである。

　台湾にとって、海洋国家的性格を強調することが「中国」との差異化の意味を持つのは、「中国」が大陸国家であり、大河の文明だからである。例えば、高級中学〔高校〕の選択教科である『中国文化史』の教科書は、この点について、次のように説明している。

「中国は古くから農業で国を立てていたのであり、農業は土地および水源と切り離せないものである。世界の多くの文明が河流と関係しているように、中国の黄河と長江もまた文明を育む源泉であった。」[33]

　黄河と長江という二つの大河を擁する「中国」において、河川を媒介とする内陸貿易は常に重要なものであったし、巨大な農業国家である「中国」の政治において、治水は決定的な重要性を持つ要因であった[34]。また、文学的想像力を喚起してきたのも、「海」よりもむしろ「河」ないし「湖」だったのであり、例えば、国民中学および高級中学の『国文』教科書が扱う文学作品のモチーフは、多くの場合「河」や「湖」であり、「海」をモチーフとする作

品の数は、ごく限られたものに過ぎない。

『認識台湾』教科書が端緒となって強調され始めた台湾の海洋的性格は、独自性および主体性の確立と「中国」との差異化という両義的な意味を持つものである。こうした自己規定は、今日、さらに先鋭化の方向に向かっているのである。

6 『認識台湾教科書』の特徴（4）：対外認識の変化

すでに述べたとおり、自己像の〔再〕定義という作業は、常に他者認識の修正と表裏をなしている。それゆえ、『認識台湾』教科書の対外認識は、従来の公民教育、歴史教育とは異なるものとなっているが、とりわけ顕著な変化を示しているのが日本認識である。

『認識台湾』教科書は、約50年の日本の植民地統治を一方的に「断罪」するのではなく、その功罪を客観的に記述することを試みている。このことについて、再度、インタビューにおける呉文星の発言を引用しておきたい。

> 「重要なことは、私たちはこの日本の政策を、日本が中心であり、植民地を主体としたものではなかったと批判していますが、その一方で、その政策が明治維新以後の近代化制度を台湾に導入したことが、台湾に近代化をもたらしてこと（ママ）を否定していません。」[35]

日本の台湾統治政策は、意図のレベルでは、本国の発展を一次的目標とするものであり、そこに差別的な現実があったことも確かだが、結果的には、台湾の近代化に資する部分もあったというのが『認識台湾』教科書の基本的な立場である。例えば、二つの章を割いて日本の植民地統治を詳細に論じている歴史篇の教科書は、その政策が「日本経済の発展に合わせる」という意図に基づくものであったことを断りつつも、統治主体としての日本が台湾において大規模な経済建設を行ったこと、農業改革によって製糖業の生産性の向上と近代化をもたらしたこと、華南および南洋を侵略目標とする南進政策の必要に応じるためのものではあったが工業の発展を促進し、農業中心の産

業構造を半農半工の産業構造に転換させたことなどを教えている。

また、「日本植民統治時期の教育、学術と社会」と題する第8章では、次のようなことが教えられている。(1)初等教育の普及と就学率の急激な上昇が見られたこと、(2)被植民者である台湾人には「狭き門」であり、初等教育の教員や医師の養成といった実用的なものが中心であったにせよ、中等・高等教育の発展も見られたこと、(3)台湾の伝統的制度、風俗習慣、医療衛生、産業に関する学術研究が蓄積されたこと、(4)人口の激増、(5)纏足や辮髪からの解放が促進されたこと、(6)時間を守り、法を遵守するという観念が生まれたこと、(7)近代的な衛生観念が確立したことなどである。

こうした言説は日本の植民地統治を肯定するためのものではない。歴史篇の教科書は、日本の統治が台湾人にとって差別的なものであり、日本と台湾の関係が宗主国と植民地の従属的関係であったことを強調している。つまり、上述のような日本統治の肯定的要素はあくまで結果であり、その意図は日本本国の経済的発展と対外拡張にあったことを明確に論じているのである。しかし、日本による植民地統治の肯定的側面を描くということ自体、従来の教科書ではありえなかったことであり、後述するように『認識台湾』教科書の日本統治に関する記述は、論争の焦点として物議をかもすことになった。

歴史篇の教科書は、日本の台湾統治が成立した経緯について、「西暦1895年（清光緒21年）4月、中日両国は馬関条約〔下関条約〕に調印し、台湾、澎湖は日本に割譲された」[36]と説明し、日本の台湾取得が条約に基づくものであったことを示している。そして、下関条約から第二次世界大戦の終結までの日本統治を「日本植民統治時期」〔社会篇では「日治時期」〕という用語で表現しているが、前述のように、これまでの歴史教育では、「日據」という用語で使用されていたのである。「不法占拠」の意味を持つ「據」の字を用いるのは、日本の台湾統治が正統性を欠いたものであり、「中国」と台湾の紐帯を不当に断ち切るものであったことを強調するためである。ここにおいて、日本の台湾植民地統治は、全面的に否定されるべきものであり、その肯定的側面を語ることは、部分的であれ不可能であった。

『認識台湾』教科書で日本統治に対する評価が転換したのは、この教科書

が従来の歴史教育とは異なる歴史観に根ざしているためだ。「中国」による統治をオランダ、スペイン、日本の統治と同列に、外来的なものとみなす視点が確立したことで、日本の植民地統治を客観的に評価することが可能になったのである。しかし、このような視点は、「中国」化を支持する立場からは、脱「中国」的なものとみなされる。それゆえ、『認識台湾』教科書をめぐる論争では、日本認識が焦点の一つとなったのである。

7 『認識台湾教科書』の特徴 (5)：マルチ・エスニックな台湾社会観

　『認識台湾』教科書の記述の特徴の一つとして、従来の公民教科書および歴史教科書で常套的に用いられてきた「中華民族」の概念が完全に姿を消していることが挙げられる。その一方で、「族群」〔エスニック・グループ〕という新概念が導入され、共同体としての台湾の自己像を描写するのに用いられている。例えば、社会篇の教科書では、「わが土地、わが民」と題する第1章で、「台湾の族群」について次のように説明している。

　　「現在、台湾の住民の祖先は、異なる時期に中国大陸から移入してきた漢人と漢人が台湾に大量に移入する前に、既に台湾に居住していた原住民を含んでいる。したがって、台湾は『多族群』〔マルチ・エスニック〕の社会だといえる。しかし、族群の種類の区分には、往々にして族群間の経済的競争、社会的相互作用、結婚および新たな移民の加入などの要因によって、大きな変化が生じるのである。台湾の族群は主に漢族と南島民族〔マレー・ポリネシア語族〕を含んでいる。伝統的には、漢族は漢語を使用し、『原住民』は南島語〔マレー・ポリネシア系言語〕を使用していた。現在の研究の結果によれば、台湾の原住民はいずれも南島民族に属し、南島民族は主としてマレー半島、ポリネシア諸島および南太平洋の島々に分布している。」[37]

　　「第二次世界大戦後、台湾は中華民国に帰属することになった。民国38年〔1949年〕に政府が台湾に移転すると、多くの大陸出身の軍人と民間人が台湾に流れ込み、既存のエスニックな構造にさらなる変化が生じることになった。比較的早く台湾に来た閩南人および客家人は本省人を自称し、〔戦後中国大陸

の〕各省から来た新移民を外省人と呼んだ。原住民、閩南人、客家人、外省人（新住民）は、今日の台湾社会の四大族群〔四大エスニック・グループ〕を構成しているのである。…＜中略＞…今日、わたしたちは『族群』に新たな意義を与え、『四大族群』という言葉で、現在台湾に暮らす人々の祖先が残した多様な文化を表現している。異なる族群のことば、文化、風俗習慣、歴史の記憶は、いずれもわたしたちが保存し、相互に学び合い、相互に賞美すべき共同の文化的資産なのである。」[38]

「四大族群」の概念は、エスニックな境界としては、かならずしも厳密なものではない。「四大族群」以前から存在する本省人／外省人という類型化が、「祖先が台湾に渡ってきた時期」という単一の基準に基づいているのに対して、「四大族群」は、言語と文化の同質性、祖先の出身地、台湾に渡ってきた時期という性質の異なる基準を二重三重に適用しているからである。例えば、相互に異なる母語と文化を持つ先住民を「原住民」[39]として一括する一方で、漢民族については、先祖の中国大陸での出身地域と彼ら／彼女らが台湾に渡ってきた時期という二重の基準によって、閩南人、客家人、外省人の三つの族群に細分化している。つまり、「四大族群」の概念は、ある種の恣意性をともなうものであり、その背景にある政治的意図には敏感であるべきだが、エスニックな差異の存在を認めたうえで、その差異を越えて台湾人として共存すべきことを説いていることは、注目に値する点である。このことについて、社会篇の教科書は、「共通の認識を結集し、異なる族群、異なる社会集団が相互に尊重しあってこそ、わたしたちは胸を張って『わたしたちはみな台湾人です』と言うことができる」[40]と教えている。エスニックな多様性のうえに台湾人の同一性を位置づけているのである。

また、「四大族群」からなる「われわれ」というイメージは、これまでの公民教育および歴史教育が「われわれ」のイメージとして提示してきた中華民族〔漢・満・蒙・蔵・回の五族と苗族・瑶族など少数民族によって構成される〕の概念を相対化する意味を持っている。中華民族を構成する「種族」〔『認識台湾』以前の教科書では、族群ではなく種族という言葉が用いられていた〕の相互関係が台湾の現実から乖離したものであるのに対し、「四大族群」の概念は、その類

型化が恣意性を含むものであるとしても、台湾のマルチ・エスニックな現実を反映したものである。したがって、族群と族群の相互関係は、人々の日常生活に直結しているのである。

　以上にみてきたように、『認識台湾』教科書は、これまでの「中国」化の公民教育および歴史教育とは異なる位相において、台湾人としての「われわれ」の自己イメージを確立し、それに対する集合的アイデンティティを獲得しようとしている。しかし、その語りからは、これまで教科書の常套句であった「わが国」、「わが民族」という表現が完全に排除されている。これは、台湾〔人〕の概念が明示的な国家性／国民性を持たないようにするという意図を持つものだが、このような工夫が必要だったのは、さまざまな現実の制約によって、「本土化」が全面的な動きにはなりえていなかったためである。李登輝政権で動き始めた教育の「本土化」は、政権交代を超えて陳水扁政権に引き継がれ、今日に至っているが、依然として全面的な動きにはなっておらず、「中国」化の教育と「本土化」の教育がせめぎ合っているのである。

　台湾において教育されるナショナル・アイデンティティの完全な転換が困難であるのは、「分断国家」におけるナショナル・アイデンティティの再定義が純粋な国内問題ではありえないためである。台湾におけるナショナル・アイデンティティの再定義は、常に中国の反応を横目で見ながらの作業となる。次節で詳述するように、中国政府は近年の台湾における教育の「本土化」を注視しており、この動きを脱「中国」化、「文化的台湾独立」であると批判している。また、このような反「本土化」の動きは、当然台湾国内にもあり、政府が推進する「本土化」の政策に抵抗を試みている。つまり、今日の台湾の政治的環境のもとでは、いかなる政権であれ、全面的かつ急進的な「本土化」を断行するのは不可能である。『認識台湾』教科書の記述における制約は、こうした台湾の現実に起因しているわけだが、今日の台湾では、伝統的な「中国」性の教育と台湾性の教育との間に、いかなる折り合いを求めるかが公教育の根本問題となっているのである。

第3節　教育の「本土化」をめぐる「国家認同」のポリティクス

　前節でみたように、『認識台湾』教科書は、国家観および国民観の面で、多様な新概念を含むものであったが、その内容が明らかになるや、一部の政治化、学者から激しい批判が寄せられ、やがて社会を二分する大論争に発展した。本書では、この論争を『認識台湾』教科書論争と呼ぶが、この論争は、その後繰り返し生起し、今日すでに常態化・定型化の様相を呈している教育の「本土化」と「国家認同」をめぐる論争の原点をなすものである。以下、本節では、『認識台湾』教科書論争を中心に、教育の「本土化」とナショナル・アイデンティティをめぐる論争について考察する。この論争は、台湾社会にとどまらず、台湾海峡を跨ぐものであるため、台湾での論争とともに中国からの批判にも目を向ける。

1　『認識台湾』教科書論争の展開

　『認識台湾』教科書をめぐる論争が本格化する契機となったのは、当時新党籍の立法委員であった李慶華〔現在は国民党籍〕が数名の学者専門家を招き、この教科書を批判する公聴会「譲学術的回帰学術―国中『認識台湾』教科書内容是否妥当公聴会〔学術を学術に回帰せよ――国民中学『認識台湾』教科書の妥当性に関する公聴会〕」を開催したことである[41]。

　この公聴会が開催されたのは、「認識台湾」の授業が開始される3ヶ月前の1997年6月3日のことであったが、立法委員である李慶華の「政治力」は、政府レベルの対応を促し、公聴会から2日後の6月5日には、教育部長の呉京が李慶華らと会見した。

　李慶華らとの会見後、呉京は、「いかなる個人に向けたものでもなく、立法委員・李慶華という一個人を満足させるためでもない」[42]ことを強調しながらも、9月の新学期に間に合わせることを前提に、印刷に送る前の教科書を再度見直すことを教科書の編集審査委員会に要請したのである。

　呉京の要請を受けて、6月24日には歴史篇の、7月3日には社会篇の編集

審査委員会がそれぞれ招集され、批判のあった表現に対する再検討および修正が行われた。この修正が最終決定となり、教科書は印刷の工程にまわされることとなったが、李慶華らの批判派の動きは収まらず、記者会見の開催〔7月4日〕[43]、8名の学者の連署による共同声明の発表〔7月4日〕[44]、教育部に生卵を投げつけるといった直接的な示威行為〔7月12日〕[45]等、さまざまな方法を通じて抗議活動を継続し、教科書のさらなる見直し、および9月からの授業開始の暫時停止を求めていった。

こうした批判の動きに対し、呉京教育部長は、7月12日に100名を超える抗議の群集の代表者と会見し、「『認識台湾』教科書を9月1日に全国の国民中学に送ることは、既定のタイムスケジュールであり、それを止めることはできない。そうでなければ、国家の不安定を生み出すことになる」と述べ、9月の実施以後、しかるべき民間の調査機関に委託して、国民中学1年の学生・教師・父母を対象とする30万人規模の民意調査を実施し、その結果をみて、「認識台湾」の存廃を検討することを約束した[46]。

これによって、「認識台湾」は、予定通り1997年9月から全国の国民中学で教えられる運びとなったが、『認識台湾』教科書論争は、国定教科書の編纂を主管する国立編訳館の館長であった趙麗雲の辞任という事態を生み出すとともに、立場の異なる二つの政党による舌戦を喚起した。当時の政治的構図は、李登輝を党首とする与党・国民党が「本土化」に向かう動きを見せ始める一方、民進党がより急進的な「本土化」を主張し、路線転換への不満から国民党を割って出た人々によって結成された新党が伝統的中華ナショナリズムの擁護者を自認するというものであったが、新党の『認識台湾』教科書批判に民進党が噛みついたことで、両党の公開討論が行われることになった。

両党による討論は、1997年7月20日、雑誌『新新聞』とTVBS〔ケーブルTVのニュースチャンネル〕の共同主催という形で開催された。民進党側からは陳文茜〔民進党文化宣伝部主任〕、王拓〔立法委員〕、段宜康〔台北市議員〕が、批判者の側からは李慶華のほか、陳昭瑛〔台湾大学中国文学科助教授〕、尹章義〔輔仁大学歴史学科教授〕の2名の学者が討論に加わった。しかし、双方が自らの主張を一方的に主張するに止まり、生産的な結論が生まれることはなかった[47]。

司会を務めた陳其南は、「台湾を知るのは難しいが、お互いを知るのはさらに難しいようだ」という言葉で討論を締めくくり、『認識台湾（歴史篇）』の編集審査委員会の座長で、討論を傍聴していた黄秀政は、「〔両党による〕討論は、人々の注目を集めるものであり、ニュース性はあるものの、双方の内容について言えば、『鶏同鴨講』〔ニワトリがアヒルと話す＝話しがかみ合わないたとえ〕というべきものであった」との感想を述べた[48]。

2 『認識台湾』教科書批判の焦点

『認識台湾』教科書論争の時系列的な展開は、およそ上に述べたようなものであった。批判派は、教科書のどこが、どのように問題であると考えていたのだろうか。中国からの批判も含め、『認識台湾』教科書批判の言説を考察してみたい。

台湾で批判言説の「牙城」となったのは、雑誌『海峡評論』であった。同誌は、一連の論争の端緒となった1997年6月3日の公聴会〔「譲学術的回帰学術—国中『認識台湾』教科書内容是否妥当公聴会」〕をはじめとする李慶華らの批判の運動を活字化して伝えるほか、教科書批判の論考を約半年間にわたり継続的に掲載した。

メディアに表れた批判言説は相当数にのぼったが、論争の「口火」となった6月3日の公聴会での発言の数々は、とりわけ重要な意味を持っている。批判の論点は、ほぼそこに集約されているためである。したがって、ここでは、この公聴会での発言を中心に、(1)『認識台湾』教科書の新概念による「われわれ語り」への批判、(2)教科書の歴史観および歴史記述の用語法に対する批判、(3)日本の植民地統治に対する評価をめぐる批判、(4)「四大族群」の概念への批判の四点ついて、批判言説の内容と論理を整理する[49]。

(1)『認識台湾』教科書の新概念による「われわれ語り」への批判

国立台湾大学中文学科の副教授〔当時〕で、儒学、文学理論とともに台湾文学を専門とする陳昭瑛は、社会篇の教科書が提唱する「台湾魂」の概念は、

「台湾民族魂」から「民族」の二文字を省略したものであるとして、次のように批判する。

> 「この言葉を私が最初に耳にしたのは、建国党〔急進的な台湾独立を志向する政党〕に同情的な地下ラジオでのことだったが、もともとは『台湾民族魂』と言っていた。『民族魂』は西欧の急進的民族主義の概念であり、『民族魂』という言葉が台湾で最初に表れたのは、日據時代の皇民化運動のなかで、日本政府が『大和魂』、即ち、『大和民族魂』を提起したときであろう。」〔19頁〕

そして、「このことは単なる独立建国の政治運動にとどまらず、台湾人民の民族の魂を新たに塑像しようとするものであり、台湾人の中国的、漢民族的、あるいは原住民的な魂ないし精神をいわゆる『台湾民族魂』に変換しようとするものであって、大いに問題である」と指摘している。

一方、「台湾意識」の概念については、尹章義が「私個人の考えでは、個別的な一個人の持つ台湾意識はあるが、全体的な集合としての台湾意識はない」〔18頁〕と結論づけている。

> 「今日の台湾社会には、福佬ショーヴィニズム〔福佬は閩南族群の別称〕が瀰漫しており、まず客家人に対する排斥が、さらには外省人に対する排斥があるために、全体的な台湾アイデンティティは、もとより結集のしようがなく、台湾意識もまた形成しえないのである。教科書で『台湾意識』がすでに形成されているなどということは妥当ではない。いまのところ、そのようなものは存在していないからである。」〔18-19頁〕

問題となっているのは、「教科書が一度も『中国人』に言及していないことであり、『中華民族』という名詞が消え失せていること」〔李慶華：16頁〕であり、「この教科書を読み終わった学生は自分が中国人であることがわからなくなってしまう」〔同前〕ことである。つまり、批判派は、教科書が提唱する「台湾意識」と伝統的な「『中国』意識」の関係をゼロサム的なものと考え、『認識台湾』教科書は、「中国」と台湾の歴史的紐帯を分断するものと認識しているのである。このことは、教科書批判の根幹をなすものであり、その他の論点

の前提をなすものである。

(2) 『認識台湾』教科書の歴史観および用語法に関する批判

　ポルトガル人による「発見」とそれに続く国際競争によって始まる400年の歴史という『認識台湾』教科書の歴史観と独特の用語法も、批判の焦点となった。
　「400年来の台湾史は悲情の歴史であった」という歴史観は、「〔李登輝が対談のなかで、『台湾人に生まれた悲哀』を語った〕司馬遼太郎の台湾訪問を想起させる」〔李慶華：16頁〕ものであり、「かつての台湾の統治者は、漢人であれ、非漢人であれ、いずれも人民と対立するものだとして、有無を言わさず一概に否定するのは、いささか急進的にすぎる」〔蒋永敬、22頁〕と批判される。
　問題は、このような歴史観が「中国」と台湾の歴史的紐帯を曖昧にしていることであり、ひいては「中国」の台湾に対する主権の存在を否定することである。例えば、王暁波は、この点について、西暦230年に孫権が台湾に人を派遣したことを強調し、ポルトガル人が「発見」するよりもはるか前に、「中国」人が台湾人を発見していたという事実を教科書は記述するべきだと主張する〔16頁〕。
　一方、用語法の面では、「清領時代」、「日治時期」ではなく、従来の「清朝時代」および「日據時期」が回復されるべきであり、1945年以降については、「第二次世界大戦後」ではなく、「中華民国時期」と表記されるべきだとされる。また、時代区分についても、台湾を統治する政権の交代によってではなく、「中国」の王朝・政権の交代によって時代を画する伝統的な方法にしたがうべきであり、年号については、清朝の紀元や中華民国暦が西暦に優先するというのが批判派の主張である。
　この点で、第二次世界大戦後を「光復後」〔「光復」は台湾の「祖国」＝中華民国への復帰の意味。強い肯定のニュアンスを含む〕と表現している地理篇は、批判を免れている。地理学を専門とする潘朝陽は、「三篇のなかで、地理篇だけが公明正大に『光復以後』と言っているのであり、他の二篇では言及を避けている。地理篇からは、地理学界がイデオロギーを持たず、常態的な方法に

よってわれわれの学生を教育し、われわれの次世代を教育していることがわかる。…《中略》…地理篇から見ると、歴史篇や社会篇がどんな問題を抱えているかが明らかになる」〔21頁〕と述べている。

(3) 日本の植民地統治の評価をめぐる批判

『認識台湾』教科書による日本の植民地統治の評価は、批判の主要な矛先の一つである。上述の「日治」か「日據」かの問題もまた、これに連なるものだが、教科書の日本統治に関する記述は、植民統治の「ちょうちんを持つもの」〔李慶華：17頁〕であり、「台湾総督府における日本帝国主義の史観」〔潘朝陽：21頁〕に他ならないというのが、批判派の主張である。日本の植民地統治の肯定的側面として教科書が列挙する人口の激増、纏足と辯髪の廃止、時間と法律を守るという観念の養成、近代的な衛生観念の習慣化といったものがたとえ事実であったにせよ、日本の植民地統治が台湾人の心を傷つけるものであったことにかわりはなく、教科書は植民地統治の罪悪を隠蔽していると批判される〔王暁波：17頁〕。

このほかにも、「日本帝国のために台湾の歴史教科書を改竄するものだ」〔王暁波：17頁〕、「教科書は日本人に見せるために編纂するわけではない」〔潘朝陽：21頁〕、「このような教科書を韓国人に見せたら、ショック死してしまうのではないか」〔李慶華：21頁〕、「この本は堂々たる政府機関である『国立編訳館』が編纂したものだが、このような本は日本人に見られれば、大いに喜ばれるにちがいない」〔蒋永敬：22頁〕と激しい批判の言葉が並び、別の場所では、日本の植民地統治を美化するもの、「媚日教材」という言葉さえ用いられているのである[50]。

また、教科書が日本の植民地統治による台湾人の犠牲者の数を「1万人にのぼる」としていることについては、台湾革命同盟会宣言にある65万人という数字を挙げて批判を試みている。〔王暁波：17頁〕

(4)「四大族群」概念に対する批判

原住民、閩南人、客家人、外省人からなる台湾社会という「四大族群」の

概念もまた、批判の対象となった。この点について、王暁波は次のように述べている。

> 「まず族群と省籍がどのようにちがうのかを教えてもらいたい。現在は閩南人、客家人、原住民、外省人の四大族群にわけている。例えば江炳倫教授〔国立政治大学―当時〕は福建の閩南人だが、彼はいったい閩南族群に属するのか、あるいは外省族群であるのか、おたずねしたいものである。族群と省籍は明らかにレベルの異なる区分であり、学術的な分類の基本原則に反したものでもある。実のところ、これは民進党版の分類であり、党外の政治家が街頭での煽動に用いる語句であって、国立編訳館の歴史教科書の教材に持ち込んではならないものだ。」〔王暁波：16頁〕

同様に、尹章義も「四大族群」の概念を批判する。

> 「これ〔「四大族群」〕は10数年から20年前に、党外の雑誌が提唱したものであり、台湾人を分裂させて選挙での得票に換えようというやり方である。族群の区別については、科学的・客観的な根拠があり、四大族群の区別は誤ったものである。もし、原住民が一つの族群であるなら、あらゆる漢人はもう一つの族群になるはずで、教科書は基本的な区別をないがしろにすることはできないのである。」〔尹章義：18頁〕

つまり、前節で指摘した「四大族群」概念の恣意性がまさに問題とされているわけだが、両者がこの概念を党外〔権威主義体制下における反対勢力〕ないし民進党に由来するものであると指摘していることも、注目に値する点である。

すでに述べたように、李慶華らによる批判は教育部の対応を促し、歴史篇および社会篇の教科書の編集審査委員会によって、印刷に送る教科書原稿の見直しが行われたのである。歴史篇と社会篇の修正作業は別々に進められ、寄せられた批判のうち、どれを受け入れ、どれを受け入れないかについては、独自の判断が下された。**表5-5**は、『認識台湾（歴史篇）』における主な修正点と未修正点をまとめたものだが、歴史篇が「日治」を「日本植民統治時期」と改めたのに対し、社会篇では「日治」という表現が残された。この結果、歴史篇では「日本植民統治時期」、社会篇では「日治」、地理篇では「日據」と、

表5-5 『認識台湾(歴史篇)』の修正点と未修正点

修正された部分	
批判の内容	修正の結果
「日據」を「日治」と改めたことは、中華民族精神を踏みにじり、公然と憲法に反するものである。	「日治」という表現は、すべて「日本植民統治時期」と改めた。「日據」という用語を避けたのは、日本の台湾領有が「下関条約」に基づくものであるという国際法上の考慮によってである。
「光復」を「戦後」としたことは、台湾独立派の用語に呼応したものである。	教科書のなかの「第二次世界大戦後」という部分をすべて「中華民国在台湾〔台湾における中華民国〕」と改め、課程標準の本来の規定に戻した。
原住民に対する記述が少ない。	記述を増加した。
中国の歴史文献の台湾に関する記載に触れていない。例えば、元朝時代、明朝時代に台湾に派兵したことがあることなど。	唐の末期に漢人が澎湖島で活動したことがあったこと、元朝時代に澎湖島に巡検司が設置されたことなどの内容を加筆し、澎湖島が明朝の領土であったことを強調した。
台湾の近代化建設に対する日本の役割を宣揚し、日本政府の残虐で高圧的な統治を取り上げていない。	「日本政府は台湾を最初の植民地として不平等待遇を採り、台人を差別した」という記述や教育の面で日本人画家栗の原則を実施したことを強調して、台湾人に対して、差別的待遇を採ったことなどを加筆した。

修正されなかった部分	
批判の内容	修正を行わない理由
年号表記に関しては、1945年を境に、それ以前を西暦で、それ以後を中華民国暦でという方式を採用しているが、すべて「中国」の紀元を用いるべきである。	1945年を境とするのは、それ以前は多くの国に植民地統治を受けており、複雑だからである。日本の台湾返還以後は、すべて中華民国暦を用いている。
全篇を通じて「中国人」、「中華民族」という言葉を使わずに、「台湾人」、「台人」という言葉によってこれを表現している。	台湾人は即ち中国人である。「台人」の表現は、文章を書くうえでの変化を増やすためである。
日本政府によって虐殺された台湾人の軍人・民間人について、1万4千人という教科書の数字は少なすぎる。65万人とすべきである。	現存する資料に基づけば、「1万4千人」という数字は妥当なものである。
日本植民地統治時期の慰安婦、台湾人兵士などの悲惨な史実について触れていない。	慰安婦の子孫や存命の台湾人兵士の自尊心を考慮すべきである。
将来における「平和統一」について、まったく触れられておらず、ただ「新台湾」の建設が提起されるのみである。	97-98頁にかけて、「交流互恵…〔中略〕…などの漸進的な歩みを通じて、中国の平和統一を達成する」という記述が既にある。

出典)『中国時報』1997年6月25日付、および『聯合報』1997年6月25日付に基づき著者作成。

三つの教科書で互いに異なる表現が用いられることとなった。

　批判言説の論点を抽出することによって明らかになるのは、これらがまさに『認識台湾』教科書の国家観および国民観に向けられたものであるという

ことである。つまり、批判の言説は、「国家」、「国民」、「民族」といった概念の使用を極小化しているかに見える『認識台湾』教科書とその背景をなす「本土化」の政策が包含するナショナルな意図を見出し、それが既存の「中国」化の教育を覆す可能性を持っていることを危惧しているのである。批判の論理は、大筋において、かつての絶対的な「公定」ナショナリズムとしての中華ナショナリズムに則したものであり、その絶対性の侵犯に対する脅威が教科書批判の動因となっている。

　台湾主体性、あるいは台湾アイデンティティの確立に向かう「過渡期のマニフェスト」ともいうべき性格を持つ『認識台湾』教科書が論理的に十分な精緻さを欠いた部分があることは事実であり、批判の言説がその矛盾を正確に言い当てている部分があることもまた事実である。「四大族群」の概念に対する批判には、相応の妥当性が認められる。しかし、批判の言説は、次の二つの点で限界を抱えている。

　第一に、教科書批判の運動は、立法委員である李慶華を引き込むことによって[51]、政府に対応を促すに足る「政治力」を獲得しえたわけだが、しかし、まさにそのことによって、あらゆる議論が最終的には「統独」〔「中国」からの統一か独立か〕をめぐる政治的論争に帰着せざるをえないというジレンマを抱え込むことになったのである。

　第二に、批判の言説は、『認識台湾』教科書と「本土化」政策のナショナルな性質を浮き彫りにすることに成功しているものの、それ以前の「中国」化の教育がより濃厚な国民化の衝動を持っていたという事実に無批判であり、むしろそこへの回帰を志向していることによって、国民化の教育を越える可能性を自ら閉ざしてしまっているのである。

3　中国による『認識台湾』教科書批判

　民主化と自由化によって、台湾では、教育問題をめぐって自由に意見を闘わせることが可能となり、百家争鳴というべき状況が現れているが、教育の「本土化」をめぐる論争が特別なのは、台湾海峡を跨いで展開されていること、

つまり、台湾社会のみにとどまらず、中国と台湾の間でも争点化しているという点である。

政府のスポークスマンや『人民日報』社説など、「公的」なルートを通じた批判こそなされなかったが、台湾での論争の発生や授業の開始など、節目となる時期に合わせるように、『人民日報』の投書欄[52]、台湾研究機関の定期刊行物〔社会科学院台湾研究所『台湾研究』、厦門大学台湾研究所『台湾研究集刊』〕[53]、海峡両岸の「平和統一」をうたう「民間」団体の機関誌〔中華全国台湾同胞聯誼会『台声』、中国和平統一促進会『統一論壇』〕[54]といった媒体を通じて、『認識台湾』教科書に対する集中的な批判が展開された。

厦門大学台湾研究所の教授であり、「台湾学」という概念の提唱者でもある陳孔立は、「史実を尊重し、客観中立な一面がある」としながらも、四つの点から『認識台湾』教科書を批判している[55]。

第一に、教科書の記述の前提をなす「基本的共通認識(コンセンサス)」の問題がある。「基本的共通認識」とは、「認識台湾（歴史篇）課程標準」の制定委員会で座長を務めた黄秀政が「課程標準草案の検討制定の過程では、台湾の定義について、『台湾の台湾』と『中国の台湾』の争いがあったが、最終的には双方が一歩ずつ譲り合い、客観中立的な用語によって台湾の歴史を解読するという共通認識を得ることができた」[56]と述べていることを指す。即ち、『台湾の台湾』と『中国の台湾』のいずれにも偏らない、客観的・中立的な立ち位置から台湾史を記述することが教科書の前提となっているということである。しかし、陳孔立は、鄭梓〔逢甲大学教授、歴史篇教科書の編集審査委員〕が「少なくとも台湾人の観点から台湾史を書くことを堅持する」ことこそ「共通認識」であると述べている事実をあげ[57]、「『台湾の台湾』という主張と『中国の台湾』という主張が争った結果は、『双方が一歩ずつ譲り合った』のではなく、『台湾人の観点で台湾史を書く』という主張が勝利を収める一方、『中国の台湾』の主張は譲歩せざるを得なかったのである」と指摘している。『認識台湾』教科書が抱える問題の多くは、ここに起因しているというのが陳孔立の主張である。

第二に、「台湾史の特色」の問題がある。教科書は、多元的な文化、対外関係の密接さ、対外貿易の興隆、冒険奮闘と困難を克服する精神の四点を台

湾史の特色に挙げているが、これらは台湾にのみあって「中国」にないというものではない。対外貿易の興隆についていえば、むしろ「中国」との繋がりによってもたらされたものであり、そのようなことは台湾の歴史的特色として教科書に特筆するには及ばないというのが陳孔立の考えである。

　第三に、教科書にはあってはならない「歴史の忘却」が見られるという。つまり、「中国の台湾」という主張が斥けられたことで、例えば、三国時代に呉の国が「夷洲」〔台湾〕に軍隊を派遣したこと、隋朝が「琉球」〔台湾〕で活動したこと、宋朝が澎湖島に軍を駐留させたことなど、「中国」と台湾を繋ぐ数多くの歴史的事実が「忘れ去られている」ことが問題であるとされる。

　第四に、「中性」的な用語にも、ある種の立場が反映されていると指摘している。例えば、「鄭成功が台湾を『進取』した」、「日本が台湾を『取得』した」といった表現は、中立性を装ってはいるが、実際には、領土と主権に対する見解の反映したものであり、「中国」の台湾に対する歴史的主権を否定しようとするものだと批判されている。

　陳孔立が教科書の「史実を尊重し、客観中立な一面」として挙げているのは、(1)12世紀前半にすでに澎湖島に漢人の移住があったこと、(2)清朝による建設の結果、台湾省は当時最も近代化の進んだ省となったこと、(3)日本の植民地統治下における近代化建設は従属的なものであり、差別的な本質を含むものであったことである。これらは、「中国」と台湾の関係が長い歴史を持つこと、日本の植民地統治の不当なものであったことに関係する部分、つまり、「中国の台湾」という立場を代表する部分である。

　また、社会科学院台湾研究所の研究員である彭維学は、『認識台湾』教科書の特徴として、次の五点を挙げている。(1)台湾と祖国大陸の古くからの繋がりを分断・否定して、「台湾独立史観」を宣揚する、(2)台湾文化と中華文化の内在的な繋がりを断ち切り、「台湾文化観」を宣揚する、(3)民族分裂の情緒を煽動し、「台湾民族観」を鼓吹する、(4)「二つの中国」を意図的に突出させ、「台湾における中華民国〔中華民国在台湾〕」の「国家認同観」を鼓吹する、(5)日本の植民地統治を美化し、台湾同胞の抗日の業績を抹殺するという五点である。そして、このような特徴の背後には、(1)青少年に「脱中国化意識」

を教え込み、「独立台湾の後継者」を育成することによって、祖国の平和統一を阻止する、(2)青少年に「台湾主体意識」を教え込み、内部の力を凝集することによって、祖国大陸と対抗する、(3)「実務外交」に対する共通認識を結集し、「外交的突破」を追求するという三つの政治的意図があると批判しているのである[58]。

　これらの中国から提起された『認識台湾』教科書に対する批判は、多くの点で台湾での批判と重なりを見せている。『認識台湾』教科書は、「中国」と台湾の歴史的・文化的紐帯を分断し、日本の植民地統治を「美化」するものであると両者は批判しているのである。ここに見て取れるのは、担い手とする政府は異なるものの、ルーツを同じくする「双子のナショナリズム」が、「台湾アイデンティティ」という、より対抗的な主体性概念の出現によって、過去の対立を超えて結託するという現象である。「中国」の正統をめぐる「双子のナショナリズム」の対立が少なくとも「中国」の統一という前提を共有していたのに対し、「本土化」以降の「中国性」と「台湾性」の対立は、いかなる前提も共有しない、より排他的な関係と認識されているのである。教育の「本土化」に対する中国の批判が辛辣な調子を含んでいるのは、このような理由によってである。

4　『認識台湾』教科書論争の「その後」

　『認識台湾』教科書論争を嚆矢とする教育とナショナル・アイデンティティの論争は、一過性のものではなく、政策に新たな展開があるたびに論争が繰り返されてきた。それは、今日すでに常態化・定型化しているとさえいえるが、ここでは、『認識台湾』教科書論争の「その後」について、二つの特徴な事例に言及しておきたい。

(1) ピンイン〔中国語表音ローマ字〕の国家標準化をめぐる論争

　第一のケースは、ピンイン〔中国語表音ローマ字〕の国家標準化をめぐる論争である。表意文字である漢字の読み方を表現するためには、何らかの表音

化の体系を別に確立することが必要となる。中国語の表音化については、歴史的にもさまざまな方法が試みられてきたが、戦後、中国と台湾では、異なる中国語表音化の方式が採られた[59]。中国が開発した表音ローマ字の体系である漢語拼音〔漢語ピンイン〕は、中国語教育の普及等を通じて、次第に世界的な広がりをみせていった。しかし、国府は「漢賊並び立たず」の原則を掲げ、「国語」教育にはローマ字によらない注音符号の方式を、道路標識等にはウェード式ローマ字〔清朝に派遣された英国公使トーマス・ウェードが開発した表音ローマ字の体系〕を用いてきた。

1986年1月28日、台湾の教育部は、国語注音符号二式という新たな表音ローマ字の体系を提唱したが、この方式は最終的に行政院の承認を得ることができず、国家標準とはならなかった[60]。1990年代に至って、教育の「本土化」の潮流のなかで、母語教育が行われ始まると、国語〔国家語としての標準中国語〕の教育と母語〔土着のエスニックな地域語〕の教育で共通して使用可能な表音体系を求める声が高まっていった。1998年に中央研究院民族学研究所の余伯泉が発表した通用拼音〔通用ピンイン〕は、まさにこうした要請に応えるものであった[61]。

通用ピンインの登場によって、ピンインの国家標準化をめぐる論争は、注音符号二式の妥当性に関するものから、通用ピンインと漢語ピンインのどちらを国家標準として採用すべきかをめぐるものにシフトしていった。この問題が「政治的地雷」と形容されるほどに敏感な争点となるのは、台湾独自の体系として土着の母語と繋がりを持つ前者が「本土性」を象徴するのに対し、中国発の体系としてすでに世界中で広く用いられている後者が「国際性」とともに、中国との「統一」を連想させるためである。

論争は数年におよび、政府の態度は曲折を繰り返したが、2002年8月28日に行政院が教育部国語推行委員会による同年7月の決定を受けて、「わが国における中文の表音には、別に規定する場合を除き、通用ピンインを標準とする」との規定を含む「中文訳音使用原則」〔行政院台教字第0910042331号函備査〕[62]を通過したことによって、通用ピンインを国家標準とすることが決定された[63]。しかし、この原則は法的拘束力を持たない行政命令であるため、

第5章　台湾における教育の「本土化」と「国家認同」　213

例えば、地方政府が独自の判断で道路標識に漢語ピンインを使用したとしても、中央政府はそれを処罰することができないというものであった。そのため、野党・国民党〔李登輝の離党以後、急速に「本土化」から「中国」化に回帰しつつあった〕の馬英九が市長を務める台北市は、政府の膝元にありながら、「中文訳音使用原則」の行政院通過後も漢語ピンインを道路標識に使い続け、通用ピンインを使用する隣県の台北県との間に不統一が生じたのである。

　図5-1は、そのことを示すものである。**写真1**は台北市許昌街、**写真2**は台北県の中正路と中山路、**写真3**は同じく台北県の新興街と中和路の道路標識だが、1は漢語ピンイン、2は通用ピンイン、3は国語注音符号二式で表記されている。「中文訳音使用原則」の行政院通過時に、与党・民進党の蘇貞昌が県長を務めていた台北県では、通用ピンインの使用が原則化したのに対し、野党・国民党の馬英九が市長を務める台北市は、漢語ピンインの使用を原則化した。しかし、これはあくまで原則に過ぎず、現実には異なる設置時期に異なる方式で作成された標識も存在しており、混乱した状況が現れている。なお、上の各地名を3種の方式で表現した場合、**表5-5**のようになる〔但し、「路」は Rd.、「街」は St. と表記される〕。また、国語注音符号二式・ウェード

写真1　台北市許昌街　　写真2　台北県中正路・中山路　　写真3　台北県新興街・中和路
図5-1　台北市および台北県における道路標識
出典）著者撮影〔撮影日：2006年8月15日〕。写真2は、夜間に撮影したため鮮明ではないが、「中正路 Jhongjheng Rd.」、「中山路一段 Jhongshan Rd. Sec.1」と記されている。

表5-5　漢語ピンイン・通用ピンイン・国語注音二式の対照表

地名	漢語ピンイン	通用ピンイン	国語注音二式
許昌街	xu chang St.	syu chang St.	shiu chang St.
中正路	zhong zheng Rd.	jhong jheng Rd.	jung jeng Rd.
中山路	zhong shan Rd.	jhong shan Rd.	jung shan Rd.
新興街	xin xing St.	sin sing St.	shin shing St.
中和路	zhong he Rd.	jhong he Rd.	jung he Rd.

出典）「五種華語拼音系統対照表」〔http://taiwantp.net/eternity/5injie.htm〕に基づき著者作成。

式・イェール式・漢語ピンイン・通用ピンインの五つの方式の対照表としては、http://taiwantp.net/eternity/5injie.htm を参照のこと。

　教育の「本土化」をめぐる論争のなかで、ピンインをめぐる論争が特に興味深いのは、通用ピンインの国家標準化に至る過程で、行政院と教育部長の意見が対立し、部長交代の引き金になったことである。第一期陳水扁政権の最初の組閣〔2000年5月〕で教育部長に就任した曾志朗は、2002年2月の内閣改造で、その任を黄栄村に引き継ぐことになった。陳水扁が当初「三顧の礼」で迎えた曾志朗が留任しえなかった背景には、ピンイン政策をめぐる内閣との不一致があったものとみられている[64]。曾志朗は、「国際化」を理由に漢語ピンインの標準化を主張したが、このことは台湾主体性の確立を優先する政権の方針とは相容れないものであった。「本土化」への帰依が不足していると判断されたことが、交代の鍵となったのである。

　ピンイン論争から明らかになるのは、ポスト李登輝の陳水扁政権が「本土化」の政策をさらに先鋭化させていることである。国連やISO〔国際標準化機構世界〕によって中国語の表音ローマ字の標準的体系に認められ、学術研究と中国語教育の両面で、すでに世界的に用いられている漢語ピンインを国家標準化することは、国際化の観点から言えば、合理的であるといえる。しかし、陳政権が選択したのは、中国発の漢語ピンインを拒み、独自の体系である通用ピンインを国家標準化することによって、「本土化」優先の姿勢を示すことであった。

(2) 台商子弟学校の教材をめぐる問題と中国の「文化台独」批判

『認識台湾』論争以来、中国は、台湾における教育の「本土化」の動向に常に目を光らせてきた。新たに目立った動きがあれば、即座に批判するという対応を採り続けている。上述のピンインの国家標準化をめぐる問題も例外ではなく、2002年7月の教育部国語推行委員会決議から数日を経ずして、『人民日報』のウェブ版である『人民網』の「海峡両岸」の欄に「"通用拼音"引発争議」と題する特集が組まれている[65]。

教育の「本土化」をめぐる中台の論争として注目されるのは、2001年に起こった台商子弟学校の教材の問題である。

台商子弟学校とは、中国に長期的に滞在して経済活動を営む台商〔台湾人ビジネスマン〕の子女に、台湾国内と同じ制度と内容の教育を受けさせることを目的として設立された私立学校である。近年、中台経済関係の緊密化によって、家族ぐるみで中国に生活の基盤を置く台商が増加するにつれ、その子女の教育問題が切実なものとなっていた。

2001年当時、広東省の東莞台商子弟学校と江蘇省の華東台商子女学校が、台湾の教育部によって正式に学歴を認可されていた。台商子弟学校として初めて教育部の認可を受けた東莞台商子弟学校は、東莞市台商投資企業協会によって1995年に設置の準備が開始され、中国の地方教育当局〔広東省教育庁〕からの学校設置許可の獲得や台湾国内の関連法規の修正など、諸々の行政的・法制的ハードルをクリアした後、2000年9月に開学した。翌年には、華東台商子女学校が開学している。

台商子弟〔子女〕学校の教育制度・カリキュラム・教材は、すべて台湾国内の義務教育と同じものが用いられている。教材については、事前に現地の教育当局〔東莞は広東省教育庁、華東は江蘇省教育長〕による審査を受け、その後、台湾の教育部が学校に審査済の教科書を送付させて、中国当局による削除と「修正」の内容を把握することになっている。2001年12月末に2001年度下学期分の「修正済」教科書を確認した台湾の教育部は、中国当局がこれまでにない大幅な削除・「修正」を要求していることを発見した。

2001年12月20日付の『中国時報』と『自由時報』が一面で報じたところによれば[66]、この時の中国側の削除・「修正」要求は、三種類に大別されるもの

であった。

　第一に、中華民国の主権を否認し、両岸分治の現実を否定することによって、中華人民共和国の「中国」唯一の合法政府としての正統性を主張するという観点に基づくものだ。この種の削除・「修正」要求として、中華民国の「国号」、「国旗」〔青天白日旗〕、「国歌」、「中華民国暦」等、中華民国を代表する語句や表現が教科書から削除されたほか、両岸分治の現実を反映する「大陸地区」、「中国大陸」といった表現が、中国共産党版の「一つの中国」原則に則した「中国」という表現に改めたのである。また、国民小学の「社会」の教科書には、「中華民国は1949年まで。1949年10月1日から中華人民共和国となった」との一文が挿入された。

　第二に、台湾教育の「本土化」の批判という観点から、「認識台湾」三篇の教育の全面禁止が要求された。

　第三に、政治的民主化に対する警戒として、国民中学『公民と道徳』の民主化に関する記述がすべて削除された。

　興味深いのは、これら三つの「ノー」のうち、第一点が以前の審査で、すでに問題とされていたのに対し、第二点および第三点は、2001年度下学期分の教科書の審査を境に問題にされ始めたという事実である。このことは、教育の「本土化」に対する中国政府の危機意識の高まりを示すものといえるだろう。

　中国国務院台湾弁公室のスポークスマンである張銘清は、同年12月26日の記者会見で、「教材の内容が一つの中国という原則に符合したものであるか否かに重大な関心を寄せている。もし、『台独』、『二国論』など、中国の分裂に関する内容を含むものであれば、適切な修正を加える必要がある」と述べた[67]。この発言は、台商子弟学校の教材に対する中国の原則を代表するものであり、台商子弟学校の教材が中国の掲げる「一つの中国」原則に抵触する場合には、中国は「修正」という実際的な行動にもってこれに応じるということを明確に示すものであった。

　このような中国政府の介入を受けて対応を協議した台湾の教育部と行政院大陸委員会は、「只刪不増」の原則で処理することを決定した。つまり、教

科書内容の一部削除には応じるが、中国側の要求する削除・修正要求のうち、明らかに史実に反したものについては、史実に基づいて中国側に異議を申し立て、それが認められない場合には、学生が台湾に戻る休暇期間を利用して、補習などの代替的な教育措置を講ずるよう台商子弟学校に求めたのである。

こうした対応は、中台教育当局の直接交渉が不可能だという状況下で、数十万の台商の教育権を保護するための止むを得ない妥協であったといえるが、このアドホックな解決方法は、再燃の可能性を留保するものでもあった。

(3)「去中国化」＝「文化台独」批判

陳水扁政権の成立後、台湾教育の「本土化」に対する中国の批判は、鋭さを増している。そこでキーワードとなっているのが、「去中国化」〔脱「中国」化〕と「文化台独」〔文化の台湾独立〕である。

「文化台独」という言葉の直接の発案者が誰であるかは定かではないが、陳水扁の総統就任直後の2000年5月22日に、中国国務院華僑事務弁公室などの主催によって開催された「中国僑界『反台独、反分裂、促統一』」座談会で、全国人民代表大会華僑委員会副主任委員の楊国慶が、陳水扁の総統就任演説を評して、「聞こえの良い言葉で両岸の文化を切り離し、『文化台独』を行うものだ」と批判したとの報道がある[68]。

その後、「文化台独」の言葉は、中国の政府高官や台湾専門化が陳水扁政権による教育の「本土化」を批判する常套句となっていった。例えば、2001年3月9日の第九期全国政治協商会議第四回全体会議で、台湾民主自治同盟〔台盟中央〕と中華全国台湾同胞聯誼会〔全国台聯〕を代表して発言した林東海は、「中華文化を発揚し、『文化台独』に反対する」と題する発言を行い、「政治上の『台独』が袋小路であるように、『文化台独』も同様に行き詰る」と主張した[69]。

同年5月30日には、国務院台湾事務弁公室のスポークスマンである張銘清が記者会見のなかで、次のように述べている。

「我々は、台湾当局がその分裂路線を推し進めるために、台湾と大陸の文化

的、精神的つながりを断ち切ることを企図して、さまざまな動きをとっていることを発見した」、「両岸の交流を通じて、より多くの台湾の民衆、とりわけ青少年に祖国大陸のルーツを知らしめれば、台湾当局の『文化台独』によってミス・リードされることはないだろう」[70]

中国側のこのような発言からは、台湾の文化・教育の「本土化」に対する強い警戒心が見て取れる。今日、「本土化」＝「去中国化」＝「文化台独」という批判の公式は、完全に定型化しており、台湾で「本土化」に新たな動きがあるたびに、中国がこの公式で応じるという構図が常態化している。

本章の小結

すでに述べたように、台湾では、世紀を跨ぐ国民教育カリキュラムの全面改定によって国民小学と国民中学の『課程標準』が一貫化され、『国民中小学九年一貫課程暫行課程綱要』という新たなカリキュラム大綱が定められた。この綱要は、2001年度から段階的に実施に移され、2003年には「暫行」の二文字が外れて正式版となったが、その主な眼目の一つは、細分化した「教科」を「学習領域」という、より大きな単位に再編する「課程統整〔カリキュラムの統合と整理〕」にあり、「認識台湾」三篇は「歴史」、「地理」、「公民と道徳」とともに「社会」の学習領域に統合された。この結果、「台湾を知る」という象徴的な名称を持つ教科は、開始から5年間で姿を消すことになったが、このことは、新カリキュラムにおける「本土化」の後退を示すものではない。国民小学の課程で母語教育が必修化されたことを始めとして、「本土化」の方向性は、『九年一貫課程綱要』にも受け継がれている。

つまり、李登輝政権が体制化した「本土化」の教育路線は、政権交代を経て2000年に成立した陳水扁政権に継承されており、ピンインの国家標準化をめぐる論争が示したように、さらに急進化しているのである。また、2004年5月の内閣改造では、杜正勝が教育部長に就任したが、彼は『認識台湾（社会篇）』編纂委員会の主任委員として、「本土化」批判の矢面に立った人物である。このような起用もまた、政権の「本土化」志向を象徴するものといえ

よう。

　「本土化」は、教育される国家観および国民観に大きな「変化」をもたらしたが、それはまた、二つの点で台湾教育の「不変」を印象づけるものでもあった。

　第一に、民間・地方の取り組みとして緒についた「本土化」が次第に中央政府の政策に回収され、選択的に体制化されていったことは、教育における国家の中心性が依然として強いままであることの証明である。

　第二に、「本土化」が郷土教育にとどまらず、ナショナルな意図を包含していることは、教育の国民化志向の不変性を意味している。

　「本土化」の政策は、脱権威主義の教育改革の主要なベクトルであり、1990年代以降、不断に追求されてきたが、未だ全面的なものにはなっていない。つまり、今日の台湾では、「中国性」の教育と「台湾性」の教育が重層的に存在しているのである。今後、この重層性こそが台湾の特徴として定着していくのか、あるいはいずれか一方に収斂していくのか、その帰趨は未だ定かではない。しかし、もし収斂の方向に進むならば、「中国化」にせよ、「台湾化」にせよ、その道程は平坦なものではないだろう。教育の「本土化」をめぐる論争の激しさは、そのことを暗示している。

　「本土化」が全面的なものとなりえないのは、「分断国家」の一方の当事者である中国が「一つの中国」原則を堅持し、台湾の脱「中国」化をけん制し続けていることもあるが、中華民国がその「中国」的な国体を決定的に転換できていないためでもある。この二つの要因は、一本のロープの両端のようなものであり、常に単独では動きえないものである。今日の台湾における教育されるナショナル・アイデンティティの「あいまいさ」は、台湾という存在そのものの不確かさの反映である。したがって、「分断国家」の問題に何らかの決着がもたらされないかぎり、教育されるナショナル・アイデンティティをめぐる政治（ポリティクス）は、台湾教育を特徴づける要因であり続けるだろう。

1　国立編訳館編『公民與道徳【第4冊】』台北市：国立編訳館、2001年1月（正式本初版、1994年改定『国民中学課程標準』準拠）、60-63頁。なお、蚵仔煎〔牡蠣のオムレツ〕と肉羮湯〔肉つみれのスープ〕は、いずれも台湾の代表的な屋台料理である。
2　同前、73頁。
3　黄政傑「教育本土化的理念」『北縣教育』第7期（1995年3月）、26頁。
4　台湾教育の歴史的特徴である「借用」と「依存」と教育の外来的影響の問題を論じたものとして、沈姍姍「自『借取』與『依頼』観点探討台湾教育発展的外来影響」沈姍姍『国際比較教育学』台北市：正中、2000年を参照のこと。
5　国立台湾師範大学教育学系、教育部国家講座編『教育科学的国際化與本土化』台北市：揚智文化、1999年。
6　同前、5頁。
7　Seana McGovern, *Education, Modern Development and Indigenous Knowledge: An Analysis of Academic Knowledge Production*, New York and London: Garlang Publishing, 1999 を参照。
8　呉清山・林天祐『教育新辞書』台北市：高等教育、2005年、10頁。
9　林玉体『台湾教育面貌40年』台北市：自立晩報、1987年、114頁。
10　山﨑直也「第9章 教育改革―総統選挙に見る脱権威主義後の課題―」佐藤幸人・竹内孝之編『陳水扁再選―台湾総統選挙と第二期陳政権の課題―』(IDEトピックレポート No. 51)、アジア経済研究所、2004年5月、128頁。同論文は、ウェブ上で全文を参照することができる。http://www.ide.go.jp/Japanese/Publish/Topics/pdf/51_09.pdf（アクセス日：2008年6月27日）。
11　『2005-2008教育施政主軸 創意台湾、全球布局―培育各人其才新国民』、http://www.edu.tw/files/site_content/edu01/940817edumain.doc（アクセス日：2008年6月27日）。
12　ここにおいて、「国語」とは、国府が国家語として台湾に持ち込んだ標準中国語〔20世紀の初頭に北京語を基調として体系化された標準語〕を、エスニックな地域語とは、台湾社会を構成するエスニック・グループの母語、即ち、漢語方言としての閩南語、客家語とマライ・ポリネシア語系に属する原住民の諸言語を指す。
13　教育部編『国民中学課程標準』〔1994年改定版〕台北市：教育部、1995年、15頁。
14　張茂桂「台湾是多元文化国家?!」『文化研究月報』第13期（2002年3月15日）、http://www.ncu.edu.tw/~eng/csa/journal/journal_park86.htm（アクセス日：2008年6月27日）。
15　『国民中小学九年一貫課程暫行綱要』が実施されたのは、1990年当時野党であった民進党が与党となった2000年総統選挙の後の2001年のことであったが、綱要

は政権交代の前に李登輝政権で成立をみていた。したがって、母語教育の必修化は、民進党が政権に就いたことによってなされたわけではない。

16　呂実強「国中新課程―『認識台湾（歴史篇）』科設立的経過與教育教学有関的幾項問題」『国立編訳館通訊』第9巻第2期 (1996年4月)、17頁。以下、「認識台湾」の成立の経緯に関する部分は、同文献に依拠している。
17　欧用生「郷土教育的理念與設計」黄政傑、李隆盛編『郷土教育』台北市：漢文、1995年、11頁。
18　呉文星「『認識台湾』台湾の『国史』を教育に」『台湾通信』第8635号 (1997年9月25日)、8頁。
19　教育部、前掲『国民中学課程標準』、151頁。
20　国立編訳館編『認識台湾 (歴史篇)』台北市：国立編訳館、1997年8月 (試用本)、113頁。
21　国立編訳館編『認識台湾 (社会篇)』台北市：国立編訳館、1997年8月 (試用本)、6頁。なお、「運命共同体」の原語は、「命運共同体」である。
22　同前、11頁。
23　同前、50頁。
24　同前、90頁。
25　国立編訳館、前掲『認識台湾 (歴史篇)』、113頁。
26　呉文星、前掲、10頁。
27　同前、13頁。
28　同前、13頁。
29　同前、9頁。
30　国立編訳館、前掲『認識台湾 (歴史篇)』、4頁。
31　国立編訳館、前掲『認識台湾 (社会篇)』、50-51頁。
32　前掲「2005-2008教育施政主軸　創意台湾、全球主軸―培育各盡其才新国民」。また、同施政主軸の具体的なアクション・プランである「施政主軸行動方案」では、海洋台湾を確立するための具体的措置として、カリキュラムや教材に関連する内容を盛り込むことのほかに、教員の海洋教育に関する知識の増進、海洋研究や海事に従事する人材の育成、活動や展示を通じた海洋美の啓発、学生の水泳能力の向上など、多様な方法を提示されている。同方案の全文は、以下よりダウンロードが可能である。http://www.edu.tw/files/site_content/edu01/940817edumain.doc（アクセス日：2008年6月27日）。
33　『中国文化史』台北市：南一書局、2001年、8頁。この教科書は、1995年改定の「高級中学課程標準」〔高校のナショナル・カリキュラム〕に準拠して編纂された検定教科書である。なお、1995年改定カリキュラムでは、「中国文化史」は、高校第

3学年の第一学期で教えられることになっているが、2006年度からは新たなカリキュラムが実施されることになっている。

34　例えば、カール・A・ウィットフォーゲル〔Karl A. Wittfogel〕は、中国社会を「水利社会」と規定し、治水事業と政治権力の強い結びつきを指摘する〔カール・A・ウィットフォーゲル（井上照丸訳）『東洋的専制―全体主義権力の比較研究』アジア経済研究所、1961年〕。ウィットフォーゲルの「中国」観に対する評価と批判については、中嶋嶺雄『中国―歴史・社会・国際関係』中央新書、1983年、40-41頁を参照。

35　呉文星、前掲、20頁。

36　国立編訳館、前掲『認識台湾（歴史篇）』、57頁。

37　国立編訳館、前掲『認識台湾（社会篇）』、6-7頁。

38　同前、8-9頁。

39　『認識台湾』教科書では、サイシャット〔賽夏族〕・タイヤル〔泰雅族〕・アミ〔亜美族〕・ブヌン〔布農族〕・ツォウ〔鄒族〕・プユマ〔卑南族〕・ルカイ〔魯凱族〕・パイワン〔排湾族〕・ヤミ〔雅美族〕について、その分布を地図によって説明している。なお、原住民の行政的承認は、『認識台湾』教科書以後、さらに拡大しており、2005年制定の「原住民族基本法」では、上記のほか、サオ〔邵族〕、クヴァラン〔噶瑪蘭族〕、タロコ〔太魯閣族〕の3族が「国家が管轄する伝統民族」に定義されている。

40　国立編訳館、前掲『認識台湾（社会篇）』、14頁。

41　周明徳整理「譲学術的回帰学術―国中『認識台湾』教科書内容是否妥当公聴会」『海峡評論』第80期（1997年8月）、15-22頁。なお、李慶華以外の公聴会の列席者は、王暁波〔世新学院共同科教授〕、尹章義〔輔仁大学歴史学科教授〕、陳昭瑛〔国立台湾大学中文学科副教授〕、黄麗生〔海洋大学共同科副教授〕、潘朝陽〔国立台湾師範大学地理学科副教授〕、蒋永敬〔国立政治大学歴史学科教授〕であった。

42　「認識台湾教科書廣徴修正意見―呉京確定開学前印製　希望給孩子看的書『範囲可粗略、用字應正面』」『聯合報』1997年6月6日付。

43　記者会見は李慶華国会辦公室〔事務室〕の主催によって立法院で行われた。6月の公聴会に参加した王暁波、陳昭瑛、尹章義を含め、11名の新党籍の立法委員および学者専門家が列席した。記者会見の内容について、詳しくは周明徳整理「台湾不能自外於中国和亜洲―『認識台湾』国中教科書総検討記者会」『海峡評論』第80期（1997年8月）、23-29頁。

44　「『認識台湾』八学者再喊且慢―呉京：課程如期実施　建国党：支持呉京的堅持」『聯合報』1997年7月5日付。

45　「認識台湾訴諸民意―明年30万人民意調査」『聯合報』1997年7月13日付。

46　同前。

47 この討論会の記録としたものとして、謝志偉整理「《認識台湾》教科書大辯論」『海峡評論』第81期（1997年9月）、58-64頁。

48 「教材編審会観戦心得：鶏同鴨講―陳文茜另類挑戦　想検験中国史　李慶華自認透過弁論已指出教材多処錯誤」『中国時報』1997年7月21日付。

49 以下、この部分については、特にことわりのない限り、前掲の周明徳整理「譲学術的回帰学術―国中『認識台湾』教科書内容是否妥当公聴会」に再録された発言に基づくものとし、直接の引用に関しては、当該記事の頁数を〔　〕で補うものとする。

50 「反対媚日教材、拒絶台独教育！―反対違憲改竄教科書的声明」『海峡評論』第80期（1997年8月）、37頁。

51 教科書批判の担い手となった李慶華と学者専門家の関係について、いずれの側から働きかけたのか、つまり、政治が学術に働きかけたのか、あるいは学術が政治に働きかけたのかは重要な問題だが、この点について王暁波は、歴史教育をめぐる問題〔『認識台湾』教科書および同教科書社会篇の編集審査委員会の召集人である杜正勝が1997年4月に発表した高校の歴史教育改革をめぐる構想〕に関して、「26年来の『保釣』〔尖閣列島防衛運動〕の盟友である李慶華に電話をかけ、このことに注目するよう頼んだ」と自分から働きかけたことを認めている。王暁波「好漢剖腹来相合―評『認識台湾』国中教科書」『海峡評論』第79期（1997年7月）、42頁。

52 1997年当時、『人民日報』が掲載した『認識台湾』教科書批判の言説は、次のとおりである。楊毅周「一部歪曲歴史分裂祖国的教材―解読《認識台湾》教科書」『人民日報（海外版）』1997年10月27日付、龔書鋒「為何不譲学生正確認識台湾」『人民日報（海外版）』1997年10月30日付、呉履平、王宏志「《認識台湾》要対青少年進行什麼様的教育」『人民日報（海外版）』1997年11月6日付、褚亜平「《認識台湾》意欲何為？」『人民日報（海外版）』1997年11月11日付。

53 彭維学「台《認識台湾》教科書評析」『台湾研究』第40期（1997年12月）、28-33頁、陳孔立「《認識台湾（歴史篇）》平議」『台湾研究集刊』第57期（1997年8月）、65-68頁。

54 彭維学「台新版教科書《認識台湾》評析」『台声』第159期（1998年1月）、13-17頁、易文「去中国化和親日本化―解読《認識台湾》教科書」『統一論壇』第51期（1997年第5期）、20-21頁。

55 陳孔立による批判の論点は、前掲の「《認識台湾（歴史篇）》平議」に基づくものとする。

56 黄秀政、前掲「国民中学『認識台湾（歴史篇）』科的課程研訂與教材編写」、13頁。

57 鄭梓「『認識台湾』恢復『台湾人的台湾史』」『聯合報』1997年6月6日付。

58 彭維学、前掲「台《認識台湾》教科書評析」。

59　中国語表音化の歴史については、阿辻哲次『近くて遠い中国語』中公新書、2007年、157-174頁を参照。
60　国語注音符号二式については、以下の教育部国語推行委員会による説明を参照のこと。http://www.edu.tw/EDU_WEB/EDU_MGT/MANDR/EDU6300001/allbook/er/f1.html?FILEID=44600&open（アクセス日：2007年5月17日）。
61　通用ピンインについては、以下のhttp://abc.iis.sinica.edu.tw/を参照のこと。ちなみに、通用ピンインについて、中国語と英語で説明するこのウェブサイトのトップページには、オランダ人が1636年に描き、1726年に出版した台湾島および澎湖島の地図が掲載されているが、金門島・馬祖島をのぞくこの種の地図は、「本土化」とともに脱「中国」化の志向を象徴するものである。
62　「中文訳音使用原則」の全文は、次のページを参照。http://www.edu.tw/MANDR/content.aspx?site_content_sn=13626（アクセス日：2008年6月27日）。
63　ピンインをめぐる論争の詳細な経緯と論点については、王麗雲「中文拼音政策的争議與課程政治面向的反省」『教育研究集刊』第48輯第1期（2002年3月）、95-131頁を参照。
64　「卸任閣員動態　閣員名單公布　曾志朗下台未被知会—不会迎合上意　不夠「本土化」被指「団体合作度不高」可能是遭撤換関鍵」『聯合報』2002年1月22日付。
65　http://tw.people.com.cn/GB/26741/26759/index.html（アクセス日：2007年5月18日）
66　「大陸封殺台商学校認識台湾教材—要求増加「中華民國自一九四九年十月改為中華人民共和国」内容　我教部認背離分治史実　促校方申復」『中國時報』2001年12月20日付、「中國刪除台商学校認識台湾教材—與中華民國有関内容也不得教授　我教育部、陸委会原則同意校方「只刪不増」但学生需返台補充教学」『自由時報』2001年12月20日。また、もう一つの主要紙である『聯合報』も、中国・香港・マカオのニュースを扱う面で、この問題を報じている。「台校教科書大陸要求大幅刪修—部分内容渉及敏感政治問題　我教育部與陸委会検商決定『寧刪不増修』」『聯合報』2001年12月20日付。
67　「張銘清：台商子弟学校教材不應有分裂中国内容」『新華網』2001年12月26日付。
68　「中国僑界：『剛性台独』、『柔性台独』一概行不通」『中国新聞網』2000年5月23日付（http://www.chinanews.com.cn/2000-5-23/26/30894.html）。楊国慶は、1936年台湾台北市出身、第九期全国人民代表大会常務委員会委員、華僑委員会副主任委員のほか、中華全国台湾同胞聯誼会会長を務める。
69　『人民日報』2001年3月10日付。
70　「国台弁：解放軍演習毫無疑問是有一定目的」『中国新聞網』2001年5月31日付（http://www.chinanews.com.cn/2001-05-31/26/94906.html）。

終章　台湾教育の課題と展望──変化と不変の政治社会学

　本書では、実質的な9年制義務教育としての九年国民教育が発足し、義務教育段階で「統編制」と呼ばれる国定教科書制度が全面的に導入された1968年を起点とし、その制度が民主化・自由化の時代的潮流の中で、完全な「審定制」〔検定制〕へと段階的に変化していく1990年代末から2000年代初頭の約30年をスパンとし、台湾における教育と「国　家　認　同」の問題に考察を加えてきた。考察の中心は、この間、国民中学で必修教科として教えられていた「公民と道徳」のカリキュラムと教科書であったが、そこで得られた知見は、戦後台湾教育研究、ひいては比較・国際教育学と台湾研究にも、少なからぬ示唆を含むものであった。ここでは、各章での議論を統合することによって、本書を台湾教育の今日的現実とより広い学術的文脈のなかに位置づけ、まとめとしたい。

1　「本土化」と教育される「国家認同」の再編

　第3章では、1968年から85年に制改定された四つの『国民中学課程標準』とそれらに準拠する『公民と道徳』の「統編本」教科書〔国定教科書〕が表象する国家観・国民観を分析した。1994年の第4次改定『国民中学課程標準』準拠の教科書の使用が始まったのは97年度からであり、96年度に国民中学に入学した学生が第3学年になる98年度までは、85年の第3次改定『国民中学課程標準』準拠の教科書が使用されていた。『課程標準』の改定と教科書の改訂にはタイムラグがあるため、国定教科書が現実の動きを反映するには、最

短でも数年の時間を要する。戒厳令解除前の1985年に改定された『国民中学課程標準』に準拠する教科書が根本的修正を伴うことなく、民主化が進んだ98年まで使用され続けたのは、このタイムラグによってである。

カリキュラムと教科書の分析から明らかになったのは、この間〔1968年から85年〕に制改定された『国民中学課程標準』の「公民と道徳課程標準」とそれに準拠する教科書が国家観・国民観という点で、高い一貫性を維持し続けたということである。政治的領袖の個人崇拝と中国〔中華人民共和国〕を語る言辞には抑制化の傾向が見られるが、この間のカリキュラムと教科書の国家観・国民観は、変化よりも不変によって特徴づけられる。その本質的要素は徳目としての「忠勇愛国」であり、国家の「大我」が個人の「小我」に優先するという観念であり、国民―国家―民族の不可分な関係である。また、教育の持つ国民化の機能を肯定的に教えていることも、特徴の一つである。ここにおける民族とは、とりもなおさず中華民族を意味するものであり、その悠久の歴史と燦爛たる文化、広大な領土と多くの人民は、変わらぬ賞賛の対象であった。民族意識の発揚は公民教育の主要な目標であり、教科書では中華民族の優秀性が盛んに喧伝された。民族の盛衰が国家と国民の存亡に直結するという世界観のもとで、「中国」の統一が使命として教えられたのである。

1994年の第4次改定『国民中学課程標準』は、「中国」化の公民教育に変化をもたらすものであった。民主化・自由化後の教育改革の潮流のもとで行われたカリキュラム改定は、多くの新たな理念を吹き込むものであった。前年の1993年には『国民小学課程標準』が約20年ぶりに改定され、翌95年には高級中学の『課程標準』が改定された。90年代前半の一連のカリキュラム改定は、国民教育カリキュラムの九年一貫化を始めとする新世紀のカリキュラム改革を方向づけるものであり、台湾の課程改革の歴史において分水嶺的意味を持っている。

94年改定『課程標準』は、未来化、国際化、統合・整理化、生活化、人間化、柔軟化というベクトルを基本理念として標榜していたが、もう一つの重要な特徴として、教育の「本土化」を綱領化・体制化した点があった。「権威主義体制下の教育において軽視されていた台湾の歴史・地理・社会・言語・芸術を

公教育の内容に取り入れていくこと」[1]と定義される教育の「本土化」は、当初民間と野党系の首長を擁する地方が牽引する動きであったが、1990年代前半の『課程標準』の改定によって体制化され、政策となった。

　『公民と道徳』教科書に対する「本土化」の影響は、限定的でありながら、その国家観・国民観の根幹に触れる部分を含むものであった。つまり、教科書の語る「われわれ」が中華民族を前提とすることに変わりはなかったが、その含意は以前の『公民と道徳』教科書のそれとは大きく異なるものであった。この時期の教科書が「本土」を象徴する記号を取り込むことで中華文化の概念に大胆な再解釈を試みていることは、この点において重要な意味を持っている。中華文化の要素として孔子の思想と台湾夜市の典型的な屋台料理を並列する語りは、まさに「本土化」の産物であり、「中国」化の全盛期にはありえなかったものであろう。

　同様に、台湾社会のエスニックな多様性を反映して、重層的な「認同」(アイデンティティ)のイメージを打ち出していることも、注目すべき点である。教科書では、アミ族＜台湾人＜中華民族＜アジア人という大小の異なるアイデンティティの同心円がモデルとして示されているが、前二者は、「本土化」以前の教育では、教えられることがなかったものだ。これらのアイデンティティを可視化すれば、中華民族の絶対性・中心性に揺らぎが生じると考えられたためである。

　もう一つの重要な変化は、従前の教科書で常に1章を割いて論じられてきた「わが国の基本原則」が削減されたことである。基本原則とは、孫文が提唱した三民主義を指すものだが、公民教育における三民主義教育の相対的縮小は、脱「中国」化という意味合いを持つものであった。

　しかし、総体的にみれば、94年改定『課程標準』準拠の『公民と道徳』の教科書は、それでもなお「中国」化教育の骨格を保っていた。これに対して、94年改定『課程標準』のもとで新たに成立した「認識台湾」においては、「本土化」の影響は一層顕著かつ本質的であった。台湾・澎湖・金門・馬祖を一つのまとまりと捉え、その歴史・社会・地理を専門的に教育する『認識台湾』教科書は、「わが国」、「わが民族」という語りを避けながらも、「台湾意識」や「台湾精神」、「運命共同体」といった概念によって、台湾の名のもとに集合的な

アイデンティティを凝集しようという明確な意図を持っていた。「この教科書は台湾の『国史』であり、郷土史ではない」とは、歴史篇を執筆した呉文星の発言だが、この言葉は教科書のナショナルな意図を物語るものである。

『認識台湾』教科書は、これまでにない歴史観、国家観、社会観、対外認識を持つものであり、「中国」との差異化、即ち、脱「中国」化によって台湾の主体性を確立することを模索するものであった。それゆえ、「本土化」の支持者からは好意的に迎えられる一方、「中国」化の支持者からの激しい批判に直面した。『認識台湾』教科書への批判は、台湾の国内だけでなく、台湾海峡を跨いで中国からも寄せられたが、その根底には「中国」ナショナリズムの論理があった。中国が「本土化」に対して強い警戒感を表明するのは、かつての国民党版「一つの中国」が少なくとも「中国」の統一という一点において中国と利害を共にしていたのに対し、「本土化」とは一切の前提を共有しえないためである。教育される「国家認同」の政治（ポリティクス）は、今日すでに台湾教育と中台関係の常態的特徴にさえなっているが、『認識台湾』教科書をめぐる論争は、その嚆矢となるものであった。

李登輝政権が体制化した「本土化」の教育政策は、政権交代を越えて陳水扁民進党政権に受け継がれたが、いまだ価値観の完全な転換をもたらすには至っていない。その理由は、「本土化」が台湾海峡を跨ぐ激しい論争と常に隣り合わせであり、その進展を押し留める力が台湾の内部のみならず、台湾の外側、即ち、中国からも働いているためだが、一方で、「本土化」に内在する要因が価値の転換を不完全なものに留めているようにも思われる。

台湾史の教育は、教育の「本土化」の核心をなすものであるが、「中国」史と比較すると、物語的カタルシスと求心力に欠ける感がある。「われわれの物語」としての「国民史」は、共通の「苦難」と「栄光」の双方を含むものであり、総じて過去の苦難を乗り越えて栄光に至る道として描かれる。5千年の「中国」史では、古代文明の発達から抗日戦争の勝利に至るまで数々の栄光が彩りを添えているが、400年の台湾史は、その大半が外来政権による統治の歴史であり、苦難の連続として描かれる。クライマックスとなるのは、「奇跡」と称される経済発展と平和裡に達成された民主化であり、それらは人類史に

終章　台湾教育の課題と展望―変化と不変の政治社会学　229

おいて高い意義を持つものではあるが、その恩恵はあまりにも当事者の身近にあって、時とともに日常化を免れ得ないものである。物語を「陰」から「陽」に転換する効果において、「戦勝」という記号は、経済発展と民主化よりも直截的な強さを持っている。経済発展と民主化の意義は、同時代史的に経験した世代には実感を伴うものであっても、その成果を所与のものとして享受する世代にとっては、実感の薄いものであろう。経済の繁栄と民主的な政治の恩恵は、その存在が危機に直面するようなことがあれば再認識されるだろうが、その恩恵はすでに日常に溶け込んで見え難いものとなっている。後の世代が「中国」史と台湾史のいずれを「われわれの物語」として選び取るかは定かではないが、歴史の物語的求心力の問題は、この選択に少なからぬ影響をあたえることになるだろう。

　「本土化」の教育政策は、二つの政権によって推進されてきたが、その流れは不可逆のものにはなっていない。「中国」化教育と「本土化」教育が拮抗しつつ並存するというのが今日の状況だが、これが今後どのように動くのか、即ち、この並存こそが台湾教育の特徴として定着していくのか、あるいは一方のベクトルに収斂していくのか、その帰趨は依然定かではない。2008年の総統選挙によって、台湾は2度目の政権交替を経験した。馬英九政権のもとで、ある種の「逆流」が生じるか否か。生じるとすれば、それはいかなる質と程度においてか。教育の「本土化」の問題は、今後も注視を要する台湾教育研究の今日的課題といえよう。

　教科書が表象する「国家認同」に変化を促す教育の「本土化」は、より本質的な部分で、台湾教育の不変性の象徴でもあった。

　蔣経国政権末期の1980年代半ばに緒に就いた民主化の動きは、その後の李登輝政権下で法的・制度的裏づけを獲得していった。そのような現実のなかで、国家に対する個人の服従を当然視する盲目的かつ排他的な愛国主義や教科書を通じた国家／党イデオロギーの教化には抑制が働きつつある。しかし、教育によって個人を国民として社会化するという志向自体は、依然として根強いものがある。権威主義体制下の「中国」化教育への反省を出発点とする教育の「本土化」が畢竟ナショナルな意図を孕むものとなったことは、

きわめて示唆的な現実である。

同様に、1990年代前半の初等・中等教育の『課程標準』の改定とその後の九年一貫化の課程改革は、ナショナル・カリキュラムに多くの新たな価値を持ち込むものであったが、それにより国民化の志向が揺らぐことはなかった。1994年の第4次改定『国民中学課程標準』は、未来化、国際化、統合・整理化、生活化、人間化、柔軟化からなる基本理念の上位概念として、「21世紀の健全な国民の育成」という中心思想を掲げている。

世紀を跨ぐ課程改革の所産である『国民中小学九年一貫課程暫行綱要』は、脱権威主義の教育改革の決算というべき意味合いを持つものだが、「健全な国民の育成」を教育の基本理念と位置づけ、教育が含むべき内容として「郷土愛」、「世界観」、「愛国心」を同列的に強調している。同綱要は2003年の改定で正式版に移行したが、基本理念の内容はそのまま保持された[2]。

国民化に向かう強い衝動は、戦後台湾教育の一貫的特徴であり、その「不変」に対する認識を欠いたならば、「本土化」という「変化」の本質を見誤ることになる。「グローバル化時代の到来によって、ナショナルな教育はもはや時代遅れのものとなった」との言説は、一部の国家・地域においては説得力を持ちうるかもしれないが、台湾という場所において広範な支持を得ることは、現状においては不可能に近い。国民化志向と国家主義の強さは、戦後台湾教育の本質的特徴が複雑に絡み合うことで形成されているからである。例えば、「分断国家」として、その存在が常に現実に試されていることも、理由の一つであろう。国際社会における存在の不確かさが、逆に教育における国家と国民の強調を必要たらしめるのである。同様に、本書が各章で繰り返し言及してきた戦後台湾教育の諸特徴は、教育の国民化志向と国家主義を強化する要因でもあった。以下、この点について論じてみたい。

2 国家発展と教育

序章で指摘したように、教育によって国民的なアイデンティティと統合を達成しようとする意欲の強さとそこにおける国家の中心的役割は、台湾を含

む戦後アジアの発展志向型国家〔developmental state〕に共通の特徴である[3]。

　国家発展というテーゼは、政府をして教育の量的発展に走らせる最大の動因であったが、一方では、国家レベルで策定される人力発展〔マンパワー発展〕計画に対する教育政策の従属という副作用をもたらした。

　天然資源に乏しい台湾において、人力発展の観念は、経済発展を達成した今日もなお、一定の重要性を保ち続けている。行政院経済建設委員会が2002年に策定した『挑戦2008：国家発展重点計画（2002-2007）』は、グローバル化と情報化が進む世界において、いかに堅実な国際競争力を確保するかを出発点とする国家発展計画だが、10項目からなるプランの筆頭を占めているのが「E世代人才培育計画」〔E世代人材育成計画〕である[4]。「創意、活力および国際的な対話能力を備えた新世代、即ち、『情報と英語』を応用しうる新世代の育成」を目標とする同計画は、(1)国際化した生活環境づくりと全国民の英語能力の向上、(2)国民的学習ネットワークシステムの構築、(3)活力のある青少年の養成、(4)E世代の生涯学習社会環境の確立を主な内容とするものであり、それぞれの項目について詳細な計画と実施の責任を負うべき機関が示されている。人材育成の計画に関しては、そのほとんどが中央教育当局である教育部を担い手としている。第2章で論じたとおり、1968年において国家的なマンパワー発展計画は、九年国民教育の重要な背景要因であった。グローバル化、情報化、知識産業化が進む今日、「マンパワー」という言葉の含意は大きく変容しており、マンパワー発展計画と教育政策の関係性も変化しているが、台湾の教育が国家発展という目標に対して意識的であることに変わりはない。

　現行の『国民中小学九年一貫課程綱要』は、冒頭でカリキュラム改定の経緯を説明しているが、その最初の2行は「21世紀の到来と世界各国における教育改革の動きに直面して、政府は教育の改革に力を尽くし、国民の資質と国家の競争力の全体的な向上を図る必要がある」[5]というものである。このことは、国家発展というテーゼが今日もなお、教育政策の中心的価値であることを物語っている。

　国家発展のテーゼと教育政策の連動は、台湾の経済成長を下支えする一方、

教育行政における国家主導を招来し、国家の利益が個人の利益に優先するという観念を生み出した。その影響は台湾の経済力が高位置で安定した今もなお根強く残っており、教育の国民化志向と国家主義を強化する要因となっているのである。

3 「悪性補習」、進学競争と進学主義

　第2章で論じたように、いわゆる進学主義とそれに付随する「悪性補習」および苛烈な進学競争は、1950年代にはすでに顕在的な問題となっていた。悪性補習の問題を解決し、教育の正常化を図ることは、九年国民教育政策の最も直接的な要因であったが、義務教育年限の延長は、この問題に根本的解決をもたらすことはなく、競争のステージを高校レベル、大学レベルに押し上げたに過ぎなかった。

　進学競争の悪化という問題について、徐南號は、『台湾教育史』のなかで「台湾の児童の進学競争の悪化は、明らかに教育改革の立ち遅れによってもたらされたものであり、その責任を進学主義に転嫁することはできない」[6]として、原因を制度の不備に求めているが、著者の考えでは、この問題の本質は制度の欠陥というより、むしろ進学主義という観念の産物であるようにみえる。1990年代から今日に至る脱権威主義の教育改革は、進学競争の元凶とみなされた高校・大学の「聯考」〔統一入試〕と義務教育の国定教科書制度にメスを入れるものであったが、この制度改革によって、問題が根本的に解決することはなかった。民主化以後、教育改革に高い期待を寄せる人びとの念頭にあったのは、権威主義体制下の教育の制度的硬直を打破しさえすれば、山積する教育問題が直ちに解決するというビジョンであった。苛烈な進学競争は、解決を要する教育問題の最たるものであったが、多元化に向かう入試制度と教科書制度の改革は、結局、競争を緩和するものとはならなかった。

　進学主義という観念が社会に存在するかぎり、教育の競争的本質は変わることはない。良い教育と高い学歴こそが子どもの将来を保証するという神話は、今もなお台湾の親たちの思考を強く捕らえている。

進学主義が教育の国民化志向と国家主義の強さに関係するのは、この観念が社会の学校化を促進するためである。本来教育とは包括的な過程であり、学校だけがその担い手ではない。学校教育のほかに社会教育、家庭教育という柱があり、そこには多様な教育主体が存在するが、学校に対する社会の過剰な信頼を基礎とする進学主義の観念は、学校教育の突出をもたらす。すでに述べたように、近代国家という枠組みにおいて、国家大の普遍的・均質的な学校教育制度を維持しうるのは、集権化された政府をおいてほかにないのであり、したがって、学校化された社会では、教育は国家のイデオロギー装置としての役割を担うことを免れ得ないのである。

4 「借用」と「依存」からの脱却：教育の本土化に向けて

　国家発展戦略と教育政策の強固な結合、そして解消しがたい進学主義に起因する教育の競争的性質は、戦後台湾教育の歴史的かつ本質的な特徴であり、本書の各章を縦貫する裏面的テーマでもあった。この二つの要因はまた、本書の第一義的テーマである教育と「国家認同」に関する考察にとっても、少なからぬ示唆を含むものであった。前者、即ち、国家発展の要請に応じて教育政策を決定するという傾向は官〔政府〕の特徴であり、後者、即ち、個人の社会的上昇の保証を学歴に求めるという思考は民〔社会〕の特徴だが、これらはいずれも、その論理的帰結として、教育の国家主導と国民化志向を強化するものであった。

　この二つの論点のように、教育と国民化というテーマに直接関係するものではないが、台湾教育のもう一つの重要な歴史的特徴について言及しておきたい。即ち、教育の外来的影響の問題についてである。

　第2章で九年国民教育の背景要因を論じた際、当時の先進国の支配的な教育観であった近代化理論が大きな役割を担っていたことを指摘したが、教育における外的依存、即ち、他国、とりわけ「先進国」の制度や経験を無批判に移植する体質は、ポストコロニアルな主体である台湾の教育が抱える特徴の一つである。比較・国際教育学者である沈姍姍は、今日の教育改革におけ

る取り組みの多くが米国・英国・フランス・ドイツ・日本の制度の引き写しであると指摘している[7]。例えば、第4章で論じた行政院教育改革審議委員会は、日本の臨時教育審議会をモデルとするものであり、コンプリヘンシブ・スクールの構想は米国の影響、「師資培育審議委員会」〔教員養成審議委員会〕は英国・日本・米国の影響を受けている。沈姍姍は、教育のこうした傾向を「借取」〔borrowing／借用〕と「依頼」〔dependence／依存〕の観点から説明しているが、教育における「借用」と「依存」は、1968年の九年国民教育政策の事例が示すとおり、台湾教育の歴史的特徴である。

　教育政策の決定において、他国の経験に学ぶことは不可欠のステップであるが、拙速な制度の移植は「不適合」のリスクを常に伴う。しばしば「百年の大計」という言葉で言い表されるように、教育の設計は長期的展望に基づくべきだが、一方で、それは現に学校に身を置いている学生に犠牲を強いるものであってはならない。外国から無批判に移植した制度が台湾の教育にうまく適合しなかった場合、その代償を払わされるのは、学生たちにほかならないのである。

　教育制度の移植に伴うリスクを極小化するためには、その制度が台湾の文脈に適したものであるのか、台湾の教育にとって本当に必要なものであるのかを吟味しなければならず、先進国の時流に容易に飛びつくようなことがあってはならない。換言すれば、「量」の面で先進国に匹敵する発展を成し遂げている台湾の教育は、すでに「質」の充実に向かうべき段階にある。先進国の制度を単に引き写すのではなく、台湾教育の文脈に即して再構築し、真に機能的なものに変えていく知恵が必要なのであり、つまり、本来的な意味での教育の本土化が求められているのである。

　第5章で論じたように、今日の台湾で本土化という概念は、台湾化という特定の意味を担っている。本書では、この狭義の本土化を「本土化」と括弧つきで書き表してきたが、本土化の概念は本来、脱西欧化を意味していた。今日の台湾教育に必要なのは、この本来的意味での本土化、つまり、西欧先進国の模倣から脱却して、在地の教育理念を確立することである。理論と実践の両面において、借り物の言葉ではなく自前の言葉で教育を語りうるか

否か、地に足の着いた教育を創造しうるか否かが重要な問題となっている。1990年代における脱権威主義の教育改革の主眼は、進学競争の過熱化をはじめとする教育問題の原因とみなされる悪しき制度を打破することにあった。改革のメスは権威主義的な教育システムの核心をなしてきた統一入試制度と国定教科書制度にまでおよび、多元化を基調とする制度改革が実現したわけだが、これらの改革は人びとの期待に反して、教育の劇的な正常化をもたらすには至らず、却って事態を複雑化させることさえあった。脱権威主義後というべき段階に差し掛かりつつある今日の台湾教育に必要なことは、古いシステムを壊すことではなく、台湾という場所の文脈に即した教育のかたちを創ることである。つまり、スクラップ・アンド・ビルドの「ビルド」の部分で何をなしうるかが一層重要になりつつあり、「借用」と「依存」を超えて本土化を達成しうるか否かが問われている。

5 戦後台湾教育研究の確立に向けて

　以上、ここでは、本書の各章で提起された戦後台湾の教育におけるいくつかの問題を統合的に再論することによって、本書の議論を台湾教育の今日的現実とより広い学術的文脈のなかに位置づけることを目指してきた。序章で述べたように、本書は、教育学のサブ・ディシプリンである比較・国際教育学と地域研究としての台湾研究の双方に属するものである。本書の考察は1968年から約30年という限られた時期の、国民中学「公民と道徳」という一教科を対象としたものだが、この二つの分野でいくらかの示唆と新たな課題を提示し、その発展に資することができたと考えている。

　比較・国際教育学としての貢献は、より本格的な比較研究の軸となりうる問題の所在を指し示したことである。本書はクロス・ナショナルな分析を行うものではなかったが、将来的な比較研究の端緒を開くものであった。つまり、本書が指摘した戦後台湾教育の特徴は、他国との比較において検討すべき問題性を孕んでいる。教育における国民化志向の強さ、教育発展における「量」と「質」の不均衡、国家発展戦略と教育政策の一体化、進学主義と社会

の学校化、教育における「借用」と「依存」といった台湾教育の特徴は、アジア各国の教育にも少なからず共通するものであるように思われる。本書は教育における地域研究の試みだが、地域研究と比較研究の相互作用によって、比較・国際教育学の研究は、一層の深化を遂げることが可能となるだろう。

一方、台湾研究としての貢献は、本書が台湾における教育と政治・経済の強い結合を明らかにしたことである。近代国家の枠組みのなかで、教育が完全な中立性という理想を達成することは、およそ不可能に近いことである。いかなる国家であれ、教育から政治の影響を完全に排除することはできないが、戦後の台湾では、こうした傾向がとりわけ顕著であった。一方で、天然資源に乏しい台湾では、経済発展、人材育成と教育が一本の線で結ばれ、国家的なマンパワー発展計画が教育政策に少なからぬ影響を与えてきた。序章で述べたとおり、日本の台湾研究において戦後の教育に関する研究は、蓄積を欠いた状況にあるが、教育と政治、経済の密接な関係に鑑みて、台湾教育研究の充実は、台湾政治研究および台湾経済研究の深化に資する可能性を含んでいる。台湾研究の枠組みのなかで、教育研究と政治研究、経済研究の繋がりを強化することは、プラス・サムの相乗効果を生み、台湾研究の総体的発展に寄与することになるだろう。

本書が示唆するこれらの課題は、まさに著者自身に課せられたものでもあるわけだが、まずは本書が戦後台湾教育研究のささやかな礎石となることを祈りつつ、筆を擱くことにしたい。

1 山﨑直也「第9章 教育改革―総統選挙に見る脱権威主義後の課題―」佐藤幸人・竹内孝之編『陳水扁再選―台湾総統選挙と第二期陳政権の課題―』(IDEトピックレポート No.51)、アジア経済研究所、2004年5月、128頁。
2 『国民中小学九年一貫課程綱要 (正式版)』の全文は、台湾の教育部のウェブサイトで入手が可能。http://www.edu.tw/eje/law_regulation.aspx?law_regulation_sn=2337&pages=0 (アクセス日：2008年6月27日)。
3 Andy Green, *Education, Globalization and the Nation State*, London: Palgrave Macmillan, 1997,

pp.44-51.
4 『挑戦2008』は、2002年5月31日に行政院を通過したあと、翌03年1月6日に再度改定された。276頁におよぶ同計画の全文は、英文版のブリーフィングその他の関連文書も含めて、経済建設委員会のウェブサイトで入手が可能である。http://www.cepd.gov.tw/m1.aspx?sNo=0001539&ex=1&ic=0000015（アクセス日：2007年9月23日）なお、「E世代人材培育計画」における「E」は情報化、とりわけインターネットの普及を表している。また、その他の9項目には、次のようなものが含まれる〔著者訳〕。「文化的・創造的産業の発展計画」、「国際的イノベーションとR＆D基地計画」、「産業高価値化計画」、「観光客倍増計画」、「デジタル台湾計画」、「運営本部〔Operation Headquarters〕計画」、「全島的交通網の整備・建設計画」、「水と緑の建設計画」、「新しいふるさとコミュニティづくり計画」〔項目の順序は報告書に準じた〕。
5 本章註1を参照。
6 徐南號「台湾教育史之回顧與展望」徐南號主編『台湾教育史』台北市：師大書苑、1999年（増訂版一刷）、226頁。
7 沈姍姍『国際比較教育学』台北市：正中、2000年、380頁。

参考資料

参考資料1　民主化後の教科書制度改革の流れ

1987年	政府が戒厳令の解除を宣告。
1988年2月	第6次全国教育会議で、国民小学および国民中学の教科書を段階的に「審定制」に開放していくことを考慮すべきとの提案がなされる。
1989年度〜	国民中学の芸能学科および活動科目の教科書が「審定制」に開放される。
1991年度〜	国民小学の芸能学科および活動科目の教科書が「審定制」に開放される。
1993年9月	教育部が『国民小学課程標準』を修正・公布。実施要点で、一般の学科の教科書は国立編訳館が編纂すること、芸能学科および活動科目の教科書は民間が編纂して検定に付することが規定される。
1994年4月27日	立法院教育・予算委員会が1995年度の中央政府予算の審査で、「教育部は2年以内に教科書を全面的に『審定制』に開放し、立法院に報告を提出すること、検定の基準は教育部がこれを定めること」という附帯決議を通過する〔提案委員15名〕。
1994年6月9日	立法院教育・法制・財政委員会聯席会議は、国民小学・国民中学の教科書を全面的に民間による編纂・印刷に開放するか否かについて、教育部長を報告に招き、「教育部は2年以内に全面的に教科書を『審定制』に開放し、立法院に対して報告を提出すること、検定の基準は教育部がこれを定めること」を決定し、通過する〔出席委員16名中、賛成9名、記名反対3名〕。
1994年10月	教育部が『国民中学課程標準』を修正・公布。実施要点で、一般の学科の教科書は国立編訳館が編纂すること、芸能学科および活動科目の教科書は民間が編纂し、検定に付することが規定される。
1994年11月	教育部が「研議拡大開放国民小学教科書審定本事宜専案小組」〔小学校の検定教科書の拡大・開放を検討・議論するワーキング・グループ〕を成立する。
1995年2月	教育部が改定『課程標準』の実施に合わせ、1996年度より国民小学の教科書を全面的に「審定制」に開放することを宣布する。質を確保し、供給の偏りをなくし、価格の平準化をはかるために、国立編訳館は、引き続き「国語」、「数学」、「社会」、「自然」、「道徳と健康」の5科目の教科書を編纂し、民間出版社版と併せて検定を経て発行することとなった。また、編纂と検定の分立のため、教育部は小学校教科書の審査に関する行政作業を台湾省国民学校教師研習会に委託した。
1996年4月	立法院教育・予算委員会が1997年度の中央政府予算を審査する際、一部委員から国民小学・国民中学の教科書を全面的に「審定制」に開放し、国立編訳館は教科書の編纂から退出すべきであるとの主張がなされた。郭為藩教育部長は、今後、カリキュラムと教科書の修訂はおよそ2-3年に一度行われることを明らかにした。
1996年9〜12月	教育部は各地で公聴会を開催して意見を集め、国民中学および高級中学の教科書開放について検討し、高級中学の教科書は新カリキュラムの実施に合わせて、1999年度から年を追って全面的に「審定制」に開放することが原則決定された〔1995年12月公布の『課程標準』によって1年遅れで実施となった〕。国民中学の一般学科の教科書については、高級中学の「聯考」〔統一入試〕が変わらないまま、教科書が多元化することによって学生の負担が増大することを避けるため、暫時開放せず、新しいカリキュラムに関する検討・議論が進行中であるため、教科書開放のスケジュールは、新カリキュラムの実施進度に合わせるべきであるとされた。
1996年12月2日	行政院教育改革審議委員会が『教育改革総諮議報告書』を正式に提出。教科書の編纂業務を「統編制」から「審定制」に改めるともに、国民小学・国民中学の課程、教材と教育・学習を革新すべきであることを提案する。

1996年12月4日	立法院教育委員会に招かれた教育部長が「高級中学及国民中小学課程内容鬆綁之検討」〔高級中学および国民小学・国民中学の課程内容の規制緩和の検討〕と題する報告を行う。教育部の報告文書のなかで、中小学校課程教材研究発展委員会を成立し、小・中学校のカリキュラムの計画を系統的に推し進めること、小・中学校のカリキュラムは九年一貫の精神によって計画されることが指摘される。委員は質問の際、1〜2年内に小・中学校のカリキュラムの改定を完成させることを強く求めた。
1997年4月	教育部が「国民中小学課程発展専案小組」〔小・中学校カリキュラム発展ワーキング・グループ〕を成立。林清江考試委員を座長として第1回会議が行われ、二つのワーキング・グループ〔「国民中小学課程発展共同原則小組」および「国民中小学課程綱要小組」〕が成立する。
1997年6月	教育部は「国民中小学課程発展専案小組」の第2回会議を招集、次のような進度予定表を通過する。 (1)1998年9月、「国民教育九年一貫課程総綱綱要」の公布 (2)1999年9月、各学習領域のカリキュラムと教材の綱要(授業時間数を含む)、教科書審査に関する規定を公布する、政府は新カリキュラムに関する研修を開始し、民間は教科書の編纂を開始する(1年間の編纂期間) (3)2000年9月、政府は民間が編纂した教科書の検定の受付を開始する(1年間の検定期間) (4)2001年9月、九年一貫の新カリキュラムの実施を開始する。
1998年9月30日	国民中小学九年一貫課程総綱綱要が予定通り公布される。
2000年3月18日	総統選挙
2000年3月31日	教育部が国民中小学九年一貫課程(第一学習段階)暫行綱要を公布。(予定の進度から6ヶ月の遅れ)
2000年4月28日	教育部が国立編訳館に小・中学校の九年一貫教科書の検定を責任をもって処理するよう委託する。(予定の進度から7ヶ月の遅れ)
2000年6月21日	教育部が「国民小学及国民中学教科図書審定？法」〔小学校および中学校の教科用図書の検定に関する規定〕を公布。(予定の進度から9ヶ月の遅れ)
2000年9月30日	教育部が国民中小学九年一貫課程(第二段階以後)暫行綱要を公布。(予定の進度から1年の遅れ)
2000年10月1日	国立編訳館が小・中学校の九年一貫カリキュラムの第1学年(および第5〜6学年の英語)の教科書の検定の受付を開始。
2000年12月	教育部が2002年度に小・中学校九年一貫カリキュラムを第2・4・7学年で同時に実施することを宣布する。
2001年9月	九年一貫カリキュラムが第1学年で実施。
2002年9月	九年一貫カリキュラムが第2・4・7学年で同時に実施。

出典) 中華民国課程與教学学会編『教科書之選択與評鑑』高雄市：高雄復文、2003年、9-12頁に基づき著者作成。

参考資料2　1968年制定『国民中学暫行課程標準』における授業科目と時間数

学科名		教科名	第1学年	第2学年	第3学年
		公民と道徳	2	2	2
		健康教育	1	1	
語文学科		国文	6	6	6
		外国語（英語）	2-3	2-3	2-3
数学科		数学	3-4	3-4	3-4
社会学科		歴史	2	2	1
		地理	2	2	1
自然学科		自然科学	3	4	4
芸能学科		体育	2	2	2
		音楽	2	1	1
		美術	2	1	1
職業陶冶科目	必修	工芸（女子学生家事）	2	2	2
		職業簡介〔入門〕		1	
	選択	作物栽培概説 製図 珠算		2	4-6
		農業 工業 商業 家事			
その他の選択科目		自然科学 英語 音楽 美術			
		童子軍訓練	1	1	1
		指導活動	1	1	1
合　　計			31-33	31-35	31-35

出典）教育部中等教育司編『国民中学暫行課程標準』台北市：正中、1970年（7版）1-7頁に基づき著者作成。

参考資料3　1972年改定『国民中学課程標準』における授業科目と時間数

学科名		教科名	第1学年		第2学年		第3学年	
			第1学期	第2学期	第1学期	第2学期	第1学期	第2学期
		公民と道徳	2	2	2	2	2	2
		健康教育	2	2				
語文学科		国文	6	6	6	6	6	6
		外国語(英語)	2-3	2-3	2	2		
		数学	3-4	3-4	2	2		
社会学科		歴史	2	2	2	2	1	1
		地理	2	2	2	2	1	1
		自然科学	3	3	2	2	2	2
芸能学科		体育	2	2	2	2	2	2
		音楽	1	1	1	1	1	1
		美術	1	1	1	1	1	1
		工芸あるいは家政	2	2	2	2	2	2
選択科目	職業選択科目	作物栽培概説 製図 珠算			2	2		
		農業 工業 商業 家事 水産 その他					6-9	6-9
	その他の選択科目	英語 数学 音楽 美術						
		童軍訓練	1	1	1	1	1	1
		輔導活動	1	1	1	1	1	1
合計			30-32	30-32	31-33	31-33	31-35	31-35

出典)教育部中等教育司編『国民中学課程標準』台北市:正中、1979年(7版)。1-7頁に基づき著者作成。

参考資料4　1983年改定『国民中学課程標準』における授業科目、時間数と選択科目一覧

学科名	教科名	第1学年		第2学年		第3学年	
		第1学期	第2学期	第1学期	第2学期	第1学期	第2学期
	公民と道徳	2	2	2	2	2	2
	健康教育	2	2				
語文学科	国文	6	6	6	6	6	6
	外国語(英語)	2-3	2-3	2-3	2-3		
	数学	3-4	3-4	3-4	3-4	3-4	3-4
社会学科	歴史	2	2	2	2	1	1
	地理	2	2	2	2	1	1
	自然科学	3	3	4	4	4	4
芸能学科	体育	2	2	2	2	2	2
	音楽	1	1	1	1	1	1
	美術	1	1	1	1	1	1
	工芸あるいは家政	2	2	2	2	2	2
	童軍訓練	1	1	1	1	1	1
	輔導活動	1	1	1	1	1	1
	団体活動	2	2	2	2	2	2
選択科目				4-14	4-14	12-17	12-17
合計		32-34	32-34	32-36	32-36	32-37	32-37

選択科目	職業科目	農業	作物栽培	農業加工	家畜の飼育		
		工業	製図	金工	電子工		
		商業	珠算	簿記	統計と製図		
		家政	食物調理	服飾縫製	家庭の電器	水産	その他
	実用科目		応用文	実用英語	実用数学	実用物理	実用化学
	進学準備科目		英語(甲)	数学(甲)	自然科学(甲)	自然科学(乙)	
	芸能科目		音楽(甲)	美術(甲)	体育(甲)		

出典）教育部国民教育司編『国民中学課程標準』台北市：正中、1983年、11-23頁に基づき著者作成。

参考資料5　1985年改定『国民中学課程標準』にみる授業科目、時間数と選択科目一覧

学科名	教科名	第1学年		第2学年		第3学年	
		第1学期	第2学期	第1学期	第2学期	第1学期	第2学期
	公民と道徳	2	2	2	2	2	2
	健康教育	2	2				
語文学科	国文	6	6	6	6	6	6
	外国語（英語）	2-3	2-3	4	4		
	数学	3-4	3-4	4	4		
社会学科	歴史	2	2	2	2	1	1
	地理	2	2	2	2	1	1
	生物	3	3				
	理化			4	4		
	地球科学					2	2
芸能学科	体育	2	2	2	2	2	2
	音楽	1	1	1	1	1	1
	美術	1	1	1	1	1	1
	工芸あるいは家政	2	2	2	2	2	2
	童軍訓練	1	1	1	1	1	1
	輔導活動	1	1	1	1	1	1
	団体活動	2	2	2	2	2	2
選　択　科　目				0-2	0-2	10-15	10-15
合　　　計		32-34	32-34	34-36	34-36	32-37	32-37

選択科目	職業科目	農業	作物栽培	農業加工	家畜の飼育		
		工業	製図	金工	電子工		
		商業	珠算	簿記	統計と製図		
		家政	食物調理	服飾縫製	家庭の電器	水産	その他
	実用科目		応用文	実用英語	実用数学	実用物理	実用化学
	進学準備科目		英語	数学	理化		
	芸能科目		音楽	美術	体育		

出典）教育部国民教育司編『国民中学課程標準』台北市：正中、1986年、13-23頁に基づき著者作成。

参考資料6　1962年改定『中学課程標準』にみる初級中学の科目と時間数

教科名	第1学年		第2学年		第3学年	
	第1学期	第2学期	第1学期	第2学期	第1学期	第2学期
国文	6	6	6	6	6	6
外国語（英語）	3-4	3-4	3-4	3-4	4-5	4-5
公民	2	2	2	2	2	2
歴史	2	2	2	2	2	2
地理	2	2	2	2	2	2
数学	3-4	3-4	3-4	3-4	3-4	3-4
理化			3-4	3-4	3-4	3-4
生物および衛生			2	2		
体育	2	2	2	2	2	2
音楽	2	2	1	1	1	1
美術	2	2	1	1	1	1
工芸（女子学生家事）	2	2	2	2	2	2
童訓	1	1	1	1	1	1
選択科目					4	4
合　計	30-32	30-32	30-33	30-33	29-36	29-36

出典）教育部中等教育司編『中学課程標準』台北市：正中、1962年、1-3頁に基づき著者作成。

参考資料7　1962年改定『中学課程標準』にみる初級中学の教育目標

　中学〔中等教育〕の教育目標は、中学法第1条の「小学〔初等教育〕の基礎的訓練を引き続き、青年の心身を発達させ、健全な国民を育てるとともに、高度で深い学術の研究および各種職業への就業に備える」という規定に従うものである。
　現行の中学は初級と高級に分かれ、初級中学の教育目標は、国民学校の基本教育を引き継ぎ、青年の心身を発達させ、公民としての道徳を陶冶し、民族文化を発揚し、生活の知能を充実させることによって、有為で健全な国民を育成することにある。
　高級中学の教育目標は、優秀な青年の育成し、公民としての道徳の陶冶することにあり、一般的な文化的陶冶と学科の教育および軍事訓練を施すことによって、学生が高度で深い学術を研究し、専門的な技能を学習する基礎を打ち立てるとともに、文武両道で、国家に忠誠を尽くし、社会に奉仕する中堅の人材を養成することにある。
　上記の目標は、各種の科目および各教育活動のなかでそれぞれ実施され、中学教育の任務を完成するものとする。

出典）教育部中等教育司編『中学課程標準』台北市：正中、1962年、1頁。

参考資料8　1968年制定『国民中学暫行課程標準』にみる国民中学の教育目標

　国民の知識の水準とマンパワーの資質を高め、国家社会の建設と経済発展の基礎を確立するとともに、戡乱建国〔引用者註―中国共産党による『反乱』を鎮定し、『中国』を統一する政権を打ち建てるという意味〕の力を充実させるために、九年国民教育を実施する。

　九年国民教育は二つの段階に分けられる。6年間の国民小学と3年間の国民中学であり、その課程編成は九年一貫の精神を採る。

　国民中学の教育の目標は、国民小学の基本教育を継続し、青年の心身を発展させ、公民としての道徳を陶冶し、民族の文化を注入し、科学の精神を育成し、職業的陶冶を実施し、生活における知識と能力を充実させることによって、学生が専門的な技能を学習したり、継続的に進学したりする基礎を確立するとともに、忠勇愛国の健全な国民を養成することにある。

　上記の目標は、各種の科目および各教育活動のなかでそれぞれ実施され、九年国民教育の任務を完成するものとする。

出典）教育部中等教育司編『国民中学暫行課程標準』台北市：正中、1970年（7版）、1頁。

参考資料9　1972年改定『国民中学課程標準』にみる国民中学の教育目標

　国民の知識・道徳の水準とマンパワーの資質を高め、国家社会の建設と経済発展の基礎を確立するとともに、戡乱建国の力を充実させるために、九年国民教育を実施する。

　九年国民教育は二つの段階に分けられる。6年間の国民小学と3年間の国民中学であり、その課程編成は九年一貫の精神を採る。

　国民中学の教育の目標は、国民小学の基本教育を継続し、青年の心身を発展させ、公民としての道徳を陶冶し、民族の文化を注入し、科学の精神を育成し、職業的陶冶を実施し、生活における知識と能力を充実させることによって、徳育・知育・体育・群育〔協調性の教育〕が均衡的に発展した忠勇愛国の健全な国民を養成し、その就業および進学の基礎を確立することにある。

　上記の目標は、各種の科目および各教育活動のなかでそれぞれ実施され、九年国民教育の任務を完成するものとする。

出典）教育部中等教育司編『国民中学課程標準』台北市：正中、1979年（7版）、1頁。

参考資料10　1983年・1985年改定『国民中学課程標準』にみる国民中学の教育目標

　国民中学の教育は国民小学の教育を引き継ぐことによって、徳育・知育・体育・群育・美育〔審美の教育〕が均衡に発展した健全な国民を育成することを目的とする。上記の目的を実現するために、学生の指導は次の目標を達成するものでなければならない。

　一．民族意識、愛国の情操、および互助協力、社会奉仕の精神を陶冶する。
　二．自らを修める、皆と仲良くする、法律を遵守する、責任感を持つ、礼儀をわきまえ正義を重んじるなど、優良な品性と道徳を養成する。
　三．強健なこころとからだを鍛え、心身の健康を増進する。
　四．言語・数学の運用能力を増進し、生活に必要な知識と能力を充実させる。
　五．公民としての権利を上手に活用し、公民としての義務を尽くすという観念と能力を育成する。
　六．自己を認識し、自然環境と社会生活に適応する能力を増進する。
　七．思考、創造と問題解決の能力を発達させる。
　八．勤労の習慣を養成し、職業に対する興味を陶冶する。
　九．審美の能力を育成し、生活における趣味嗜好を陶冶し、楽観進取の精神を養成する。

出典）教育部国民教育司編『国民中学課程標準』台北市：正中、1983年、11頁。教育部国民教育司編『国民中学課程標準』台北市：正中、1986年、13頁。

参考資料11　1968年制定『国民中学暫行課程標準』準拠、1972年改定『国民中学課程標準』準拠、および同改編本の『公民と道徳』教科書の章立て

1968年制定『国民中学暫行課程標準』準拠	1972年改定『国民中学課程標準』準拠（含改編本）
第1冊　健全な個人 いかにして良き少年となるか	第1冊　健全な個人 いかにして良き少年となるか
第1章　団体生活	第1章　優良な品性と道徳
第2章　社会と個人	第2章　規律的な生活
第3章　国家と国民	第3章　知識の活用
第4章　公民とは何か	第4章　正当な趣味
第5章　公民の権利と義務	第5章　健康な心身
第6章　健康な心身	第6章　五守の習慣
第7章　良好な生活の規律	第7章　誠実で真摯な友誼
第8章　優美な徳性	第8章　団結の精神
第9章　豊富な学識	第9章　高尚な情操
第10章　科学の修養	第10章　崇高な理想
第11章　芸術への興味	第11章　少年の典範 (1)
第12章　民主的な態度	第12章　少年の典範 (2)

第13章　遵法の習慣	
第14章　正確な人生観	
第2冊　美しく満ち足りた家庭 いかにして良き子弟となるか	第2冊　美しく満ち足りた家庭 いかにして良き子弟となるか
第1章　家庭の重要性	第1章　家庭の重要性
第2章　家庭の構成	第2章　家庭の組織
第3章　親族関係	第3章　親族関係と呼称
第4章　家庭の道徳	第4章　家庭の道徳 (1)
第5章　私たちは父母に孝行しなければならない	第5章　家庭の道徳 (2)
	第6章　家庭サービス
第6章　私たちはいかに父母に孝行すべきか	第7章　家庭教育
第7章　私たちは兄弟姉妹を友愛しなければならない	第8章　勤勉倹約と貯蓄の美徳
	第9章　親族を厚くもてなし隣人と仲良くするという習俗
第8章　家庭の幸福の保持	第10章　幸福な家庭
第9章　家庭教育	第11章　現代の家庭
第10章　家庭の経済	第12章　(前)総統蔣公の家庭と少年生活
第11章　家庭の衛生と安全	
第3冊　完全な学校 いかにして良き学生となるか	第3冊　完全な学校 いかにして良き学生となるか
第1章　学校生活の重要性	第1章　学校教育の効能
第2章　共同校訓の意義	第2章　偉大な教師――孔子
第3章　共同校訓の実践	第3章　教師への敬愛
第4章　私たちは学校を愛護しなければならない	第4章　同級生との関係
	第5章　同級生への友愛
第5章　私たちは教師を敬愛しなければならない	第6章　共同校訓(共通校訓)
	第7章　校規の遵守
第6章　私たちは同級生を友愛しなければならない	第8章　学校家庭の相互関係
	第9章　良好な勉強の方法
第7章　私たちは授業を受けなければならない	第10章　科学知識の追求
	第11章　課外活動への参加
第8章　私たちは校内の団体活動に参加しなければならない	第12章　いかにして模範的学生となるか
第9章　私たちは生産活動に参加しなければならない	
第10章　私たちは社会奉仕に参加しなければならない	
第11章　青年心得の理解と実践 (1)	
第12章　青年心得の理解と実践 (2)	
第13章　青年心得の理解と実践 (3)	
第14章　いかにして活発な良き学生となるか	
第4冊　進歩する社会 いかにして良き社会の成員となるか	第4冊　進歩する社会 いかにして良き社会の成員となるか
第1章　社会はいかに構成されているのか	第1章　個人と社会
第2章　社会道徳の内容と育成	第2章　民主と法治
第3章　社会秩序の重要性	第3章　権利と義務
第4章　いかにして社会制裁を実施するか	第4章　地方自治
第5章　いかにして進歩する社会を建設するか	第5章　地方政府と議会
第6章　社会的安全の制度をいかに実施するか	第6章　社会道徳
第7章　いかにして社会奉仕を強化するか	第7章　国民の儀礼
第8章　職業の意義とその作用	第8章　社会習俗

第 9 章　いかにして職業を選択するか 第10章　いかにして職業を成功させるか 第11章　いかにして社会生活を改善させるか 第12章　いかにして集会と結社に参加するか	第 9 章　社会秩序 第10章　社会福祉 第11章　少年の法律的責任 第12章　いかにして良き公民となるか
第5冊　富強の国家 いかにして良き国民となるか	第5冊　富強の国家 いかにして良き国民となるか
第 1 章　私たちの国家 第 2 章　わが国の建国の基本原則―三民主義 第 3 章　中華民国の憲法 第 4 章　政権の行使 第 5 章　中央政府の組織 第 6 章　地方自治の重要性 第 7 章　わが国の地方自治 第 8 章　基本的国策 第 9 章　国民経済の建設をいかに促進するか 第10章　国防建設をいかに促進するか 第11章　いかにして私たちの国家を復興するか 第12章　いかにして良き国民となるか	第 1 章　国家と国民 第 2 章　わが国の建国の基本原則 第 3 章　国家を愛し元首を敬う 第 4 章　同胞を愛し軍人を敬う 第 5 章　中華民国憲法 第 6 章　政権と統治権 第 7 章　中央政府の組織と職権 第 8 章　わが国の国策 第 9 章　外交と国防 第10章　経済発展中華文化の復興と大陸の回復 第11章　いかにして良き国民となるか
第6冊　平和な世界 いかにして世界の良き公民となるか	第6冊　平和な世界 いかにして世界の良き公民となるか
第 1 章　現在の世界情勢 第 2 章　世界大同の理想 第 3 章　国連の主旨と機構 第 4 章　国民外交の加速 第 5 章　国際協力の促進 第 6 章　人類の助け合いの精神の発揮 第 7 章　人間性の尊厳の擁護 第 8 章　国際文化交流 第 9 章　国際法の常識の理解 第10章　わが国の世界平和に対する貢献 第11章　わが国が世界平和に負う使命 第12章　私たちは世界の良き公民とならなければならない	第 1 章　国際関係と国際情勢 第 2 章　国際組織と国際連合 第 3 章　国際公法の要点 第 4 章　国際的儀礼 第 5 章　国民外交の強化 第 6 章　国際協力の促進 第 7 章　国際文化交流 第 8 章　人間性の尊厳の用語 第 9 章　人類の助け合いの精神の発揮 第10章　世界の道徳の立て直し 第11章　三民主義と世界の大同 第12章　いかにして世界の良き公民となるか

参考資料12　1983年改定『国民中学課程標準』準拠、1985年改定『国民中学標準』準拠の『公民と道徳』教科書の章立て

1983年改定『国民中学課程標準』準拠	1985年改定『国民中学課程標準』準拠
第1冊　完全な教育	
第 1 章　なぜ教育を受けなければならないのか 第 2 章　どのような教育を受けるのか 第 3 章　なぜ国民中学に入学するのか 第 4 章　国民中学の課業をいかに学ぶのか 第 5 章　いかにして教師を敬愛するか 第 6 章　いかにして同級生を友愛するか 第 7 章　いかにして共通校訓を実践し校規を遵守するか 第 8 章　個人の道理には何があるか (1)	第 1 章　なぜ教育を受けなければならないのか 第 2 章　どのような教育を受けるのか 第 3 章　なぜ国民中学に入学するのか 第 4 章　課業をいかに学ぶのか 第 5 章　いかにして教師を敬愛するか 第 6 章　いかにして同級生を友愛するか 第 7 章　いかにして共通校訓を認知し校規を遵守するか 第 8 章　なぜ青年心得を実践するのか (1)

第9章　個人の道理には何があるか (2)	第9章　なぜ青年心得を実践するのか (2)
第10章　個人の道理には何があるか (3)	第10章　美しい生活環境をいかに守るか
第11章　余暇の時間をいかに善用するか	第11章　余暇の時間をいかに善用するか
第12章　いかにして良き学生となるか	第12章　いかにして良き学生となるか
第2冊　調和した社会	
第1章　個人と社会の関係	第1章　個人と社会
第2章　家庭と社会の関係	第2章　家庭と社会
第3章　親族関係と呼称	第3章　親族関係と呼称
第4章　家庭の倫理と社会道徳	第4章　過程の倫理と社会倫理
第5章　孝道と家庭の倫理	第5章　親孝行
第6章　社会組織と社会秩序	第6章　社会組織と社会秩序
第7章　社会規範と社会習俗	第7章　社会規範と社会習俗
第8章　現代の生活と国民の儀礼	第8章　現代の生活と国民の儀礼
第9章　宗教と社会生活	第9章　宗教と社会生活
第10章　社会の安全と社会福祉	第10章　社会福祉と社会の安全
第11章　コミュニティとコミュニティの発展	第11章　コミュニティとコミュニティの発展
第12章　社会変遷と現代化	第12章　社会変遷と現代化
第3冊　公正な法律	
第1章　法律とは何か	第1章　法律とは何か
第2章　なぜ一人ひとりが法律を守るべきなのか	第2章　なぜ一人ひとりが法律を守るべきなのか
第3章　憲法とは何か	第3章　憲法とは何か
第4章　中華民国憲法の重要な内容	第4章　中華民国憲法の重要な内容
第5章　人民の権利	第5章　人民の権利
第6章　人民の義務	第6章　人民の義務
第7章　公民の資格	第7章　公民の資格
第8章　少年の民事的・刑事的責任	第8章　少年の福祉と保護
第9章　少年事件の処理	第9章　少年の民事的・刑事的責任
第10章　少年感化教育	第10章　少年事件の処理
第11章　少年のその他の法律の常識	第11章　その他の関連する少年の基本的な法律の常識
第12章　いかにして法律を守る良き国民となるか	第12章　いかにして法律を守る良き国民となるか
第4冊　民主の政治	
第1章　国家と国民	第1章　民主の政治
第2章　国家の愛護と元首への尊敬	第2章　政党政治
第3章　同胞の愛護と軍人への敬愛	第3章　選挙と民主政治
第4章　わが国の建国の基本原則	第4章　民主の素養
第5章　わが国の基本的国策	第5章　国家と国民
第6章　政権と統治権	第6章　わが国の建国の原則
第7章　中央政府	第7章　わが国の基本的国策
第8章　地方政府と議会	第8章　中央政府
第9章　地方自治	第9章　地方政府と議会
第10章　民主政治と政党政治	第10章　地方自治
第11章　選挙と民主政治の素養	第11章　わが国の政治建設
第12章　わが国の政治建設	第12章　政治への関心と政治参加
第5冊　成長する経済	
第1章　経済問題の発生	第1章　経済問題の発生
第2章　重要な経済観念	第2章　重要な経済観念

第3章　国民の所得	第3章　国民所得
第4章　消費と貯蓄	第4章　消費と貯蓄
第5章　産業と貿易	第5章　産業と貿易
第6章　貨幣と銀行	第6章　貨幣と銀行
第7章　政府の収入	第7章　政府の収入
第8章　政府の支出	第8章　政府と支出
第9章　経済政策と経済建設	第9章　経済政策と国家建設
第10章　企業の役割	第10章　企業の役割
第11章　人口、エネルギーと公害	第11章　人口、エネルギーと公害
第12章　いかにして進歩的な現代人となるか	第12章　いかにして進歩的な現代人となるか
第6冊　協和的な文化	
第1章　文化とは何か	第1章　文化の意義
第2章　文化と科学、芸術	第2章　文化と科学
第3章　文化と教育、生活	第3章　文化と道徳
第4章　中国と西欧の文化的比較	第4章　文化と芸術
第5章　国際協力と文化交流	第5章　マスメディアと文化発展
第6章　マスメディアと文化発展	第6章　中国と西欧の文化的比較
第7章　国際公法の要点	第7章　文化交流と国際協力
第8章　国際的儀礼と国民外交	第8章　文化復興と文化建設
第9章　中華文化の復興	第9章　中華文化と世界の大同
第10章　文化建設と国家の現代化	第10章　文化の継承と新機軸
第11章　中華文化と中国の統一	
第12章　中華文化と世界の大同	

参考資料13　1972年改定『国民中学課程標準』準拠と1985年改定『国民中学課程標準』準拠の『公民と道徳』教科書にみる「国家」・「国民」・「民族」語りの比較

1972年改定『国民中学課程標準』準拠	1985年改定『国民中学課程標準』準拠
国家と国民の関係	
国家は国民によって組織され、国民は国家の一部分である。国民の生命と国家の生存は利害をともにし、不可分のものである。蔣介石総統が私たちに明らかに示したとおり、「健全な国民があってこそ、健全な民族があり、健全な民族があってこそ、富強の国家を建設しうる」のであり、「国民が国家に対する任務を果たさなければ、国家は確立しえず、民族は生存し得ない」のである。 　国家の前途・命運と国民の前途・命運は不可分であるため、国家は全力をもって、国民の安全と自由を守り、国民の生命・財産を保障し、国民の幸福を追求しなければならない。同時に、国民もまた心をあわせて協力して、国土の完全性を防衛し、主権の独立を擁護するとともに、常に国家を重視して、個人の限りある命を国家にささげ、「小我」を犠牲にして、「大我」を完成するという最高の境地を成し遂げねばならない。「天下の興亡については、国民の一人ひとりの肩にかかっている」というのが国民の国家	国家は国民によって組織され、国民は国家を構成する一分子である。したがって、国家の生存は国民の生命と表裏一体をなし、相互に関連し、不可分である。 　世界において、自らの国家を持たない人、あちこちを流浪している人、他の国に依存している人はきわめて少ないのであり、生命・財産・自由や安全を保障してくれる国家がなければ、その才能もまた平等な基礎のうえで十分に発揮されることができないのである。例えば、ユダヤ人は1948年にイスラエルを建国するまで、国家を持たなかったので、至るところで差別と迫害を受け、耐え難い苦痛を味わった。このことはまさに彼らがお金を出し、力を出し、手を尽くして自らの国家を打ち立てようとした原因となっている。 　国家と国民の前途と命運は血肉のように相連なっているため、国家はすべての国民の安全と自由を擁護し、国民の生命と財産を保障し、国民の充足と幸福を追求する責任を負っている。

に対する責任に関する最良の説明であろう。 ［第5冊、2頁］	国民もまた法律を守り、本分を守り、最大の力を尽くし、国家を熱愛し、国家元首を尊敬し、「人が飢えれば自分も飢える」、「人が溺れれば自分も溺れる」の精神を持って、同胞を思いやり、国土を防衛する三軍の将校と兵士を敬愛し、心を合わせて協力し、国家の主権独立と国土の完全性を擁護し、常に国家を重視して、「小我」を犠牲にして、「大我」を完成することを成し遂げてこそ、民族は希望を持ち、国家は繁栄をすることができるのである。 ［第4冊：36-37頁］
わが国の民族	
私たちの国家は、5千年の悠久な歴史を有し、燦爛と光り輝く文化を持ち、広大な領土と豊富な資源、多くの人口を擁し、さらには広く深い孔孟の思想を持っている。しかし、専制的統治が長きにおよび、内政は修正を得ず、国力は弱まった。とりわけ清末になって、わが国は「他人は包丁・まな板となり、自分は魚肉となる」という苦境に陥った。国父は国を救い、民を救うために、革命を唱導することを決心し、清朝に反旗を翻した。10度におよぶ革命の失敗を経て、最後に辛亥革命が成功をおさめ、民国元年（西暦1912年）1月1日に、アジアで最初の民主共和国である中華民国を打ち立てた。 　中華民国の成立後、袁世凱の打倒から北伐、抗日戦争など、無数の困難と危機を経て、わが国の活力は大いに傷ついた。そして、ソ連帝国主義が抗日戦争の終結直後、わが国の国内秩序がいまだ回復をみていない時機に乗じて、共匪の反乱を大挙して幇助し、中国大陸の全土を不法占拠したのである。共匪は大陸で道理を無視し、異分子を虐殺し、人民を奴隷化し、文化を打ち壊し、大陸の同胞を苦難に満ちた生活に陥れた。私たちは国家を復興し、同胞を解放せねばならず、蔣介石総統の「三民主義を実践し、大陸の国土を回復し、民族の文化を復興し、民主の陣容を堅守しなければならない」、「勤勉に努めて上をめざし、勇往邁進することを心に誓い、怠けたりなおざりにしたりということがあってはならない」という遺嘱にしたがわなければならない。 　私たちの民族は、世界で最も優秀な民族の一つである。私たちは忍耐強くかつ奮起する民族性、強烈な民族意識、広大な融和の力、崇高な道徳の精神を持っており、さらには偉大な「世界大同」の理想を抱いている。したがって、私たちはいまだかつて他の民族を侵略したり侮辱したりしたことはなく、他の民族に侵略されたり侮辱されることを望まないのである。私たちは漢・満・蒙・回・藏・苗・傜等の血統、言語、信仰、生活	わが中華民族はアジアに建国して、すでに5千年の悠久な歴史を有している。私たちの国家は多くの人口と広大な領土、豊富な資源を擁しているだけでなく、燦爛たる文化を有し、世界でも私たちに披見しうる国家を見つけ出すのは容易なことではない。私たちは中華民国の国民であることを光栄としなければならない。 　私たちの民族は漢・満・回・藏・苗・傜等の種族が融合して偉大な民族となったものであり、長期にわたって儒家思想の薫陶を受け、忠・孝・仁・愛・信・義・和・平の優良な伝統的道徳を備えている。私たちの民族は世界で最も優秀な民族の一つであり、厚い民族意識、堅強な民族精神を持っているだけでなく、高度な知識・能力と崇高な「世界大同」の理想を持ち合わせている。私たちは、一貫して平和を尊び、武力を用いず、文化によって外の民族を融合してきた。それゆえ、私たちは長きにわたって世界に屹立し、世を挙げて尊敬される民族となったのである。 　しかし、専制的統治が長きにおよび、とりわけ清末になって、内政は修正を得ず、国力は弱まった。わが国は「他人は包丁・まな板となり、自分は魚肉となる」という苦境に陥った。国父は国を救い、民を救うために、革命を唱導することを決心し、清朝に反旗を翻した。10度におよぶ革命の失敗を経て、最後に辛亥革命が成功をおさめ、民国元年（西暦1912年）1月1日に、アジアで最初の民主共和国である中華民国を打ち立てたのである。 　民国の成立後、相い継いで内憂外患に襲われたが、幸いにして国父と蔣介石総統のリーダーシップのもとで、全国が鍛錬発奮し、袁世凱の討伐から護法運動、東征、北伐、共産党討伐、抗日戦争に至るまで、ひとつまた一つとわが国に難局を乗り越えてきただけでなく、不平等条約を破棄し、世界の五大強国の一つとなったのである。不幸だったことは国家復興のための建設が求められていた際に、中国共産党が機に乗じてやすやすと強大化し、中国大陸全土を占拠し、

習慣の異なる宗族が4度の大融合を通じて偉大な中華民族をなしている。皆が仁愛を語り、信義を重んじ、平和を愛し、世界の大同という理想に向かって手を携えて邁進しているのである。

現在、私たちは共匪という最も陰険かつ狡猾な反逆に直面しており、外交のうえでも少なからぬ打撃と挫折に出くわしているが、私たちは自らの民族的特性をもって、まじめで慎み深い態度で自立自強に努め、難関を打ち破り、復国建国という神聖な使命を成し遂げられると深く信じているのである。

［第5冊：2-3頁］

共産主義を推進して、大陸の11億の同胞を貧窮で立ち遅れた生活にいたらしめたのである。逆に、わが政府が台湾に移ったあと、40年余りにわたり台湾・澎湖・金門・馬祖という復興の基地において、三民主義を実行し、各種の国家建設に従事し、経済の自由化、政治の民主化、文化の中国化を推進して、すでに実り多い成果を獲得し、人々は安穏に生活することができ、衣食に事足りて、中共と強烈な対比をなしている。したがって、中共が手を尽くして私たちに打撃を与えようとし、武力によって台湾を侵犯することを放棄しようとしていないにもかかわらず、私たちは自分たちがまじめで慎み深い態度で自立自強に努め、努力を惜しまずにいれば、中華民族の栄光の歴史を回復し、中華民国を永久的に世界に屹立させることができると深く信じているのである。

［第4冊：37-38頁］

参考文献リスト

I. 中国語文献

Ⅰ. 一次資料
1-1. 『課程標準』〔『課程綱要』〕　※　初版以外を使用した場合は、発行年の後に版数を補った。

1-1-1. 『国民学校課程標準』
　※　九年国民教育実施以前の国民学校(6年制の初等教育)のナショナル・カリキュラム
＜1962年改定＞
教育部国民教育司編『国民学校課程標準』台北市：正中、1966年(11版)。

1-1-2. 『国民小学課程標準』
　※　九年国民教育実施以後の国民小学(6年制の初等教育)のナショナル・カリキュラム
＜1968年制定＞
教育部国民教育司編『国民小学暫行課程標準』台北市：正中、1974年(12版)。
＜1975年改定＞
教育部国民教育司編『国民小学課程標準』台北市：正中、1976年。
＜1993年改定＞
教育部編『国民小学課程標準』台北市：教育部、1994年。

1-1-3. 『国民中学課程標準』
　※　九年国民教育実施以後の国民中学(3年制の前期中等教育)のナショナル・カリキュラム
＜1967年作成―参考用内部資料＞
教育部中等教育司編『国民中学課程標準草案』台北市：教育部中等教育司、1967年。
＜1968年制定＞
教育部中等教育司編『国民中学暫行課程標準』台北市：正中、1970年(7版)。
＜1972年改定＞
教育部中等教育司編『国民中学課程標準』台北市：正中、1979年(7版)。
＜1983年改定＞
教育部国民教育司編『国民中学課程標準』台北市：正中、1983年。
＜1985年改定＞
教育部国民教育司編『国民中学課程標準』台北市：正中、1986年。
＜1994年改定＞
教育部編『国民中学課程標準』台北市：教育部、1995年。

1-1-4.『国民中小学九年一貫課程暫行綱要』
　　※　国民小学および国民中学のナショナル・カリキュラム
『国民中小学九年一貫課程暫行綱要』台北市：教育部、2001年。
　　⇒印刷版では、「語文学習領域」、「健康與体育学習領域」、「社会学習領域」、「生活課程」、「芸術與人文学習領域」、「自然與生活科技学習領域」、「数学学習領域」、「綜合活動学習領域」、「六大議題」が1冊ずつ個別に製本されている。
　　⇒2003年改定の同綱要の正式版は、教育部のウェブサイトからダウンロードが可能。http://www.edu.tw/EDU_WEB/EDU_MGT/EJE/EDU5147002/9CC/9CC.html

1-1-5.『中学課程標準』
　　※　九年国民教育実施以前の初級中学（3年制の前期中等教育）および高級中学（3年制の後期中等教育）のナショナル・カリキュラム
＜1962年改定＞
教育部中等教育司編『中学課程標準』台北市：正中、1962年。

1-1-6.『高級中学課程標準』
　　※　九年国民教育実施以後の高級中学のナショナル・カリキュラム
＜1995年改定＞
教育部編『高級中学課程標準』台北市：教育部、1996年。

1-2.　国民中学国定教科書
1-2-1.『公民與道徳』教科書
1968年制定『国民中学暫行課程標準』準拠
国立編訳館編『公民與道徳教科書【第1冊】―健全的個人』台北市：国立編訳館、1968年8月（初版）。
国立編訳館編『公民與道徳教科書【第2冊】―美満的家庭』台北市：国立編訳館、1968年12月（初版）。
国立編訳館編『公民與道徳教科書【第3冊】―完善的学校』台北市：国立編訳館、1969年8月（初版）。
国立編訳館編『公民與道徳教科書【第4冊】―進歩的社会』台北市：国立編訳館、1970年2月（初版）。
国立編訳館編『公民與道徳教科書【第5冊】―富強的国家』台北市：国立編訳館、1970年8月（初版）。
国立編訳館編『公民與道徳教科書【第6冊】―和平的世界』台北市：国立編訳館、1971年1月（初版）。

1972年改定『国民中学課程標準』準拠
国立編訳館編『公民與道徳教科書【第1冊】―健全的個人』台北市:国立編訳館、
　1973年8月（初版）。
国立編訳館編『公民與道徳教科書【第2冊】―美満的家庭』台北市:国立編訳館、
　1974年1月（初版）。
国立編訳館編『公民與道徳教科書【第3冊】―完善的学校』台北市:国立編訳館、
　1974年8月（初版）。
国立編訳館編『公民與道徳教科書【第4冊】―進歩的社会』台北市:国立編訳館、
　1975年1月（初版）。
国立編訳館編『公民與道徳教科書【第5冊】―富強的国家』台北市:国立編訳館、
　1975年8月（初版）。
国立編訳館編『公民與道徳教科書【第6冊】―和平的世界』台北市:国立編訳館、
　1976年1月（初版）。

1972年改定『国民中学課程標準』準拠（改編本）
国立編訳館編『公民與道徳教科書【第1冊】―健全的個人』台北市:国立編訳館、
　1979年8月（改編本初版）。
国立編訳館編『公民與道徳教科書【第2冊】―美満的家庭』台北市:国立編訳館、
　1980年1月（改編本初版）。
国立編訳館編『公民與道徳教科書【第3冊】―完善的学校』台北市:国立編訳館、
　1980年8月（改編本初版）。
国立編訳館編『公民與道徳教科書【第4冊】―進歩的社会』台北市:国立編訳館、
　1981年1月（改編本初版）。
国立編訳館編『公民與道徳教科書【第5冊】―富強的国家』台北市:国立編訳館、
　1981年8月（改編本初版）。
国立編訳館編『公民與道徳教科書【第6冊】―和平的世界』台北市:国立編訳館、
　1982年1月（改編本初版）。

1983年改定『国民中学課程標準』準拠
国立編訳館編『公民與道徳教科書【第1冊】―完善的教育』台北市:国立編訳館、
　1984年8月（試用本）。
国立編訳館編『公民與道徳教科書【第2冊】―和諧的社会』台北市:国立編訳館、
　1985年1月（試用本）。
国立編訳館編『公民與道徳教科書【第3冊】―公正的法律』台北市:国立編訳館、
　1985年8月（試用本）。

国立編訳館編『公民與道徳教科書【第4冊】―民主的政治』台北市：国立編訳館、
　　1986年1月（試用本）。
国立編訳館編『公民與道徳教科書【第5冊】―成長的経済』台北市：国立編訳館、
　　1986年8月（試用本）。
国立編訳館編『公民與道徳教科書【第6冊】―協和的文化』台北市：国立編訳館、
　　1987年1月（試用本）。

1985年改定『国民中学課程標準』準拠
国立編訳館編『公民與道徳教科書【第1冊】―完善的教育』台北市：国立編訳館、
　　1989年8月（改編本初版）。
国立編訳館編『公民與道徳教科書【第2冊】―和諧的社会』台北市：国立編訳館、
　　1990年1月（改編本初版）。
国立編訳館編『公民與道徳教科書【第3冊】―公正的法律』台北市：国立編訳館、
　　1990年8月（改編本初版）。
国立編訳館編『公民與道徳教科書【第4冊】―民主的政治』台北市：国立編訳館、
　　1991年1月（改編本初版）。
国立編訳館編『公民與道徳教科書【第5冊】―成長的経済』台北市：国立編訳館、
　　1991年8月（改編本初版）。
国立編訳館編『公民與道徳教科書【第6冊】―協和的文化』台北市：国立編訳館、
　　1992年1月（改編本初版）。

1994年改定『国民中学課程標準』準拠
国立編訳館編『公民與道徳教科書【第1冊】―学校與社会生活』台北市：国立編訳館、
　　1998年8月（初版）。
国立編訳館編『公民與道徳教科書【第2冊】―法律與政治生活』台北市：国立編訳館、
　　1999年1月（初版）。
国立編訳館編『公民與道徳教科書【第3冊】―経済生活』台北市：国立編訳館、
　　1999年8月（初版）。
国立編訳館編『公民與道徳教科書【第4冊】―文化生活』台北市：国立編訳館、
　　2000年1月（初版）。

1-2-2.『認識台湾』教科書
国立編訳館編『認識台湾（歴史篇）教科書』、『認識台湾（社会篇）』模本
　　⇒試用本印刷前に教師研修で試用された版。国立編訳館教科書資料中心からの
　　　提供資料。

国立編訳館編『認識台湾(歴史篇)教科書』台北市：国立編訳館、1997年8月(試用本)。
国立編訳館編『認識台湾(社会篇)教科書』台北市：国立編訳館、1997年8月(試用本)。
国立編訳館編『認識台湾(地理篇)教科書』台北市：国立編訳館、1997年8月(試用本)。

1-2-3.『歴史』教科書
国立編訳館編『歴史教科書【第2冊】』台北市：国立編訳館、2002年（正式本三版）。

1-3. 政府刊行物
1-3-1. 教育部
教育部編『教育部実施九年国民教育籌備工作報告』台北市：教育部、1968年。
教育部編『第四次全国教育会議報告』台北市：教育部、1970年。
教育部編『中華民国教育報告書：邁向二十一世紀的教育遠景』台北市：教育部、1995年。
教育部編『二〇〇一年教育改革之検討與改進会議大会結論暨建議資料彙編』台北市：教育部、2002年。
教育部教育年鑑編纂委員会編『第四次中華民国教育年鑑　上・下』台北市：正中、1976年。
教育部教育年鑑編纂委員会編『第五次中華民国教育年鑑　上・下』台北市：正中、1985年。
教育部統計処編『中華民国教育統計1999』台北市：教育部、1999年。
教育部中等教育司編『発展中等教育六年計画草案』台北市：教育部中等教育司、1964年。
教育部中央建教合作委員会編『中華民国教育計画：長期教育計画（初稿）』台北市：教育部中央建教合作委員会、1964年。

1-3-2. 行政院
行政院教育改革審議委員会編著『教育改革総諮議報告書』台北市：行政院研究発展考核委員会、1997年。

1-3-3. 国立編訳館
国立教育資料館編『第七次全国教育会議参考資料摘要彙編』台北市：国立教育資料館、1994年。

1-3-4. 台湾省政府教育庁
台湾省政府教育庁編『蔣総統実施九年国民教育之訓示及其闡述（台湾省実施九年国

民教育文献第一輯)』台中県霧峰郷：台湾省教育庁、1973年。
台湾省政府教育庁編『政府首長関於九年国民教育的演講及談話紀録 (台湾省実施九年国民教育文献第二輯)』台中県霧峰郷：台湾省教育庁、1972年。
台湾省政府教育庁編『有関九年国民教育論著選輯 (台湾省実施九年国民教育文献第三輯)』台中県霧峰郷：台湾省教育庁、1972年。
台湾省政府教育庁編『九年国民教育有関之輿論選輯 (台湾省実施九年国民教育文献第四輯)』台中県霧峰郷：台湾省教育庁、1972年。
台湾省政府教育庁編『九年国民教育籌備工作及其主体計画之実施 (台湾省実施九年国民教育文献第五輯)』台中県霧峰郷：台湾省教育庁、1973年。
台湾省政府教育庁編『国民中学校舎工程之規画與実施 (台湾省実施九年国民教育文献第六輯)』台中県霧峰郷：台湾省教育庁、1972年。
台湾省政府教育庁編『国民中学師資之供需籌画與辦理訓練情形 (台湾省実施九年国民教育文献第七輯)』台中県霧峰郷：台湾省教育庁、1973年。
台湾省政府教育庁編『国民中学暫行課程標準暨有関課程教材之検討與改進意見 (台湾省実施九年国民教育文献第八輯)』台中県霧峰郷：台湾省教育庁、1973年。

2. 二次資料

2-1. 書籍 (著者名の漢語ピンインをアルファベット順に配列)

薛暁華『台湾民間教育改革運動—国家與社会的分析』台北市：前衛、1996年。
陳伯璋編著『意識形態與教育』台北市：師大書苑、1988年。
陳伯璋『新世紀教育発展的回顧與前瞻』高雄市：麗文文化、2001年。
陳光輝、詹棟樑『各国公民教育』台北市：水牛、1998年。
陳孔立『台湾学導論』台北市：博揚文化、2004年。
陳美如『台湾語言教育政策之回顧與展望』高雄市：高雄復文、1998年。
陳其南『公民国家意識與台湾政治発展』台北市：允晨文化、1992年。
鎮天錫、余煥摸、張丕継『人力政策的形成與実施』台北市：聯経、1983年。
方炎明『九年国民教育実施二十年』台北市：教育部国民教育司、1988年。
国立編訳館中小学教科用書編輯研究小組編著『中小学教科用書編輯制度研究』台北市：国立編訳館、1988年。
国立台湾師範大学教育学系、教育部国家講座編『教育科学的国際化與本土化』台北市：揚智文化、1999年。
何鳳嬌編『九年国民教育資料彙編』台北県新店市：国史館、2000年。
洪惟仁『台湾語言危機』台北市：前衛、1992年。
胡國台訪問、郭瑋瑋記録『劉真先生訪問紀録』台北市：中央研究院近代史研究所、1993年。

黄光國『教改錯在哪裡？―我的陽謀』台北縣中和市：INK印刻、2003年。
黄武雄『台湾教育的重建：面对当前教育的結構性問題』台北市：遠流、1996年。
黄政傑『教育改革的理念與實践』台北市：師大書苑、1996年。
黄政傑主編『台湾教改1999 上篇・下篇』台北市：漢文、1999年。
黄政傑主編『課程改革』台北市：漢文、1999年 (三版)。
黄政傑、李隆盛主編『郷土教育』台北市：漢文、1995年。
江宜樺『自由主義、民族主義與国家認同』台北市：揚智文化、1998年。
康綠島『李国鼎口述歴史』台北市：卓越世界文化、2001年 (再版)。
雷国鼎『比較国民教育』台北市：三民、1978年。
李登輝原著口述、国史館李登輝口述歴史小組編輯『見證台湾：蔣経国総統與我』台北市：允晨文化、2004年。
李園會『九年国民教育政策之研究』台北市：文景、1985年。
林本炫主編『教育改革的民間観点』台北市：業強、1997年。
林玉体『台湾教育面貌40年』台北市：自立晩報、1987年。
林玉体『台湾教育與国家定位』台北市：師大書苑、1998年。
林玉体『台湾教育的主体性』高雄市：高等教育、2002年。
林玉体『台湾教育史』台北市：文景、2003年。
盧建栄『分裂的国族認同　1975～1997』台北市：麦田出版、1999年。
欧用生『課程與教学革新』台北市：師大書苑、1996年。
欧用生『課程改革』台北市：師大書苑、2000年。
沈姗姗『国際比較教育学』台北市：正中、2000年。
石計生等『意識型態與台湾教科書』台北市：前衛、1993年。
司琦編著『九年国民教育』台北市：台湾商務、1975年。
司琦編著『中等教育』台北市：三民、1982年。
四一〇教育改造聯盟『民間教育改造藍図：朝向社会正義的結構性改革』台北市：時報文化、1996年。
台湾歴史学会編『国家認同論文集』台北県板橋市：稲郷、2001年。
王仲孚編『為歴史留下見證―《認識台湾》教科書参考文件》新編』台北市：海峡学術、2001年。
王仲孚編『台湾中学歴史教育的大変動』台北市：海峡学術、2005年 (増訂版)。
王甫昌『当代台湾社会的族群想像』台北市：群学、2003年。
王震武、林文瑛『教育改革的台湾経験―国民教育的政策及行政措施分析』台北市：業強、1996年。
呉密察、江文瑜編『體檢国小教科書』台北市：前衛、1994年。
呉清山・林天祐『教育新辞書』台北市：高等教育、2005年。

許南村編『《認識台湾》教科書評析』台北市：人間、1999年。
徐南號主編『台湾教育史』台北市：師大書苑、1999年（増訂版一刷）。
許信良『新興民族』台北市：遠流、1995年。
顔慶祥『教科書政治意識形態分析：両岸国（初）中歴史教科書比較』台北市：五南、1997年。
羊憶蓉『教育與国家発展―台湾経験』台北市：桂冠、1994年。
張茂桂等『族群関係與国家認同』台北市：業強、1993年。
張秀雄編『公民教育的理論與実施』台北市：師大書苑、1998年。
中国教育学会編『教育改革』台北市：師大書苑、1994年。
中国教育学会主編『義務教育研究』台北市：正中、1961年。
中国教育学会主編『九年国民教育研究』台北市：台湾商務、1969年。
中国教育学会主編『九年国民教育実施二十週年紀念文集』台北市：台湾書店、1988年。
中華民国比較教育学会主編『各国教科書比較研究』台北市：台湾書店、1989年。
中華民国比較教育学会、国立暨南国際大学比較教育研究所、国立台湾師範大学教育学系編『教育改革―従伝統到後現代』台北市：師大書苑、1996年。
中華民国課程與教学学会編『教科書之選択與評鑑』高雄市：高雄復文、2003年。
中華民国課程與教学学会主編『九年一貫課程之展望』台北市：揚智文化、1999年。
周淑卿『課程政策與教育革新』台北市：師大書苑、2002年。
周祝瑛『誰捉弄了台湾教改？』台北市：心理、2003年。

2-2. 論文（著者名の漢語ピンインをアルファベット順に配列）

本刊編輯室「従《認識台湾》座談歴史教育」『当代』第120期（1997年8月）、52-67頁。
陳伯璋「璋一場意識型態的戦争―国中教育的迷思」陳伯璋編著『意識形態與教育』台北市：師大書苑、1988年、231-240頁。
陳伯璋「台湾近五十年来教育問題的検討與展望」陳伯璋『新世紀教育発展的回顧與前瞻』高雄市：麗文文化、2001年、239-273頁。
陳昌勳「延長義務教育為時過早」『臺湾教育輔導月刊』第8巻第2期（1958年2月）、23-24頁。
陳光輝「四十年来我国中等学校公民科教育」『教育研究集刊』16輯（1991年6月）、127-154頁。
陳光興「帝国之眼：『次』帝国與国族―国家的文化想像」『台湾社会研究季刊』第17期（1994年7月）、149-222頁。
陳孔立「《認識台湾（歴史篇）》平議」『台湾研究集刊』第57期（1997年第3期）、65-68頁。
陳孔立「黄秀政教授的委屈和苦衷―《認識台湾（歴史篇）》平議」『海峡評論』第81期（1997年10月）、45-47頁。

陳孔立「趨同、還是趨異？這就是問題所在」『両岸関係』2001年第7期、15-17頁。
陳孔立「台湾"去中国化"的文化動向」『台湾研究集刊』第73期(2001年第3期)、1-11頁。
陳良雄「我対延長義務教育期限的一個折衷看法」『臺湾教育輔導月刊』第8巻第2期（1958年2月）、12-13頁。
陳其南「伝統中国的国家形態、家族意理與民間社會」中央研究院近代史研究所編『認同與国家　近代中西歴史的比較』台北市：中央研究院近代史研究所、1994年、185-200頁。
陳淑美「誰決定知識？―教科書新世代来臨！」『光華』第22巻第10期（1997年10月）、6-17頁。
陳淑美「誰選択知識？―当教科書成為商品」『光華』第22巻第10期（1997年10月）、18-25頁。
陳映真「一個『新史観』的破綻」『海峽評論』第81期（1997年10月）、49-53頁。
陳昭瑛「並不是台湾人特別可憐―《認識台湾、社会篇》的検討」『海峽評論』第79期（1997年7月）、45-46頁。
褚亜平「《認識台湾》意欲何為？」『人民日報（海外版）』1997年11月11日付。
大龍「前建中校長劉玉春　向打拚的伙伴致謝」『師説』第123期（1998年11月）、21頁。
戴寶村「通識教育本土化與歴史教学」『歴史教育』第4期（1999年6月）、1-5頁。
杜水木「我国義務教育期限很難即予延長」『臺湾教育輔導月刊』第8巻第2期（1958年2月）、13-14頁。
杜正勝「一個新史観的誕生」『当代』第120期（1997年8月）、20-31頁。
高化臣「実施九年義務教育」『教育與文化』第360, 361期（1967年12月）、1-2頁。
高強華「論教学専業與教科書的選用」『高中教育』第5期（1999年4月）、25-28頁。
高梓「国民義務教育的延長與改善」『臺湾教育輔導月刊』第8巻第2期（1958年2月）、8-9頁。
龔書鋒「為何不譲学生正確認識台湾」『人民日報（海外版）』1997年10月30日付。
関心「認識台湾」教科書行動委員会「我們不是番！―我們是台湾的主人！」『海峽評論』第80期（1997年8月）、43頁。
何虎生「篡改歴史："文化台独"的又一表現」『両岸関係』2003年第11期、9-10頁。
洪紹芳「従国民中学『認識台湾（地理篇）』科中如何落実郷土地理教育」『国立編訳館通訊』第31期（1996年4月）、32-34頁。
侯立朝「正視『認識台湾教科書』的問題―給呉京部長的一封信」『海峽評論』第79期（1997年7月）、53頁。
黄肇珩「我国義務教育期限延長的建議」『臺湾教育輔導月刊』第8巻第2期（1958年2月）、18頁。
黄季仁「九年国民教育実施的時代意義」『台湾教育』第452期（1988年8月）、1-5頁。

黄季仁、程蘊良講述、陳進金、呉淑鳳記録「九年国教実施的回顧與評価口述歴史座談会紀実（二）」『近代中国』第128期（1998年12月）、129-159頁。

黄麗生「人民主体何在？文化主体何在？」『海峡評論』第79期（1997年7月）、46-47頁。

黄秀娥「臺南隆田国校対延長義教的集体意見」『臺湾教育輔導月刊』第8巻第2期（1958年2月）、24-25頁。

黄秀政「国民中学『認識台湾（歴史篇）』科的課程研訂與教材編写」『国立編訳館通訊』第31期（1996年4月）、11-16頁。

黄秀政「談国民中学『認識台湾』（歴史篇）教科書的編写」『人文及社会学科教学通訊』第6巻第5期（1996年2月）、6-10頁。

黄政傑「教育本土化的理念」『北縣教育』第7期（1995年3月）、26-29頁。

黄政傑「中小学教科書的審査與選用」『高中教育』第5期（1999年4月）、20-24頁。

簡成熙「台湾跨世紀公民教育的回顧與前瞻―政治哲学的分析」『中等教育』第53巻第5期（2002年10月）、24-45頁。

蔣建白「延長義務教育的回顧與前瞻」『教育與文化』第360, 361期（1967年12月）、4-5頁。

蔣永敬「中日代理戦争的危機素已在台湾燃起」『海峡評論』第80期（1997年8月）、30-31頁。

江宜樺「自由民主体制下的国家認同」『台湾社会研究季刊』第25期（1997年3月）、83-121頁。

江宜樺「当前台湾国家認同論述之反省」『台湾社会研究季刊』第29期（1998年3月）、163-229頁。

来安民「台湾中学教育之演進」徐南號主編『台湾教育史』台北市：師大書苑、1999年（増訂版1刷）、133-158頁。

藍順徳「我国中小学教科書編審制度的回顧與前瞻」『国立編訳館通訊』第14巻第2期（2001年4月）、3-10頁。

藍順徳「教師専業自主與高中教科書開放」『高中教育』第5期（1999年4月）、4-9頁。

李惜書「解析本土化與所謂『文化台独』」『交流』第61期（2002年2月）、24-27頁。

李園会「世界各国的教科書制度」『現代教育』第4巻第1期（1989年1月）、18-26頁。

廖武龍「前台東県教育科長毛連塭 含涙播種歓呼収割」『師説』第123期（1998年11月）、15-16頁。

林本「我国義務教育期限応否延長」『臺湾教育輔導月刊』第8巻第2期（1958年2月）、3-5頁。

林本「延長義教年限之基本理由及其重要問題」『教育與文化』第360, 361期（1967年12月）、5-7頁。

林俊全「国民中学『認識台湾（地理篇）』科教科用書編写理念之我見」『国立編訳館通

訊』第31期（1996年4月）、30-31頁。

林青青「国民中学『認識台湾―社会篇』課程之分析―従多元文化教育観点」『公民訓育学報』第8輯（1999年6月）、507-551頁。

林秋亨「国民中学『認識台湾（歴史篇）実施現況之研究』『新竹師院国民教育研究所論文集』第5集（2000年）、109-130頁。

林玉鬃「我国需要延長義務教育期限的理由」『臺湾教育輔導月刊』第8巻第2期（1958年2月）、20-21頁。

林照真「九年国教草創経過」『師友』第232期（1986年10月）、10-13頁。

劉佳雁「透視島内"教育台湾化"問題」『台湾研究』第63期（2003年第3期）、72-79頁。

劉季洪「我国延長義務教育期限應有的準備」『臺湾教育輔導月刊』、第8巻第2期（1958年2月）、6頁。

劉焜輝「延長義務教育必須慎重」『臺湾教育輔導月刊』第8巻第2期（1958年2月）、17-18頁。

劉永譲「我国義務教育可即予延長」『臺湾教育輔導月刊』第8巻第2期（1958年2月）、16頁。

劉真、高玉樹講述、林秋敏、欧素瑛記録「九年国教実施的回顧與評価口述歴史座談会紀実（一）『近代中国』第128期（1998年12月）、100-128頁。

龍運鈞「延長義教應有的看法與做法」『教育與文化』第360, 361期（1967年12月）、10-12頁。

娄杰「"文化台独"注定要失敗」『両岸関係』2004年第2期、15頁。

呂実強「国中新課程―『認識台湾（歴史篇）』科設立的経過與教材教学有関的幾項問題」『国立編訳館通訊』第31期（1996年4月）、17-24頁。

欧用生「我国国民小学社会科教科書意識型態之分析」『新竹師専学報』1985年12月、91-125頁。

潘朝陽「台湾人民史不是総督府的行政史」『海峽評論』第79期（1997年7月）、48-49頁。

彭鳴「"去中華民国化"的七個徵候」『両岸関係』2001年第7期、17-18頁。

彭維学「台《認識台湾》教科書評析」『台湾研究』第40期（1997年第4期）、28-33頁。

彭維学「台新版教科書《認識台湾》評析」『台声』第159期（1998年1月）、13-17頁。

全国各界反対違憲竄改教科書聯盟「反対媚日教材、拒絶台独教育！―反対違憲改竄教科書的声明」『海峽評論』第80期（1997年8月）、37-38頁。

沈姍姍「我国教育発展的外来影響―現代化理論與依頼理論之応用」中華民国比較教育学会、国立曁南国際大学比較教育研究所、国立台湾師範大学教育学系主編『教育改革―従伝統到後現代』台北市：師大書苑、1996年、137-160頁。

沈姍姍「自『借取』與『依頼』観点探討台湾教育発展的外来影響」沈姍姍『国際比較教育学』台北市：正中、2000年、362-386頁。

沈亦珍「対於延長義務教育期限的認識和建議」『臺湾教育輔導月刊』第8巻第2期(1958年2月)、5-6頁。
水心「我国延長義務教育年限的幾項準備工作」『臺湾教育輔導月刊』第8巻第2期(1958年2月)、9-10頁。
司琦「『九年国民教育』的内容及両項資料」『書評書目』第45期 (1977年1月1日)、108-110頁。
孫邦正「関於延長義務教育年限問題」『臺湾教育輔導月刊』第8巻第2期(1958年2月)、7-8頁。
孫邦正「延長義教年限與復国建国」『教育與文化』第360, 361期(1967年12月)、7-9頁。
孫邦正「我国国民教育的演進」孫邦正『教育與建国』台北市：正中、1987年、115-154頁。
孫玉海「暗渡陳倉：従教育入手」『両岸関係』2001年第7期、21-22頁。
王辰「改音改調為哪般」『両岸関係』2001年第7期、19-21頁。
王仲孚「対於《認識台湾》教科書之應有的認識—兼論《課程》與教科書」『海峡評論』、第81期 (1997年9月)、50-51頁。
王甫昌「族群同化與動員：台湾民衆政党支持之分析」『中央研究院民族学研究所集刊』第77期 (1994年春季)、1-34頁。
王甫昌「台湾反対運動的公識動員—1979～1989年両波挑戦高峰的比較」『台湾政治学刊』創刊号 (1996年7月)、129-209頁。
王甫昌「民族想像、族群意識與歴史—《認識台湾》教科書争議風波的内容與脈絡分析」『台湾史研究』第8巻第2期 (2001年12月)、145-208頁。
王麗雲「中文拼音政策的争議與課程政治面向的反省」『教育研究集刊』第48輯第1期 (2002年3月)、95-131頁。
王前龍「国家認同與国小道徳科『愛国』徳目的課程発展」『教師之友』第39巻第1期 (1998年2月)、40-45頁。
王曉波「好漢剖腹来相合—評『認識台湾』国中教科書」『海峡評論』第79期 (1997年7月)、40-45頁。
王曉波「在歴史的鏡子中可以看到自己的面目—答高志敏『紅帽子』誣害」『海峡評論』第80期 (1997年8月)、39-40頁。
王亜権「義務教育之延長」『教育與文化』第360, 361期(1967年12月)、2-3頁。
魏寶鼎「由課室荒談延長義教」『臺湾教育輔導月刊』第8巻第2期(1958年2月)、14-15頁。
呉建国「呉部長、你錯了！」『海峡評論』第80期 (1997年8月)、36頁。
呉履平、王宏志《認識台湾》要対青少年進行什麼様的教育？」『人民日報(海外版)』1997年11月7日付。
呉密察「歴史教育與郷土史教育 一個提供討論的意見」『当代』第120期 (1997年8月)、

32-37頁。

呉乃徳「国家認同和政党支持 台湾政党競争的社会基礎」『中央研究院民族学研究所集刊』第74期 (1992年秋季)、33-61頁。

呉乃徳「省籍意識、政治支持和国家認同」張茂桂、呉乃徳等『族群関係與国家認同』台北市：業強、1993年、27-51頁。

呉乃徳「自由主義和族群認同：搜尋台湾民族主義的意識形態基礎」『台湾政治学刊』創刊号 (1996年7月)、5-39頁。

呉乃徳「国家認同政治支持：民進党的理解和誤解」『中央日報』1996年8月13日-15日付。

呉瓊恩「『認識台湾』教科書大辯論観後」『海峡評論』第80期 (1997年8月)、41-43頁。

蕭高彥「共同体的理念：一個思想史之考察」『台湾政治学刊』創刊号 (1996年7月)、257-295頁。

蕭高彥「国家認同、民族主義與憲政民主：当代政治哲学的発展與反思」『台湾社会研究季刊』第26期 (1997年6月)、1-27頁。

謝郁、劉佳雁「台湾当局"漸進式台独"透視」『台湾研究』第59期 (2002年第3期)、28-35頁。

謝志偉整理「《認識台湾》教科書大辯論」『海峡評論』第81期 (1997年9月)、58-64頁。

徐南號、林玫伶「台湾推行義務教育之経験演進」『比較教育通訊』第35期(1994年9月)、9-30頁。

徐南號「第8章 台湾教育史之回顧與展望」徐南號主編『台湾教育史』台北市：師大書苑、1999年 (増訂版1刷)、211-236頁。

許水徳「九年国教三十年感言」『近代中国』第128期 (1998年12月)、89-99頁。

徐珍「九年国民教育実施背景研究 上」『臺湾教育』第255期 (1972年3月)、3-10頁。

徐珍「九年国民教育実施背景研究 下」『臺湾教育』第256期 (1972年4月)、6-14頁。

厳実「趨同？還是趨異？」『両岸関係』2001年第7期、23頁。

楊慧文「海峡両岸教科書審査及選用制度之比較」『国民教育』第39巻第3期 (1999年2月)、73-78頁。

楊木林「我国義務教育期限不應即予延長」『臺湾教育輔導月刊』第8巻第2期 (1958年2月)、22-23頁。

楊仕俊「那一年、我們正在写歷史！」『師説』第123期 (1998年11月)、17-20頁。

楊思偉「日本教科書検定與選用制度分析」『高中教育』第5期(1999年4月)、29-35頁。

楊毅周「一部歪曲歷史分裂祖国的教材―解読《認識台湾》教科書」『人民日報 (海外版)』1997年10月27日付。

楊志誠「如此教科書、教育怎麼改革」『海峡評論』第80期 (1997年8月)、32-35頁。

葉憲峻「台湾初等教育之演進」徐南號主編『台湾教育史』台北市：師大書苑、1999年 (増

訂版1刷)、271-303頁。

翊君「前屛東県教育科長許水徳　翦燭共話来時路」『師説』第123期 (1998年11月)、6-12頁。

易文「去中国化和親日本化—解読《認識台湾》教科書」『統一論壇』第51期 (1997年第5期)、20-21頁。

余霖「国民中学『公民與道徳』科教科書之分析」『教與学』1983年6月、22-25頁。

袁保新主持「『認識台湾』教科書問題評議座談会記録(上)」『鵝湖』第23巻第7期 (1998年1月)、44-56頁。

袁保新主持「『認識台湾』教科書問題評議座談会記録(下)」『鵝湖』第23巻第8期 (1998年2月)、49-55頁。

曽健民「台湾人民主体耶！政治正確耶！—認識『認識台湾』教科書」『海峡評論』第79期 (1997年7月)、49-52頁。

曾知「延長義教尚非其時」『臺湾教育輔導月刊』第8巻第2期 (1958年2月)、17頁。

張安然「請放大教育的眼光」『臺湾教育輔導月刊』第8巻第2期 (1958年2月)、21-22頁。

張茂桂「族群関係與国家認同」張茂桂等『族群関係與国家認同』台北市：業強、1993年、233-278頁。

張茂桂「台湾是多元文化国家?!」『文化研究月報』第13期 (2002年3月15日)。

張明卿「談台湾地区中学歴史科教学現象—兼談対未来『認識台湾』教科書之展望」『国立編訳館通訊』、第31期 (1996年4月)、26-29頁。

張勝彦「認識台湾(歴史篇)編写簡介」『国立編訳館通訊』第31期(1996年4月)、25頁。

張世禄「従国校国語課本的生字艱難指数看義教年限」『臺湾教育輔導月刊』第8巻第2期 (1958年2月)、15頁。

張秀雄「公民教育的内涵」張秀雄編『公民教育的理論與実施』台北市：師大書苑、1998年、27-58頁。

張秀雄「公民資質教育模式」『中等教育』第53巻第5期 (2002年10月)、4-22頁。

章子鈞「我国延長義務教育期限的幾個基本問題」『臺湾教育輔導月刊』第8巻第2期 (1958年2月)、19頁。

趙鋼「新的民族主義、還是旧的」『台湾社会研究季刊』第21期(1996年1月)、1-72頁。

鄭明東「延長義務教育之先決問題」『臺湾教育輔導月刊』第8巻第2期 (1958年2月)、10-12頁。

鍾華「台北市前教育局長劉先雲　開啓国教新紀元的栄光」『師説』第123期 (1998年11月)、13-14頁。

周明徳整理「譲学術的回帰学術—国中『認識台湾』教科書内容是否妥当公聴会」『海峡評論』第80期 (1997年8月)、15-22頁。

周明徳整理「台湾不能自外於中国和亜洲—『認識台湾』国中教科書総検討記者会」『海

峽評論』第80期 (1997年8月)、23-29頁。
周明德整理「政治干預学術？学術扭曲政治？―『認識台湾』国中教科書座談」『海峡評論』第81期 (1997年9月)、52-57頁。
周淑卿「国定課程：徘徊在自由與控制之間」『課程與教学』第1巻第4期 (1998年1月)、13-28頁。

II．日本語文献

2-1．書籍（著者名50音順）

浅沼茂、中野和光、岡崎勝、山本哲士、長尾彰夫、佐藤学編著『ポストモダンとカリキュラム』C.S.L.学習評価研究所、1995年。

阿辻哲次『近くて遠い中国語』中公新書、2007年。

マイケル・W・アップル、ジェフ・ウィッティ、長尾彰夫『カリキュラム・ポリティクス―現代教育改革とナショナル・カリキュラム―』東信堂、1994年。

マイケル・W・アップル著、浅沼茂、松下晴彦訳『教育と権力』日本エディタースクール出版部、1992年。

安彦忠彦編『新版 カリキュラム研究入門』勁草書房、1999年。

ルイ・アルチュセール、柳内隆、山本哲士『アルチュセールの〈イデオロギー論〉』三交社、1993年。

ベネディクト・アンダーソン著、白石さや、白石隆訳『増補 想像の共同体―ナショナリズムの起源と流行』NTT出版、1997年。

井尻秀憲『台湾経験と冷戦後のアジア』勁草書房、1993年。

井尻秀憲編『中台危機の構造―台湾海峡クライシスの意味するもの』勁草書房、1997年。

井尻秀憲『アメリカ人の中国観』文春新書、2000年。

石渡延男、越田稜編著『世界の歴史教科書 11カ国の比較研究』明石書店、2002年。

伊藤潔『台湾 四百年の歴史と展望』中公新書、1993年。

イヴァン・イリッチ著、東洋、小澤周三訳『脱学校の社会』東京創元社、1977年。

岩内良一、萩原元昭、深谷昌志、本吉修二編『教育学用語辞典【第3版】』学文社、1995年。

J・ウィルソン監修、押谷由夫、伴恒信編訳『世界の道徳教育』玉川大学出版部、2002年。

大澤真幸編『ナショナリズム論の名著50』平凡社、2002年。

岡野八代『シティズンシップの政治学』現代書館、2003年。

小熊英二『〈民主〉と〈愛国〉 戦後日本のナショナリズムと公共性』新曜社、2002年。

笠原政治、植野弘子編『アジア読本 台湾』河出書房新社、1995年。

可児弘明、国分良成、鈴木正崇、関根政美編『民族で読む中国』朝日新聞社、1998年。
W・キムリッカ著、千葉眞、岡崎晴輝他訳『新版　現代政治理論』日本経済評論社、2005年。
チャンドラン・ククサス、フィリップ・ペティット著、山田八千子、嶋津格訳『ロールズ―「正義論」とその批判者たち』勁草書房、1996年。
E・ケドゥーリー著、小林正之、栄田卓弘、奥村大作訳『ナショナリズム』学文社、2000年。
アーネスト・ゲルナー著、加藤節監訳『民族とナショナリズム』岩波書店、2000年。
江南著、川上菜穂訳『蔣経国伝』同成社、1989年。
小森陽一、高橋哲哉編『ナショナル・ヒストリーを超えて』東京大学出版会、1998年。
史明『台湾人四百年史【新装版】』新泉社、1994年。
司馬遼太郎『台湾紀行』朝日文芸文庫、1997年。
清水幾太郎『愛国心』岩波新書、1950年。
チャルマーズ・ジョンソン著、矢野俊比古監訳『通産省と日本の奇跡』TBSブリタニカ、1982年。
アンソニー・D・スミス著、巣山靖司監訳『20世紀のナショナリズム』法律文化社、1995年。
戴國煇『台湾―人間・歴史・心性―』岩波新書、1988年。
高橋哲哉『教育と国家』岩波新書、2004年。
R・ドーソン、K・プルウィット、K・ドーソン著、加藤秀治郎、中村昭雄、青木英実、永山博之訳『政治的社会化　市民形成と政治教育』芦書房、1989年。
中川昌郎『中国と台湾　統一交渉か、実務交流か』中公新書、1998年。
中嶋嶺雄『逆説のアジア』北洋社、1977年。
中嶋嶺雄『中国　歴史・社会・国際関係』中公新書、1982年。
中嶋嶺雄『国際関係論　同時代史への羅針盤』中公新書、1992年。
中嶋嶺雄『三つの中国』日本経済新聞社、1992年。
中谷猛、川上勉、高橋秀寿編『ナショナル・アイデンティティ論の現在―現代世界を読み解くために―』晃洋書房、2003年。
中村哲編著『歴史はどう教えられているか―教科書の国際比較から』日本放送出版協会、1995年。
中村哲編著『東アジアの歴史教科書はどう書かれているか―日・中・韓・台の歴史教科書の比較から』日本評論社、2004年。
西川長夫『国民国家論の射程―あるいは〈国民〉という怪物について』柏書房、1998年。
西村成雄編『現代中国の構造変動3　ナショナリズム―歴史からの接近』東京大学出

版会、2000年。
日本比較教育学会編『教育改革と比較教育学』日本比較教育学会、1988年。
蓮實重彥、山内昌之編『いまなぜ民族か』東京大学出版会、1994年。
初瀬龍平編著『エスニシティと多文化主義』同文社、1996年。
S.P. ハンチントン著、坪郷實、中道寿一、藪野祐三訳『第三の波—20世紀後半の民主化—』三嶺書房、1995年。
藤田英典『教育改革―共生時代の学校づくり―』岩波新書、1997年。
別技篤彦『世界の教科書は日本をどう教えているか』朝日新聞社、1999年。
エリック・ホブズボウム、テレンス・レンジャー編、前川啓治、梶原景昭他訳『創られた伝統』紀伊國屋書店、1992年。
E.J. ホブズボーム著、浜林正夫、嶋田耕也、庄司信訳『ナショナリズムの歴史と現在』大月書店、2001年。
山本勲『中台関係史』藤原書店、1999年。
尹敬勲『韓国の国家発展と教育』星雲社、2005年。
吉澤誠一郎『愛国主義の創成　ナショナリズムから近代中国をみる』岩波書店、2003年。
李登輝『台湾の主張』PHP研究所、1999年。
李登輝、中嶋嶺雄『アジアの知略　日本は歴史と未来に自信を持て』光文社、2000年。
林泉忠『「辺境東アジア」のアイデンティティ・ポリティクス―沖縄・台湾・香港』明石書店、2005年。
E・ルナン、J・G・フィヒテ、J・ロマン、E・バリバール、鵜飼哲著、鵜飼哲、大西雅一郎、細見和之、上野成利訳『国民とは何か』河出書房新社、1997年。
デニス・ロートン著、勝野正章訳『教育課程改革と教師の専門職性―ナショナルカリキュラムを超えて』学文社、1998年。
若林正丈編著『台湾―転換期の政治と経済』田畑書店、1987年。
若林正丈『転形期の台湾―「脱内戦化」の政治』田畑書店、1989年。
若林正丈『台湾海峡の政治―民主化と「国体」の相剋』田畑書店、1991年。
若林正丈『台湾　分裂国家と民主化』東京大学出版会、1992年。
若林正丈、劉進慶、松永正義編著『台湾百科【第2版】』大修館書店、1993年。
若林正丈『台湾の台湾語人・中国語人・日本語人　台湾人の夢と現実』朝日選書、1997年。
若林正丈『蔣経国と李登輝―「大陸国家」からの離陸？』岩波書店、1997年。
若林正丈『東洋民主主義　台湾政治の考現学』田畑書店、1998年。
若林正丈編『もっと知りたい台湾【第2版】』弘文堂、1998年。
若林正丈『台湾―変容し躊躇するアイデンティティ』ちくま新書、2001年。

2-2. 論文

阿部洋「台湾における9年制義務教育の実施について」『アジア経済』第10巻第10号（1969年10月）、58-69頁。
井尻秀憲「台湾海峡問題の国際的意味」『国際問題』No.474（1999年9月）、47-60頁。
井尻秀憲「中国から見た台湾問題」『東亜』No.399（2000年9月）、6-16頁。
小笠原欣幸「陳水扁政権―権力移行期の台湾政治―」『問題と研究』第33巻1号（2003年10月）、63-85頁。
菅野敦志「『台湾語を媒介とした国語教育』再考―戦後初期台湾における言語政策の一断面」『日本台湾学会報』第8号（2006年5月）、日本台湾学会、67-87頁。
久保庭信一「台湾の教育」『レファレンス』No.502（1992年11月）、国立国会図書館調査立法考査局、35-65頁。
呉文星「『認識台湾』台湾の『国史』を教育に」『台湾通信』第8635号（1997年9月25日）、7-27頁。
呉密察「台湾史研究はいかにして成立するか？」『日本台湾学会報』第1号（1999年5月）、日本台湾学会、21-24頁。
徐邦男「誰が決めるのか―国民党政権の政策決定機構と人事配置」若林正丈編著『台湾―転換期の政治と経済』田畑書店、1987年、103-142頁。
鍾清漢「産業社会形成と'68教育改革―新・教育改革とマンパワー政策―」『国際経済 中華民国・台湾特集』（『La international』臨時増刊）、第23巻7号（1986年9月）、182-187頁。
武見敬三「台湾をめぐる危機の原型」小此木政夫、赤木完爾共編『冷戦期の国際政治』慶應通信、1987年、168-190頁。
松永正義「『『中国意識』と『台湾意識』―揺れ動く中国／台湾イデオロギーの構図」若林正丈編著『台湾―転換期の政治と経済』田畑書店、1987年、267-363頁。
村田雄二郎「中華ナショナリズムと『最後の帝国』」蓮實重彦、山内昌之編『いまなぜ民族か』東京大学出版会、1994年、30-49頁。
村田雄二郎「20世紀システムとしての中国ナショナリズム」西村成雄編『現代中国の構造変動3 ショナリズム―歴史からの接近』東京大学出版会、2000年、35-68頁。
山﨑直也「1990年代台湾の国民教育段階における教科書制度改革―教育における民主化・自由化の一事例として―」『アジア文化研究』第7号（2000年6月）、国際アジア文化学会、153-162頁。
山﨑直也「九年国民教育政策の研究―戦後台湾教育の二面性の起源に関する考察―」『日本台湾学会報』第3号（2001年5月）、日本台湾学会、50-69頁。
山﨑直也「戦後台湾の教育政策に対する外来的影響の研究－1967年九年国民教育

政策を事例として」『世界と日本の教育をみつめて―小澤周三先生退官記念論文集』小澤周三教授退官記念事業実行委員会退官記念論文集編集委員会、2002年3月、196-205頁。

山﨑直也「台湾における教育の『本土化』と中国」『海外事情』第50巻第9号（2002年9月）、87-97頁。

山﨑直也「台湾における教育改革と『教育本土化』(indigenization of education)―『国家認同』(national identity) と公教育をめぐる政治―」『国際教育』第8号（2002年10月）、日本国際教育学会、22-45頁。

山﨑直也「台湾の教育改革を読み解く三つのキーワード」『アジア遊学』第48号（2003年2月）、112-117頁。

山﨑直也「第9章 教育改革―総統選挙に見る脱権威主義後の課題―」佐藤幸人、竹内孝之編『陳水扁再選―台湾総統選挙と第二期陳政権の課題―』(IDEトピックレポートNo.51)、アジア経済研究所、2004年、127-136頁。

山﨑直也「教育―脱権威主義後の教育改革」『アジ研ワールド・トレンド』(特集・総統選挙後の台湾)、2004年9月号、アジア経済研究所、32-33頁。

エルネスト・ルナン著、鵜飼哲訳「国民とは何か」E・ルナン、J・G・フィヒテ、J・ロマン、E・バリバール、鵜飼哲著、鵜飼哲、大西雅一郎、細見和之、上野成利訳『国民とは何か』河出書房新社、1997年、41-64頁。

若林正丈「中国非主流地域のサブ・ナショナリズム」蓮實重彦、山内昌之編『いまなぜ民族か』東京大学出版会、1994年、50-64頁。

若林正丈「台湾における政治体制変動とエスノナショナリズム…『新党現象』試論」可児弘明、国分良成、鈴木正崇、関根政美編著『民族で読む中国』朝日新聞社、1998年、367-390頁。

若林正丈「台湾をめぐるアイデンティティ・ポリティクスへの視角―民主化、エスノポリティックス、国家・国民再編」『ODYSSEUS』第5号（2000年3月）、東京大学大学院総合文化研究科地域文化研究専攻、68-86頁。

若林正丈「台湾における国家・国民再編と中台関係」『国際問題』No.488（2000年11月）、2-15頁。

若林正丈「台湾をめぐるアイデンティティの政治」―民主化・エスノポリティクス・ナショナリズム―」毛里和子編『現代中国の構造変動7 中華世界―アイデンティティの再編』東京大学出版会、2001年、255-279頁。

III. 英語文献

3-1. 書籍（著者名アルファベット順）

Andy Green, *Education, Globalization and the Nation State,* Basingstoke: Macmillan, 1997.

David Ashton, Francis Green and Johnny Sung (eds.), *Education and Training for Development in East Asia*, London & New York: Routledge, 1999.

John F. Copper, *Historical dictionary of Taiwan (Republic of China)*, Lanham, Md.: Scarecrow Press, 2000 (2nd edition).

John F. Copper, *Taiwan: Nation State or Province?*, Boulder, Colo.: Westview Press, 2003 (4th edition).

Stéphane Courcuff, *Memories of the Future: National Identity Issues and the Search for a New Taiwan*, Armonk, New York: M. E. Sharpe, 2002.

Frederick Harbison and Charles A. Myers, *Education Manpower and Economic Growth: Strategies of Human Resource Development*, New York: McGraw-Hill, 1964.

John Makeham and A-Chin Hsiau, *Cultural, Ethnic, and Political Nationalism in Contemporary Taiwan: Bentuhua*, New York: Palgrave Macmillan, 2005.

Seana McGovern Education, *Modern Development, and Indigenous Knowledge: An Analysis of Academic Knowledge Production*, New York: Garland Publishing, 1999.

W. W. Rostow, *The Stages of Economic Growth*, London: Cambridge University Press, 1960.

Anthony D. Smith, *National Identity*, Reno: University of Nevada Press, 1991.

Douglas C. Smith, *Middle Education in the Middle Kingdom: The Chinese Junior High School in Modern Taiwan*, Westport, Conn.: Praeger, 1997.

Cheng-Sheng Tu (Minister of Education) (ed.), *2006 Education in Taiwan*, Taipei: Ministry of Education, 2006.

Unesco, *An Asian Model of Educational Development: Perspectives for 1965-80*, Paris: Unesco, 1966.

Robin Usher and Richard Edwards, *Postmodernism and education*, London & New York: Routledge, 1994.

Richard W. Wilson, *Learning to be Chinese: the Political Socialization of Children in Taiwan*, Cambridge: M. I. T. Press, 1970.

George Tsai Woei and Peter Yu Kien-hong, *Taiwanization: Its Origin and Politics*, Singapore: Singapore University Press, 2001.

Meredith Woo-Cumings (ed.), *The Developmental State*, Ithaca, N.Y.: Cornell University Press, 1999.

3-2. 論文

Sheldon Appleton, "The Social and Political Impact of Education in Taiwan," *Asian Survey*, Vol.16, No.8 (August 1976), pp. 703-720.

Lowell Dittmer, "Taiwan and the Issue of National Identity," *Asian Survey*, Vol.44, No.4 (July/August 2004), pp. 475-483.

WING-WAH LAW, "Globalization and Citizenship Education in Hong Kong and Taiwan," *Comparative Education Review*, Vol.48, No.3 (August 2004), pp. 253-273.

K. T. Li, "Manpower Development: A Joint Endeavour of Government and Business," K. T. Li, *Economic Transformation of Taiwan (R.O.C.)*, London: Shepheard-Walwyn, 1988, pp. 60-68.

Daniel C. Lynch, "Taiwan's Self-Conscious Nation-Building Project," *Asian Survey*, Vol.44, No.4 (July/August 2004), pp. 513-533.

あとがき

　本書は、東京外国語大学大学院地域文化研究科に提出した博士論文「戦後台湾における教育と『国家認同』——国民中学の公民教育にみる変化と不変——」を加筆・修正したものである。本書の下敷きとなった既発表論文には以下のようなものがあるが、本書におさめるにあたり、いずれも大幅な書き直しを行っている。

　　第2章「九年国民教育政策の研究——戦後台湾教育の二面性の起源に関する考察」(『日本台湾学会報』第3号、2001年5月)、「1990年代台湾の国民教育段階における教科書制度改革——教育における民主化・自由化の一事例として——」(『アジア文化研究』第7号、2000年6月)。
　　第4章「第9章 教育改革——総統選挙に見る脱権威主義後の課題——」(佐藤幸人・竹内孝之編『陳水扁再選——台湾総統選挙と第二期陳政権の課題——』IDEトピックレポート No.51、アジア経済研究所、2004年5月)。
　　第5章「台湾における教育改革と『教育本土化』(indigenization of education)——『国家認同』(national identity)と公教育をめぐる政治」(『国際教育』第8号、2002年10月、22-45頁)、「台湾における教育の『本土化』と中国」(『海外事情』第50巻第9号、2002年9月)。

　「戦後台湾の教育とナショナル・アイデンティティ」という主題は、博士前期課程以来、10年余りにわたって格闘を続けてきたテーマである。この間、非才の私がめげることなく研究を続けてこられたのは、以下にお名前をあげる方々のご厚情があればこそで、本書がささやかなお返しとなれば、これに勝る喜びはない。
　まず御礼を申し上げたいのは、東京外国語大学大学院地域文化研究科での二人の主任指導教官、小澤周三先生(帝京平成大学教授、東京外国語大学名誉教授)

と井尻秀憲先生（東京外国語大学教授）である。小澤周三先生には、私が1997年に博士前期課程に入学してから、先生が2002年3月に東京外国語大学を定年退官されるまで、5年間にわたりご指導いただいた。小澤先生ご自身のフィールドは英国であったが、先生の学識とお人柄に惹かれ、紅茶の香りただよう研究室に集まる学生の対象地域は洋の東西を問わずさまざまで、比較教育学という学問の愉しさを知る上で最高の「場」であった。

　井尻秀憲先生の卓越したご指導がなければ、本書の元となる博士論文が完成することはなかっただろう。執筆中、他のテーマを追って脇道に逸れることも度々あったが、先生の粘り強い指導の結果、本書の刊行に漕ぎ着けることができた。その教えの最良部分を次の世代に繋ぐことが大学教員として同じ道を歩み始めた私が果たすべき役割の一つと心得ている。

　大学院生活の中で教育学／政治学と専門を異にする二人の教授に薫陶を受けたことは、教育をめぐる政治を研究する私にとってかけがえのない財産である。

　学部以来の母校である東京外国語大学では、小澤・井尻両先生以外にも、多くの先生方から恩恵を受けた。台湾での現地調査に必要な中国語力は、伝統ある中国語学科の教育の賜物である。学部で卒業論文を指導していただいた渡邊啓貴先生（同大教授）には、その後も共著の執筆や国際会議での発表等、多くの貴重な機会を与えていただいた。稲田雅洋先生（同名誉教授）、臼井佐知子先生（同教授）、岡田昭人先生（同准教授）には、博士論文の指導委員として多くのご助言を賜った。ディシプリンと対象地域を越えたコメントは、常に刺激的で私の視野を広げてくれるものであった。

　台湾という地域に目を向けるきっかけを与えてくれたのは、私の最初の恩師と言うべき中嶋嶺雄先生（国際教養大学学長、元東京外国語大学学長）である。1997年夏、当時学部4年生であった私は、台湾で行われた国際青年交流プログラムに、大所帯の中嶋ゼミの代表として派遣されたが、今にして思えば、すべてはここから始まったといえるかもしれない。院生時代には日仏共同研究や「アジア・オープン・フォーラム」といった大型の国際プロジェクトをお手伝いする機会に恵まれたが、これらはいずれも自らを鍛える得難い経験で

あった。2005年4月には中嶋先生が学長を務める国際教養大学に奉職することになったが、同世代に優秀な同僚が多く、研究・教育の両面で大きな刺激を受けている。

　本書で述べたように、私の研究は、台湾研究と比較・国際教育学の両分野に跨るものだ。その双方で数々の恩恵に浴しており、お名前をあげればきりがないが、以下の方々には、改めて感謝の気持ちをお伝えしておきたい。

　台湾研究では、多忙なスケジュールにもかかわらず、博士論文の審査委員会に学外から名前を連ねて下さった若林正丈先生(東京大学大学院教授)にまず御礼を申し上げたい。先生が立ち上げに御尽力された日本台湾学会は、今年で設立10周年を迎えた。私は設立の年から参加させていただいているが、同学会では、佐藤幸人先生(アジア経済研究所主任研究員)、松田康博先生(東京大学東洋文化研究所准教授)、川島真先生(東京大学大学院准教授)、渡辺剛先生(杏林大学准教授)、松本充豊先生(長崎外国語大学准教授)、石川誠人氏(立教大学助教)等、多くの方々にお世話になっている。また、大学の先輩でもある澁谷司先生(拓殖大学海外事情研究所准教授)は、右も左もわからない学部生の私に台湾研究の手ほどきをしてくださった。

　比較・国際教育学では、一見(鐙屋)真理子(国立教育政策研究所統括研究官)、所澤潤(群馬大学教授)、江原裕美(帝京大学教授)の三先生と院生時代からともに研究を進めてきた同世代の仲間たち、鴨川明子氏(早稲田大学大学院助教)、児玉奈々氏(滋賀大学准教授)、鳥井康照氏(桜美林大学講師)、日暮トモ子氏(文部科学省専門職)、村山拓氏(東京大学大学院)に心より感謝を申し上げたい。

　日本のみならず台湾でも、多くの方々にお力添えを賜った。2001年の留学で受入れ指導教官を引き受けていただいた呉文星先生(国立台湾師範大学教授)、大学院の授業でお話しする機会を与えて下さった歐用生先生(大同大学客員教授、元国立台北師範学院学長)に感謝を申し上げる。東京大学で学位を取得された翁麗芳先生(国立台北教育大学教授)は、今や台湾教育学界の重鎮として日台の研究交流の橋渡し役という重責を担っておられるが、現地調査や国際会議等、さまざまな機会を通じて、常に示唆を与えていただいている。

　このように多くの方々のお力添えによって完成を見た本書だが、若書きゆ

えの至らない点も多いことと思われる。しかし、それらは偏に著者の責任に帰するものであることは言うまでもない。

　本書の刊行は、日本学術振興会平成20年度科学研究費補助金（成果公開促進費）の助成によるものである。また、研究の段階では、「2001年度歴史研究者交流事業」（財団法人交流協会日台交流センター）、「アジア・オープン・フォーラム東アジア研究助成」（アジア・オープン・フォーラム事務局）、「台湾研究フェローシップ」（台湾教育部）から、ご支援をいただいた。関係各機関および申請に際し貴重なアドバイスをいただいた方々に、改めて御礼を申し上げたい。

　また、私の厚かましいお願いに応じて、ご多忙の中本書の原稿を読み、出版を快諾して下さった東信堂の下田勝司社長、そして同社からの出版を薦めて下さった末藤美津子先生（東京未来大学准教授）、お二人のご理解がなければ、本書が陽の目を見ることはなかったものと考えている。

　最後に、研究の道を歩むという私の意志を尊重し、長い学生生活を物心両面から支えてくれた祖母・和子、父・雄司、伯母・惠子に感謝の言葉を贈りたい。また、妻・陳佳伶と娘・結美子が与えてくれる日々の活力は、私を前進させる原動力である。妻の台湾の家族は、私の現地での調査が円滑に進むよう、常に心遣いをしてくれた。私の学位取得を我が子のことのように待ち望んでいた義母・張秀鍾がその報せを待たずに亡くなったことは痛切の極みだが、本書をささげることでその冥福を祈りたい。

　　2008年6月　秋田にて

　　　　　　　　　　　　　　　　　　　　　　　　　　　　山﨑　直也

事項索引

（　）は日本語訳、〔　〕は別称

〔数字〕

72年『課程標準』	109
83年『課程標準』	109
85年『課程標準』	109
94年『課程標準』	153

〔あ行〕

愛国	114, 123, 130, 168
悪性補習	73, 84, 232
一綱多本	101, 151
エスノポリティクス	58

〔か行〕

『海峡評論』	202
外省人	11, 58
「革新教育注意事項」	96
カラチプラン	81
漢語ピンイン	212
九年義務教育専案小組	87
九年国民教育実施綱要	88
九年国民教育実施条例	88
九年国民教育政策	30, 71, 152
「教育改革行動方案」	147
『教育改革総諮議報告書』	145
「教改萬言書」	148-149
行政院教育改革審議委員会	144
「郷土教学活動」	181
近代化論	37, 79
高級中学	37, 112
公民教育	14, 42, 160, 175
公民的共和主義	46
「公民と道徳」	14, 109
『公民と道徳』	118, 126, 160, 216
「公民と道徳課程標準」	120, 160, 226
国民化	4, 99, 127, 160, 182
「国民学校畢業生升学初級中等学校方案」	77
国民観	13, 126, 164, 183, 226
「国民小学畢業生志願就学方案」	73, 78, 81, 86
国民中学	13, 33
『国民中学課程標準』	107, 153, 226
『国民中学暫行課程標準』〔68年『暫行課程標準』〕	8, 107, 109
『国民中小学九年一貫課程綱要』	8, 158
『国民中小学九年一貫課程暫行綱要』	15, 107, 153, 180, 228
国立編訳館	31, 96
国家観	13, 126, 164, 183, 226
国家装置	4
国家認同〔ナショナル・アイデンティティ〕	3, 48
国家発展	37, 42, 231
コミュニタリアリズム	47

〔さ行〕

三民主義	43, 136, 160, 227
重建教育連線（教育再建連合戦線）	148
自由主義〔リベラリズム〕	46, 59
十年教改（十年の教育改革）	73, 142, 152
進学主義	38, 41, 143, 151, 232
審定制〔検定制〕	15, 94, 99, 151
新党	52, 201
生活規条（生活のきまり）	122

〔た行〕

第6次全国教育会議	99

第7次全国教育会議	144
第三次中東戦争	85
台商子弟学校	215
台湾研究	3, 18, 236
台湾民族主義〔台湾ナショナリズム〕	52
多文化主義	47
中華文化	43, 134, 164, 175
中華民族	130, 164, 226
中華民族主義〔中華ナショナリズム、「中国」ナショナリズム〕	6, 49, 130
「中国」化	6, 184
通用ピンイン	212
「党化教育」	20, 30
「党国体制」	30
統編制〔国定制、国定教科書制度〕	15, 30, 93, 96, 151
統編本〔国定教科書〕	93, 126

〔な行〕

ナショナリズム〔民族主義〕	48
「認識台湾」教科名	110, 181, 183, 227
『認識台湾』教科書名	187, 216, 228
『認識台湾』教科書論争	200

〔は行〕

発展指向型国家	12, 58, 231
発展初級中等教育方案	77
比較・国際教育学	3, 10, 16, 235
「文化大革命」	86
文化台独（文化の台湾独立）	217
分断国家	10, 57
母語教育	180
本省人	11, 58
本土化	176, 234
「本土化」	5, 30, 177, 226, 234

〔ま行〕

マンパワー	37, 80, 143, 231
民間教育改革運動	142, 148
民進党	201
免試升学（無試験入学）	76

〔や行〕

四一〇教改大遊行（4・10教育改革大デモ）	142
四大族群（四大エスニック・グループ）	11, 198, 205

〔ら行〕

聯考（統一入試）	15, 94, 143, 151

人名索引

〔あ行〕

閻振興　　　　　　　　　　72, 82, 88

〔か行〕

郭為藩　　　　　　　　39, 143, 181
許水徳　　　　　　　　　　　　　86
グリーン，アンディ（Green, Andy）　9, 12
呉京　　　　　　　　　　　　　　200
呉乃徳　　　　　　　　　　　　　56
呉文星　　　　　　　182, 192, 195, 228
江宜樺　　　　　　　　　　　48, 60
黄光國　　　　　　　　　　　　　148

〔さ行〕

史明　　　　　　　　　　　　　　53
蔣介石　　　　　　　　　　14, 71, 87
曾志朗　　　　　　　　　　　　　214
孫文　　　　　　　　　　43, 163, 227

〔た行〕

張秀雄　　　　　　　　　　　　　43
張茂桂　　　　　　　　　　　　　54
陳基南　　　　　　　　　　　59, 202
陳光輝　　　　　　　　　　　　　42
陳光興　　　　　　　　　　　　　61

陳水扁　　　　　　　　　　214, 228
陳伯璋　　　　　　　　　　　20, 33

〔は行〕

馬英九　　　　　　　　　　213, 229
潘振球　　　　　　　　　　　72, 86
ハービソン，フレデリック（Harbison, Frederick）　　　　　　　　　　80

〔ま行〕

マイヤーズ，チャールズ（Myers, Charles A.）
　　　　　　　　　　　　　　　　80

〔や行〕

羊憶蓉　　　　　　　　20, 37, 81, 112

〔ら行〕

李遠哲　　　　　　　　　　144, 152
李慶華　　　　　　　　　　　　　200
李登輝　　　　　　　　7, 179, 201, 228
劉真　　　　　　　　　　　　　　86
劉先雲　　　　　　　　　　　　　72
林玉体　　　　　　　　　　　20, 29
林本　　　　　　　　　　　　　　82
ロストウ，ウォルト W.（Rostow, W.W.）　79

著者紹介

山﨑　直也（やまざき　なおや）

1975年東京都生まれ。国際教養大学国際教養学部助教。1997年東京外国語大学外国語学部中国語学科卒業。2006年同大学院博士後期課程単位取得退学。博士（学術）。国際教養大学国際教養学部助手、講師を経て、2008年より現職。専門は、比較・国際教育学、台湾研究。

主要著書・論文

共著に『グローバリゼーション国際関係論』芦書房、2006年（坂井一成編）、『世界の外国人学校』東信堂、2005年（福田誠治・末藤美津子編）など。
主な論文に「馬英九政権の教育政策と中台関係」『海外事情』第57巻1号、2009年1月、「九年国民教育政策の研究―戦後台湾教育の二面性の起源に関する考察」『日本台湾学会報』第3号、2001年5月など。

戦後台湾教育とナショナル・アイデンティティ

2009年2月28日　初　版第1刷発行　　　　　　　　　　〔検印省略〕

定価はカバーに表示してあります。

著者ⓒ山﨑直也／発行者　下田勝司　　　　印刷・製本／中央精版印刷

東京都文京区向丘1-20-6　　郵便振替00110-6-37828　　　　　発行所
〒113-0023　TEL(03)3818-5521　FAX(03)3818-5514　　㈱東信堂
Published by TOSHINDO PUBLISHING CO., LTD.
1-20-6, Mukougaoka, Bunkyo-ku, Tokyo, 113-0023 Japan
E-mail : tk203444@fsinet.or.jp　　http://www.toshindo-pub.com

ISBN978-4-88713-890-2　C3037　Ⓒ Naoya Yamazaki

比較教育学——越境のレッスン	馬越徹	三六〇〇円
比較・国際教育学（補正版）	石附実編	三五〇〇円
比較教育学——伝統・挑戦・新しいパラダイムを求めて	馬越徹・大塚豊監訳 Ｍ・ブレイ編	三八〇〇円
世界の外国人学校	末藤美津子・福田誠治・大塚豊編著	三八〇〇円
教育から職業へのトランジション——若者の就労と進路職業選択の教育社会学	山内乾史編著	二六〇〇円
ヨーロッパの学校における市民的社会性教育の発展——フランス・ドイツ・イギリス	武藤孝典・新井浅浩編著	三八〇〇円
世界のシティズンシップ教育——グローバル時代の国民／市民形成	嶺井明子編著	二八〇〇円
市民性教育の研究——日本とタイの比較	平田利文編著	四二〇〇円
アメリカの教育支援ネットワーク——ベトナム系ニューカマーと学校・NPO・ボランティア	野津隆志	二四〇〇円
アメリカのバイリンガル教育——新しい社会の構築をめざして	末藤美津子	三二〇〇円
多様社会カナダの「国語」教育（カナダの教育３）	関口礼子編著	三八〇〇円
ドイツの教育のすべて	天野正治・木戸裕・長島啓記監訳 マックス・プランク教育研究所研究者グループ編	一〇〇〇〇円
国際教育開発の再検討——途上国の基礎教育普及に向けて	小川啓一・西村幹子・北村友人編著	二四〇〇円
中国大学入試研究——変貌する国家の人材選抜	大塚豊	三六〇〇円
大学財政——世界の経験と中国の選択	呂瀬龍夫監訳	三六〇〇円
中国の民営高等教育機関——社会ニーズとの対応	鮑威	四六〇〇円
「改革・開放」下中国教育の動態——江蘇省の場合を中心に	阿部洋編著	五四〇〇円
中国の職業教育拡大政策——背景・実現過程・帰結	劉文君	五〇四八円
中国の後期中等教育の拡大と経済発展パターン——江蘇省と広東省の比較	呉琦来	三八二七円
中国高等教育の拡大と教育機会の変容	王傑	三九〇〇円
バングラデシュ農村の初等教育制度受容——国民統合・文化・教育協力	日下部達哉	三六〇〇円
タイにおける教育発展	村田翼夫	五六〇〇円
マレーシアにおける国際教育関係——教育へのグローバル・インパクト	杉本均	五七〇〇円

〒113-0023 東京都文京区向丘1-20-6　TEL 03-3818-5521　FAX03-3818-5514　振替 00110-6-37828
Email tk203444@fsinet.or.jp　URL:http://www.toshindo-pub.com/

※定価：表示価格（本体）＋税

東信堂

大学再生への具体像 フンボルト理念の終焉？ ——現代大学の新次元	潮木守一	二五〇〇円
いくさの響きを聞きながら——横須賀そしてベルリン	潮木守一	二五〇〇円
国立大学・法人化の行方	潮木守一	二五〇〇円
大学のイノベーション——自立と格差のはざまで	天野郁夫	三六〇〇円
経営学と企業改革から学んだこと	坂本和一	二六〇〇円
30年後を展望する中規模大学 ——マネジメント・学習支援・連携	市川太一	二五〇〇円
大学行政論Ⅰ	伊川本昇八郎 編	三三〇〇円
大学行政論Ⅱ ——もうひとつの教養教育——職員による教育プログラムの開発	近川森本節昇子郎 編	三三〇〇円
政策立案の「技法」——職員による大学行政政策論集	近森節子 編著	二三〇〇円
改めて「大学制度とは何か」を問う——原点に立ち返っての大学改革	伊藤昇 編著	二五〇〇円
教員養成学の誕生——弘前大学教育学部の挑戦	福遠杉島藤本均敏孝弘 編著	三六〇〇円
戦後日本産業界の大学教育要求——経済団体の教育言説と現代の教養論	舘昭	一〇〇〇円
大学の管理運営改革——日本の行方と諸外国の動向	舘昭	三三〇〇円
現代アメリカのコミュニティ・カレッジ——その実像と変革の軌跡	飯吉弘子 著	五四〇〇円
アメリカ連邦政府による大学生経済支援政策	宇佐見忠雄	二三八一円
戦後オーストラリアの高等教育改革研究	犬塚典子	三八〇〇円
大学教育とジェンダー——ジェンダーはアメリカの大学をどう変革したか	杉本和弘 ホーン川嶋瑶子	五六八〇〇〇円
アメリカの女性大学：危機の構造	坂本辰朗	二四〇〇円
〈講座「21世紀の大学・高等教育を考える」〉		
大学改革の現在〔第1巻〕	有本眞一章 編著	三二〇〇円
大学評価の展開〔第2巻〕	山野井敦徳 編著	三二〇〇円
学士課程教育の改革〔第3巻〕	舘絹川正吉 編著	三二〇〇円
大学院の改革〔第4巻〕	江原武一 編著	三二〇〇円
	馬越徹 編著	三二〇〇円

〒113-0023 東京都文京区向丘1-20-6　TEL 03-3818-5521　FAX 03-3818-5514　振替 00110-6-37828
Email tk203444@fsinet.or.jp　URL:http://www.toshindo-pub.com/

※定価：表示価格（本体）＋税

東信堂

大学の自己変革とオートノミー——点検から創造へ	寺﨑昌男	二五〇〇円
大学教育の創造——歴史・システム・カリキュラム	寺﨑昌男	二五〇〇円
大学教育の可能性——教養教育・評価・実践・FD	寺﨑昌男	二五〇〇円
大学は歴史の思想で変わる——FD・評価・私学	寺﨑昌男	二八〇〇円
大学改革 その先を読む	寺﨑昌男	一三〇〇円
大学教育の思想——学士課程教育のデザイン	絹川正吉	二八〇〇円
あたらしい教養教育をめざして——大学教育学会25年の歩み：未来への提言	大学教育学会25年史編纂委員会編	二九〇〇円
現代大学教育論——学生・授業・実施組織	山内乾史	二八〇〇円
大学における書く力考える力——認知心理学の知見をもとに	井下千以子	三二〇〇円
ティーチング・ポートフォリオ——授業改善の秘訣	土持ゲーリー法一	二〇〇〇円
IT時代の教育プロ養成戦略——日本初のeラーニング専門家養成ネット大学院の挑戦	大森不二雄編	二六〇〇円
資料で読み解く南原繁と戦後教育改革	山口周三	二八〇〇円
一年次（導入）教育の日米比較	山田礼子	二八〇〇円
大学の授業	宇佐美寛	二五〇〇円
大学授業の病理——FD批判	宇佐美寛	二五〇〇円
授業研究の病理	宇佐美寛	二五〇〇円
大学授業入門	宇佐美寛	一六〇〇円
作文の論理——〈わかる文章〉の仕組み	宇佐美寛著	一九〇〇円
学生の学びを支援する大学教育	溝上慎一編	二四〇〇円
大学教授職とFD——アメリカと日本	有本章	三二〇〇円
立教大学〈全カリ〉のすべて（シリーズ大学改革ドキュメント・監修寺﨑昌男・絹川正吉）	全カリの記録編集委員会編	二一〇〇円
ICU〈リベラル・アーツ〉のすべて——リベラル・アーツの再構築	絹川正吉編著	二三八一円

〒113-0023 東京都文京区向丘1-20-6　TEL 03-3818-5521　FAX03-3818-5514　振替00110-6-37828
Email tk203444@fsinet.or.jp　URL:http://www.toshindo-pub.com/

※定価：表示価格（本体）＋税

東信堂

グローバルな学びへ——協同と刷新の教育	田中智志編著	二〇〇〇円
教育の共生体へ——ボディ・エデュケーショナルの思想圏	田中智志編	三五〇〇円
人格形成概念の誕生——近代アメリカの教育概念史	田中智志	三六〇〇円
ミッション・スクールと戦争——立教学院のディレンマ	前田一男編	五八〇〇円
教育の平等と正義	大桃敏行・中村雅子・後藤武俊訳	三二〇〇円
学校改革抗争の100年——20世紀アメリカ教育史	D・ラヴィッチ著 末藤・宮本・佐藤訳	六四〇〇円
大学の責務	D・ケネディ著 立川明・坂本辰朗・井ノ上比呂子訳	三八〇〇円
フェルディナン・ビュイッソンの教育思想——第三共和政初期教育改革史研究の一環として	尾上雅信	三八〇〇円
洞察=想像力——知の解放とポストモダンの教育	D・スローン著 市村尚久・早川操監訳	三八〇〇円
文化変容のなかの子ども——経験・他者・関係性	高橋勝	二三〇〇円
教育的思考のトレーニング	相馬伸一	二六〇〇円
進路形成に対する「在り方生き方指導」の功罪——高校進路指導の社会学	望月由起	三六〇〇円
「学校協議会」の教育効果——「開かれた学校づくり」のエスノグラフィー	平田淳	五六〇〇円
学校発カリキュラム 日本版「エッセンシャル・クエスション」の構築	小田勝己編	二五〇〇円
階級・ジェンダー・再生産——現代資本主義社会の存続メカニズム	橋本健二	三二〇〇円
再生産論を読む——バーンスティン、ブルデュー、ボールズ=ギンティス、ウィリスの再生産論	小内透	三二〇〇円
教育と不平等の社会理論——再生産論をこえて	小内透	三二〇〇円
オフィシャル・ノレッジ批判	M・W・アップル著 野崎・井口・小暮・池田監訳	三八〇〇円
新版 昭和教育史——天皇制と教育の史的展開——保守復権の時代における民主主義教育	久保義三	一八〇〇円
地上の迷宮と心の楽園〔コメニウス セレクション〕	J・コメニウス 藤田輝夫訳	三六〇〇円

〒113-0023 東京都文京区向丘1-20-6　TEL 03-3818-5521　FAX 03-3818-5514　振替 00110-6-37828
Email tk203444@fsinet.or.jp　URL http://www.toshindo-pub.com/

※定価：表示価格（本体）＋税

東信堂

《未来を拓く人文・社会科学シリーズ〈全17冊・別巻1〉》

科学技術ガバナンス	城山英明 編	一八〇〇円
ボトムアップな人間関係——心理・教育・福祉・環境・社会の12の現場から	サトウタツヤ 編	一六〇〇円
高齢社会を生きる——老いる人/看取るシステム	清水哲郎 編	一八〇〇円
家族のデザイン	小長谷有紀 編	一八〇〇円
水をめぐるガバナンス——日本、アジア、中東、ヨーロッパの現場から	蔵治光一郎 編	一八〇〇円
生活者がつくる市場社会	久米郁夫 編	一八〇〇円
グローバル・ガバナンスの最前線——現在と過去のあいだ	遠藤乾 編	二三〇〇円
資源を見る眼——現場からの分配論	佐藤仁 編	二〇〇〇円
これからの教養教育——「カタ」の効用	葛西佳徳・鈴木佳秀 編	二〇〇〇円
「対テロ戦争」の時代の平和構築——過去からの視点、未来への展望	黒木英充 編	一八〇〇円
企業の錯誤／教育の迷走——人材育成の「失われた一〇年」	青島矢一 編	一八〇〇円
多元的共生を求めて——〈市民の社会〉をつくる	宇田川妙子 編	一八〇〇円
千年持続学の構築	木村武史 編	一八〇〇円
日本文化の空間学	桑子敏雄 編	二三〇〇円
芸術は何を超えていくのか？	沼野充義 編	続刊
芸術の生まれる場	木下直之 編	続刊
文学・芸術は何のためにあるのか？	吉岡洋・岡田暁生 編	続刊
紛争現場からの平和構築——国際刑事司法の役割と課題て	遠藤勇治・石田勇治・城山英明・乾明 編	二八〇〇円

〒113-0023 東京都文京区向丘1-20-6　TEL 03-3818-5521　FAX 03-3818-5514　振替 00110-6-37828
Email tk203444@fsinet.or.jp　URL:http://www.toshindo-pub.com/

※定価：表示価格（本体）＋税

東信堂

日本ガバナンス――「改革」と「先送り」の政治と経済	曽根泰教	二八〇〇円
政治学入門	内田満	一八〇〇円
政治の品位――日本政治の新しい夜明けはいつ来るか	内田満	二〇〇〇円
早稲田政治学史研究	内田満	三六〇〇円
「帝国」の国際政治学――冷戦後の国際システムとアメリカ	山本吉宣	四七〇〇円
解説 赤十字の基本原則――人道機関の理念と行動規範	J・ピクテ 井上忠男訳	一〇〇〇円
医師・看護師の有事行動マニュアル――医療関係者の役割と権利義務	井上忠男	一二〇〇円
国際NGOが世界を変える――地球市民社会の誕生	毛利聡子	二〇〇〇円
国連と地球市民社会の新しい地平	功刀達朗・野村彰男編著	三四〇〇円
社会的責任の時代――企業・市民社会・国連のシナジー	功刀達朗・毛利勝彦編著	三二〇〇円
実践 ザ・ローカル・マニフェスト――現場からのポリティカル・パルス	松沢成文	二三八〇円
実践 マニフェスト改革――新たな政治・行政モデルの創造	松沢成文	二三〇〇円
時代を動かす政治のことば――尾崎行雄から小泉純一郎まで	大久保好男	二〇〇〇円
大杉榮の思想形成と「個人主義」	飛矢崎雅也	二九〇〇円
アメリカ連邦最高裁判所〈制度のメカニズム〉シリーズ	読売新聞政治部編	一八〇〇円
衆議院――そのシステムとメカニズム〈現代臨床政治学シリーズ〉	根本俊雄	二〇〇〇円
リーダーシップの政治学〈現代臨床政治学シリーズ〉	藤本一美	一六〇〇円
アジアと日本の未来秩序	下條芳明	二〇〇〇円
象徴君主制憲法の20世紀的展開	伊藤重行	一八〇〇円
ネブラスカ州における一院制議会	石井貫太郎	一六〇〇円
ルソーの政治思想	大越康夫	一八〇〇円
WTOとFTA――日本の制度上の問題点	向大野新治	一八〇〇円
フランスの政治制度	高瀬礼保	一八〇〇円
イギリスの司法制度	幡新大実	二〇〇〇円

〒113-0023 東京都文京区向丘1-20-6　TEL 03-3818-5521　FAX 03-3818-5514　振替00110-6-37828
Email tk203444@fsinet.or.jp　URL:http://www.toshindo-pub.com/

※定価：表示価格（本体）＋税

東信堂

国際法新講〔上〕〔下〕	田畑茂二郎	〔上〕二九〇〇円 〔下〕二七〇〇円
ベーシック条約集（二〇〇八年版）	松井芳郎編集代表	二六〇〇円
国際人権条約・宣言集（第3版）	松井芳郎編集代表	三八〇〇円
国際経済条約・法令集（第2版）	松井芳郎・薬師寺・徳川編集	三九〇〇円
国際機構条約・資料集（第2版）	松井芳郎・薬師寺・坂元・小畑編集	三二〇〇円
判例国際法（第2版）	松井芳郎代表編集 山手治之・香西茂代表編集	三八〇〇円
国際立法―国際法の法源論	村瀬信也	六八〇〇円
条約法の理論と実際	坂元茂樹	四二〇〇円
武力紛争の国際法	真山全編	一二八〇〇円
国際経済法〔新版〕	小室程夫	三八〇〇円
国際法から世界を見る―市民のための国際法入門	松井芳郎	二八〇〇円
東京裁判、戦争責任、戦後責任	大沼保昭	二六〇〇円
国際法／はじめて学ぶ人のための〔第2版〕	大沼保昭	三八〇〇円
資料で読み解く国際法〔上〕〔下〕	大沼保昭編著	〔上〕二八〇〇円 〔下〕三三〇〇円
在日韓国・朝鮮人の国籍と人権	大沼保昭	一二〇〇〇円
国際法学の地平―歴史、理論、実証	位田・安藤・中谷・川崎・広部編	七一四〇円
21世紀の国際機構…課題と展望	藤井・木村・薬師寺・山形編	八二〇〇円
グローバル化する世界と法の課題 ―平和・人権・経済を手がかりに	薬師寺・木棚・山形編集委員	
〔21世紀国際社会における人権と平和〕〔上・下巻〕	安藤仁介編著	
現代国際法における人権と平和の保障	中川淳司編	
国際社会の法構造―その歴史と現状	寺谷広司	
国際社会の法構造―その歴史と現状	山手治之・香西茂代表編集	五七〇〇円
〔現代国際法叢書〕		
領土帰属の国際法 その法的機能及び効果の再検討	許淳鼎	六三〇〇円
国際法における承認	王志安	四五〇〇円
国際社会と法	高野雄一	五二〇〇円
集団安保と自衛権	高野雄一	四三〇〇円
国際「合意」論序説 法的拘束力を有しない国際「合意」について	中村耕一郎	四八〇〇円
法と力―国際平和の模索	寺沢一	三〇〇〇円
		五二〇〇円

〒113-0023 東京都文京区向丘1-20-6　TEL 03-3818-5521　FAX03-3818-5514　振替 00110-6-37828
Email tk203444@fsinet.or.jp　URL:http://www.toshindo-pub.com/

※定価：表示価格（本体）＋税